魏書

四部備要

史部

中華書局據武英殿本校刊

桐鄉 陸費逵總勘
杭縣 高時顯 吳汝霖 輯校
杭縣 丁輔之監造

魏書卷九十四

齊　魏收　撰

列傳閹官第八十二

宗愛　仇洛齊　段霸　王琚　趙黑　孫小
張宗之　劇鵬　張祐　抱嶷　王遇　苻承祖
王質　李堅　秦松　白整　劉騰　賈粲
楊範　成軌　王溫　孟鸞　平季　封津
劉思逸

夫宮腐之族置於閹寺取則天象事歷百王身非全品任事宮掖親由褻狎恩生趨走便僻俯仰當寵擅權斯則伊戾豎刁因而禍兩國石顯張讓所以翦二京也豈非形質既虧生命易忽譬之胥靡不懼登高此亦苟且之事由變不已也王者殷鑒宜改往轍而後庭婉孌遊宴之地椒壼留連終見任使巧佞由之而自達權幸俄然而復歸斯蓋其由來遠矣非一朝一世也魏氏則宗愛殺帝

害王劉騰廢后戮相其閒竊官爵盜財賄乘勢使氣爲朝野之患者何可勝舉

今謹錄其尤顯焉

宗愛不知其所由來以罪爲閹人歷碎職至中常侍正平元年正月世祖大會於江上班賞羣臣以愛爲秦郡公恭宗之監國也每事精察愛天性險暴行多非法恭宗每銜之給事仇尼道盛侍郎任平城等任事東宮微爲權勢世祖頗聞之二人與愛並不睦爲懼道盛等案其事遂構告其罪詔斬道盛等於都街時世祖震怒恭宗遂以憂薨是後世祖追悼恭宗愛懼誅遂謀逆二年春世祖暴崩愛所爲也尚書左僕射蘭延侍中吳興公和疋侍中太原公薛提等祕不發喪延疋二人議以高宗沖幼欲立長子徵秦王翰置之祕室提以高宗有世嫡之重不可廢所宜立而更求君延等猶豫未決愛知其謀始愛負罪於東宮而與吳王余素協乃密迎余自中宮便門入矯皇后令徵延等延等以愛素賤弗之疑皆隨之入愛先使閹豎三十人持仗於宮內及延等入以次收縛斬於殿堂執秦王翰殺之於永巷而立余余以愛爲大司馬大將軍太師都督中外

諸軍事領中祕書封馮翊王愛既立余位居元輔錄三省兼總戎禁坐召公卿權恣日甚內外憚之羣情咸以爲愛必有趙高閻樂之禍余疑之遂謀奪其權愛憤怒使小黃門賈周等夜殺余事在余傳高宗立誅愛周等皆具五刑夷三族

仇洛齊中山人本姓侯氏外祖父仇款始出馮翊重泉款石虎末徙鄴南枋頭仕慕容暐爲烏丸護軍長水校尉生二子長曰嵩小曰騰嵩仕慕容垂遷居中山位殿中侍御史嵩有二子長曰廣小曰盆嵩妹子洛齊生而非男嵩養爲子因爲之姓仇初嵩長女有姿色充冉閔宮闈閔破入慕容儁又轉賜盧豚生子魯元有寵於世祖而知外祖嵩已死唯有三舅每言於世祖世祖爲訪其舅是時東方罕有仕者廣盆皆不樂入平城洛齊獨請行曰我養子兼人道不全當爲兄弟試禍福也乃乘驢赴京魯元候知將至結從者百餘騎迎于桑乾河見而下拜從者亦同致敬入言于世祖世祖問其才用所宜將授之以官魯元曰臣舅不幸生爲閹人唯合與陛下守宮闈耳而不言其養子世祖矜焉賜以奴

馬引見尋拜武衞將軍俄而賜爵文安子稍遷給事黃門侍郎魏初禁網疏闊
民戶隱匿漏脫者多東州既平綾羅戶民樂葵因是請採漏戶供爲綸綿自後
逃戶占爲細繭羅穀者非一於是雜營戶帥遍於天下不屬守宰發賦輕易民
多私附戶口錯亂不可檢括洛齊奏議罷之一屬郡縣從平涼州以功超遷散
騎常侍又加中書令寧南將軍進爵零陵公拜侍中平遠將軍冀州刺史爲內
都大官興安二年卒諡曰康
養子儼襲柔和敦敏有長者風太和中爲虎牢鎭將初洛齊貴盛之後廣益坐
他事誅世祖以其非仇氏子不與焉還取侯家近屬以儼爲子後欲還本而廣
有女孫配南安王楨生章武王彬卽中山王英弟也仇妃聞而請儼曰由我仇
家富貴至此奈何一旦孤背恩養也禎時在內都主司品臣儼隸於楨畏憚之
遂不敢九年卒諡曰靜
子振襲稍遷至中堅將軍長水校尉廣益並善營產業家于中山號爲巨富子
孫仕進至州主簿

騰曾孫儁位至龍驤將軍驍騎將軍樂平男

段霸鴈門原平人父乾慕容垂廣武令太祖初遣騎略地至鴈門霸年幼見執因被宮刑乾尋率鄉部歸化雲中霸少以謹敏見知稍遷至中常侍中護軍將軍殿中尚書領壽安少府賜爵武陵公出爲安東將軍定州刺史世祖親考內外大明黜陟前定州治中張渾屯告霸前在定州濁貨貪穢便道致財歸之鄉里召霸定對霸不首引世祖以霸近臣而不盡實由此益怒欲斬之恭宗進請遂免霸爲庶人

霸從弟榮雍州別駕兄弟諸從遂世居廣武城修飾有士風

王琚高平人自云本太原人高祖始晉豫州刺史琚以泰常中被刑入宮禁小心守節久乃見敘用稍遷爲禮部尚書賜爵廣平公加寧南將軍高祖以琚歷奉先朝志在公正授散騎常侍後爲侍中征南將軍冀州刺史假廣平王徵還進爲征南將軍進爵高平王侍中如故遣還冀州高祖文明太后東巡冀州親幸其家存問周至還京以其年老拜散騎常侍養老於家前後賜以車馬衣服

雜物不可稱計後降爵爲公扶老自平城從遷洛邑高祖以其朝舊遣左右勞問之琚附表自陳初至家多乏蒙賜帛二百疋常飲牛乳色如處子太和二十年冬卒時年九十贈征南將軍冀州刺史諡曰靖

養子寄生未襲而亡

子蓋海襲祖琚爵初琚年七十餘賜得世祖時宮人郭氏本鍾離人明嚴有母德內外婦孫百口奉之肅若嚴君家內以治蓋海官至青州樂陵太守

趙黑字文靜初名海本涼州隸戶自云其先河內温人也五世祖術晉末爲平遠將軍西夷校尉因居酒泉安彌縣海生而涼州平沒入爲閹人因改名爲黑有容貌恭謹小心世祖使進御膳出入承奉初無過行遷侍御典監藏拜安遠將軍賜爵睢陽侯轉選部尚書能自謹厲當官任舉頗得其人加侍中進爵河內公顯祖將傳位京兆王子推訪諸羣臣百官唯唯莫敢先言者唯源賀等詞義正直不肯奉詔顯祖怒變色復以問黑黑曰臣愚無識信情率意伏惟陛下春秋始富如日方中天下說其盛明萬物懷其光景元元之心願終萬歲若聖

性淵遠欲頤神味道者臣黑以死奉戴皇太子不知其佗顯祖默然良久遂傳祚于高祖黑得幸兩宮祿賜優厚是時尚書李訢亦有寵於顯祖與黑對綰選部訢奏中書侍郎崔鑒爲東徐州北部主書郎公孫處顯爲荊州選部監公孫邃爲幽州皆曰有能也實有私焉黑疾其虧亂選體遂爭於殿庭曰以功授官因爵與祿國之常典中書侍郎尚書主書郎諸曹監勳能俱立不過列郡今訢皆用爲方州臣實爲惑顯祖疑之曰公孫邃且止邃最爲訢厚於是黑與訢遂爲深隙訢竟列黑爲監藏時多所截沒先是法禁寬緩百司所典與官並食故多所損折遂黜爲門士黑自以爲訢所陷歎恨終日廢寢忘食規報前怨踰年還入爲侍御散騎常侍侍中尚書左僕射復兼選部如昔黑告訢專恣訢遂出爲徐州及其將獲罪也黑構成以誅之然後食甘寢安志在於職事出爲假節鎮南大將軍儀同三司定州刺史進爵爲王克己清儉憂濟公私時有人欲行私賂黑曰高官祿厚足以自給賣公營私本非情願終無所納高祖文明太后幸中山聞之賜帛五百匹穀一千五百石轉冀州刺史太和六年秋薨於官詔

賜絹四百五十匹穀一千斛車牛二十乘致柩至都追贈司空公謚曰康黑養
族弟趙奴第四子熾爲後
熾字貴樂初爲中散襲黑爵後降爲公官至揚州安南府長史加平遠將軍元
嵩之死壽春也熾處分安輯徵有聲稱神龜中卒贈光州刺史黑爲定州與熾
納鉅鹿魏幹女有二子
長子揆字景則襲父侯爵官至樂陵太守卒贈左將軍滄州刺史
揆弟儁之字仲彥輕薄無行爲給事中轉謁者僕射爲劉騰養息猶以閹官餘
資賂遺權門頻歷顯官而卒
孫小字茂翹咸陽石安人父瓚姚泓安定護軍爲赫連屈丐所侵人懷危懼士
奔者相屬瓚獨率衆拒守見殺小沒入宮刑會魏平統萬遂徙平城內侍東宮
以聰識有智略稱未幾轉西臺中散每從征伐屢有戰功多獲賞賜世祖幸瓜
步慮有北寇之虞乃加小左衞將軍賜爵泥陽子除留臺將軍車駕還都遷給
事中綰太僕曹小請父瓚贈謚求更改葬詔贈振威將軍秦州刺史石安縣子

諡曰戴轉小領駕部課理有方畜牧蕃息出爲冠軍將軍幷州刺史進爵中都
侯州內四郡百餘人詣闕頌其政化後還冀州刺史聲稱微少於前然所在清
約當時牧伯無能及也性頗忍酷所養子息驅逐鞭撻視如仇讎小之爲幷州
以郭祚爲主簿重祚門才兼任之以書記時人多之
張宗之字益宗河南鞏人家世寒微父孟舒劉裕西征假洛陽令及宗之貴幸
高宗贈孟舒平南將軍洛州刺史鞏縣侯諡曰貞初緱氏宗文邕聚黨於伊闕
謀反逼脅孟舒等文邕敗孟舒走免宗之被執入京充腐刑以忠厚謹慎擢爲
侍御中散賜爵鞏縣侯遂字闕四常侍儀曹庫部二曹尚書領中祕書進爵彭城
公出爲散騎常侍寧西將軍東雍州刺史以在官有稱入爲內都大官出除散
騎常侍鎮東將軍冀州刺史又例降爲侯太和二十年卒年六十九贈建節將
軍懷州刺史諡曰敬
宗之兄鸞旗中書侍郎東宮中庶子兼宿衞給事加寧遠將軍賜爵洛陽男轉
殿中給事出爲散騎常侍冠軍將軍涇州刺史進爵爲侯復爲殿中給事中常

侍卒贈洛州刺史謚曰靖始宗之納南來殷孝祖妻蕭氏劉義隆儀同三司思話弟思度女也多悉婦人儀飾故事太和中初制六宮服章蕭被命在內預見訪採數蒙賜賚蕭兄子超業後名彥幼隨姑入國娶李洪之女賴其給贍以自濟歷位太尉長史武衛將軍齊州刺史散騎常侍中軍將軍金紫光祿大夫彥時來往蕭寶夤致敬稱名呼之爲尊彥於河陰遇害贈車騎將軍儀同三司徐州刺史

子百年西河太守宗之養兄子襲紹爵

襲字子業高祖初除主文中散稍遷員外郎京兆王大農久之除義陽太守爲司空劉騰諮議參軍散騎常侍平東將軍光祿大夫太昌初卒年七十七贈驃騎大將軍儀同三司冀州刺史

子顥邵郡太守卒贈荆州刺史

顥弟璟中散大夫

璟弟瑋武定中豫州征西府長史諸中官皆世衰唯趙黑及宗之後家僮數百

通於士流

劇鵬高陽人粗覽經史閑曉吏事與王質等俱充宦官性通率不以閹閹爲恥文明太后時亦見眷遇爲給事中高祖遷洛常爲宮官事幽后后之惑薛菩薩也鵬密諫止之不從遂發憤而卒

兄買奴亦爲宦者歷位幽州刺史才志遠不及鵬是時有季豐之徒數人皆被眷寵出入禁闈並致名位積貲巨萬第宅華壯文明太后崩後乃漸衰矣

張祐字安福安定石唐人父成扶風太守世祖末坐事誅祐充腐刑積勞至曹監中給事賜爵黎陽男稍遷散騎常侍都綰內藏曹時文明太后臨朝中官用事祐以左右供承合旨寵幸冠諸閹官特遷爲尚書加安南將軍進爵隴東公仍綰內藏曹未幾監都曹加侍中與王叡等俱入八議太后嘉其忠誠爲造甲宅宅成高祖太后親率文武往燕會焉拜散騎常侍鎮南將軍尚書左僕射進爵新平王受職于太華庭備威儀於宮城之南觀者以爲榮高祖太后親幸其宅饗會百官祐性恭密出入機禁二十餘年未曾有過由是特被恩寵歲月賞

賜家累巨萬與王質等十七人俱賜金券許以不死太和十年薨時年四十九
高祖親臨之詔鴻臚典護喪事賜帛千匹贈征南大將軍司空公謚曰恭葬日
車駕親送出郊
祐養子顯明後名慶少歷內職有姿貌江陽王繼以女妻之襲爵降爲隴東公
又降爲侯遷洛廢替二十餘年虛爵而已熙平初爲員外常侍兼衛尉少卿以
元义姊壻故越次而授焉神龜二年冬靈太后爲肅宗采名家女慶女入充世
婦未幾爲嬪卽义甥也正光三年正少卿尋出爲將軍高平鎮將卒
子迥洛襲
抱嶷字道德安定石唐人居於直谷自言其先姓杞漢靈帝時杞匡爲安定太
守董卓時懼誅由是易氏卽家焉無得而知也幼時隴東人張乾王反叛家染
其逆及乾王敗父睹生逃逸得免嶷獨與母沒入京都遂爲宦人小心愼密恭
以奉上沉跡冗散經十九年後以忠謹被擢累遷爲中常侍安西將軍中曹侍
御尙書賜爵安定公自總納言職當機近諸所奏議必致抗直高祖文明太后

嘉之以爲殿中侍御尚書領中曹如故以統宿衞俄加散騎常侍高祖太后每出遊幸嶷多驂乘入則後宮導引太后旣寵之乃徵其父賭生拜太中大夫賞賜衣馬賭生將還見於皇信堂高祖執手謂之曰老人歸途幾日可達好愼行路太和十二年遷都曹加侍中祭酒尚書領中曹侍御後降爵爲侯賭生卒贈秦州刺史謚曰靖賜黃金八十斤繒綵及絹八百疋以供喪用幷別使勞慰加嶷大長秋卿嶷老疾請乞外祿乃以爲鎭西將軍涇州刺史特加右光祿大夫將之州高祖餞於西郊樂陽殿以御白羽扇賜之十九年被詔赴洛以刺史從駕南征常參侍左右以嶷耆舊每見勞問數追稱嶷之正直命乘馬出入行禁之間與司徒馮誕同例軍回還州自以故老前宦爲政多守往法不能遵用新制侮慢舊族簡於接禮天性酷薄雖弟姪甥壻略無存潤後數年卒於州先以從弟老壽爲後又養太師馮熙子次興嶷死後二人爭立嶷妻張氏致訟經年得以熙子爲後老壽亦仍陳訴終獲紹爵次興還於本族給奴婢三十口嶷前後賜賞奴婢牛馬蓋數百千他物稱是老壽凡薄酒色肆情御史中尉王顯奏

言風聞前洛州刺史陰平子石榮積射將軍抱老壽恣蕩非軌易室而姦臊聲
布於朝野醜音被於行路即攝鞫問皆與風聞無差犯禮傷化老壽等即主謹
案石榮籍貫兵伍地隔宦流處世無入朝之期在生絕冠冕之望遭時之運逢
非次之擢以犬馬延慈簪履恩念自微至貴位階方岳不能懷恩感德上酬天
施迺咎彰遐邇嚮穢京墟老壽種類無聞氏姓莫紀丐乞刑餘之家覆養閹人
之室蒙國殊澤預班爵序正宜治家假內疑教誡閨庭方恣其淫姦換妻易妾
榮前在洛州遠迎老壽妻常氏兵人千里疲於道路老壽同敝笱之在梁若其
原疑之無別男女三人莫知誰子人理所未聞鳥獸之不若請以見事免官付
廷尉理罪鴻臚削爵詔可老壽妻常氏萬敵弟女也老壽死後收紀家業稍復
其舊奴婢尚六七百人三女並嬪貴室爲老壽祖父皆造碑銘自洛就鄉而建
之西方云直谷出二貴人
石榮者從主書稍進爲州自被劾後遂便廢頓
子長宣武定中南兖州刺史與侯景反伏法

王遇字慶時本名他惡馮翊李潤鎭羌也與雷党不蒙俱爲羌中彊族自云其先姓王後改氏鉗耳世宗時復改爲王焉自晉世已來恆爲渠長父守貴爲郡功曹卒遇既貴追贈安西將軍秦州刺史澄城公遇坐事腐刑爲中散遷內行令中曹給事中加員外散騎常侍右將軍賜爵富平子遷散騎常侍安西將軍進爵宕昌公拜尚書轉吏部尚書仍常侍例降爲侯出爲安西將軍華州刺史加散騎常侍幽后之前廢也遇頗言其過及後進幸高祖對李沖等申后無咎而稱遇謗議之罪沖言果爾遇合死也高祖曰遇舊人未忍盡之當止黜廢耳遂遣御史馳驛免遇官奪其爵收衣冠以民還私第世宗初兼將作大匠未幾拜光祿大夫復奪爵廢后馮氏之爲尼也公私罕相供恤遇自以常更奉接往來祇謁不替舊敬衣食雜物每有薦奉后皆受而不讓又至其館遇夫妻迎送謁伏侍立執臣妾之禮遇性巧彊於部分北都方山靈泉道俗居宇及文明太后陵廟洛京東郊馬射壇殿修廣文昭太后墓園太極殿及東西兩堂內外諸門制度皆遇監作雖年在耆老朝夕不倦跨鞍驅馳與少壯者均其勞逸又長

於人事留意酒食之間每逢寮舊具設餚果觴膳精豐然競於榮利趨求勢門
趙修之寵也遇往還宗承受勑爲之監作第宅增於本旨笞擊作人莫不嗟怨
卒于官初遇之疾也太傅北海王與太妃俱往臨問視其危惙爲之泣下其善
奉諸貴致相悲悼如此贈使持節鎮西將軍雍州刺史侯如故始遇與抱嶷並
爲文明太后所寵前後賜以奴婢數百人馬牛羊他物稱是二人俱號富室
遇養弟子厲本郡太守稍遷至右軍將軍襲爵宕昌侯產業有過于遇時
苻承祖略陽氏人也因事爲閹人爲文明太后所寵自御廐令遷中部給事中
散騎常侍輔國將軍賜爵略陽侯兼典選部事中部如故轉吏部尚書仍領中
部高祖爲造甲第數臨幸之進爵略陽公安南將軍加侍中知都曹事初太后
以承祖居腹心之任許以不死之詔後承祖坐贓應死高祖原之削職禁錮在
家授悖義將軍佞濁子月餘遂死
王質字紹奴高陽易人也其家坐事幼下蠶室頗解書學爲中曹吏內典監稍
遷祕書中散加寧朔將軍賜爵永昌子領監御遷爲侍御給事又領選部監御

二曹事復特加前將軍進爵魏昌侯轉選部尚書加員外散騎常侍出爲鎭遠將軍瀛州刺史質在州十年風化粗行察姦糾慝究其情狀民庶畏服之而刑政刻峻多所笞戮號爲威酷高祖頗念其忠勤宿舊每行留大故馮司徒亡廢馮后陸叡穆泰等事皆賜質以璽書手筆莫不委至同之戚貴質皆寶掌以爲榮入爲大長秋卿未幾而卒

李堅字次壽高陽易人也高宗初因事爲閹人文明太后臨朝稍遷至中給事中賜爵魏昌伯小心謹慎常在左右雖不及王遇王質等而亦見任用高祖遷洛轉被委授爲太僕卿檢課牧產多有滋息世宗初出爲安東將軍瀛州刺史本州之榮同於王質所在受納家產巨萬值京兆王愉反於冀州堅勒衆征愉爲愉所破代還遇風疾拜光祿大夫數年卒贈撫軍將軍相州刺史賜帛五百匹以弟子曇景爲後襲爵魏昌伯爲羽林監直後

秦松不知其所由太和末爲中尹遷長秋卿賜爵高都子有罪免世宗復其爵起爲光祿大夫領中常侍遷平北將軍領長秋卿出爲散騎常侍安北將軍幷

州刺史卒贈大將軍肆州刺史諡曰定
白整者亦因事腐刑少掌宮掖碎職以恭敏著稱稍遷至中常侍太和末爲長
秋卿賜爵雲陽男世宗封其妻王氏爲雲陽縣君卒贈平北將軍幷州刺史
劉騰字青龍本平原城民徙屬南兗州之譙郡幼時坐事受刑補小黃門轉中
黃門高祖之在懸瓠騰使詣行所高祖問其中事騰具言幽后私隱與陳留公
主所告符協由是進冗從僕射仍中黃門後與茹皓使徐兗采召民女及還遷
中給事稍遷中尹中常侍特加龍驤將軍後爲大長秋卿金紫光祿大夫太府
卿肅宗踐極之始以騰預在宮衞封開國子食邑三百戶是年靈太后臨朝以
與于忠保護之勳除崇訓太僕加中侍中改封長樂縣開國公食邑一千五百
戶拜其妻魏氏爲鉅鹿郡君每引入內受賞賚亞於諸主外戚所養二子爲郡
守尚書郎騰曾疾篤靈太后慮或不救還衞將軍儀同三司餘官仍舊後疾瘳
騰之拜命肅宗當爲臨軒會其日大風寒甚而罷乃遣使持節授之騰幼充宮
役手不解書裁知署名而已姦謀有餘善射人意靈太后臨朝特蒙進寵多所

干託內外碎密栖栖不倦洛北永橋太上公太上君及城東三寺皆主脩營吏部嘗望騰意奏其弟爲郡帶戍人資乖越清河王懌抑而不與騰以爲恨遂與領軍元乂害懌廢靈太后於宣光殿宮門晝夜長閉內外斷絕騰自執管籥肅宗亦不得見裁聽傳食而已太后服膳俱廢不免飢寒又使中常侍賈粲假言侍肅宗書密令防察乂以騰爲司空公表裏擅權共相樹置乂爲外禦騰爲內防迭直禁闥共裁刑賞騰遂與崔光同受詔乘步挽出入殿門四年之中生殺之威決於騰乂之手八座九卿旦造騰宅參其顏色然後方赴省府亦有歷日不能見者公私屬請唯在財貨舟車之利水陸無遺山澤之饒所在固護剝削六鎮交通互市歲入利息以巨萬計又頗役嬪御時有徵求婦女器物公然受納逼奪鄰居廣開室宇天下咸患苦之正光四年三月薨于位年六十賜帛七百匹錢四十萬蠟二百斤鴻臚少卿護喪事中官爲義息衰絰者四十餘人騰之初治宅也奉車都尉周特爲之筮不吉深諫止之騰怒而不用特告人曰必困於三月四月之交至是果死廳事甫成陳屍其下追贈使持節驃騎大將軍

太尉公冀州刺史騰之葬日閹官爲義服杖絰衰縞者以百數朝貴皆從軒蓋塡塞相屬郊野魏初以來權閹存亡之盛莫及焉靈太后反政追奪爵位發其冢散露骸骨沒入財產後騰所養一子叛入蕭衍太后大怒因徙騰餘養於北裔尋遣密使追殺之於汲郡

賈粲字季宣酒泉人也太和中坐事腐刑頗涉書記世宗末漸被知識得充內侍自崇訓丞爲長兼中給事中中嘗藥典御轉長兼中常遷光祿少卿光祿大夫靈太后之廢粲與元乂劉騰等伺帝動靜右衛奚康生之謀殺乂也靈太后肅宗同升於宣光殿左右侍臣俱立西階下康生既被囚執粲紿太后曰侍臣懷恐不安陛下宜親安慰太后信之適下殿粲便扶肅宗於東序前御顯陽還閉太后於宣光殿粲既乂黨威福亦震於京邑自云本出武威魏太尉文和之後遂移家屬焉時武威太守韋景承粲意以其兄緒爲功曹緒時年向七十未幾又以緒爲西平太守比景代下已轉武威太守靈太后反政欲誅粲以乂騰黨與不一恐驚動內外乃止出粲爲濟州刺史未幾遣武衛將軍刁宣馳驛殺

之資財沒於縣官

楊範字法僧長樂廣宗人也高宗時坐宗人劫賊被誅範宮刑爲王琚所養恩若父子往來出入其家範爲中謁者轉黃門中謁者僕射中給事中射聲校尉加寧遠將軍爲中尹世宗崩高陽王雍總政出爲白水太守加龍驤將軍靈太后臨朝徵爲常侍崇訓太僕卿領中嘗藥典御賜爵華陰子爲平西將軍華州刺史中官侍貴者靈太后皆許其方岳以範年長拜跪爲難所司非要故得早遂其請父子納貨勞役兵民爲御史所糾子遂逃竄範事得散赴京師遂廢於家後靈太后念範勤舊乃以範爲中侍中安南將軍尋進鎮南將軍崇訓太僕華州大中正卒贈征西將軍秦州刺史

成軌字洪義上谷居庸人少以罪刑入事宮掖以謹厚稱除中謁者僕射高祖意有所欲軌瞻候容色時有奏發輒合帝心從駕南征專進御食于時高祖不豫常居禁中晝夜無懈車駕還賜帛百匹景明中嘗食典御丞僕射如故轉中給事中步兵校尉勑侍東宮延昌末還中常侍中嘗食典御光祿大夫賜始平

伯統京染都將轉崇訓太僕少卿遭母憂詔遣主書常顯景弔慰又起爲本官
進安東將軍崇訓衞尉卿久之超遷中侍中撫軍將軍典御崇訓如故尋除中
軍將軍燕州大中正孝昌二年以勤舊封始平縣開國伯食邑三百戶肅宗所
幸潘嬪以軌爲假父頗爲中官之所敬憚建義初軌迎於河陰詔令安慰宮內
進爵爲侯增戶三百幷前六百戶遷衞將軍其年八月卒贈車騎大將軍雍州
刺史諡曰孝惠
養弟子仲慶襲歷位鎮軍將軍光祿大夫卒
子朏襲齊受禪例降
王温字桃湯趙郡欒城人父冀高邑令坐事被誅温與兄繼叔俱充宦者高祖
以其謹慎補中謁者小黃門轉中黃門鉤盾令稍遷中嘗食典御中給事中給
事東宮加左中郎將世宗之崩羣官迎肅宗於東宮温於臥中起肅宗與保母
扶抱肅宗入踐帝位高陽王雍既居冢宰慮中人朋黨出爲鉅鹿太守加龍驤
將軍靈太后臨朝徵還爲中常侍光祿大夫賜爵欒城伯安東將軍領崇訓太

僕少卿特除使持節散騎常侍撫軍將軍瀛州刺史還除中侍中進號鎮東將軍金紫光祿大夫還車騎將軍左光祿大夫光祿勳卿侍中如故孝昌二年封欒城縣開國侯邑六百戶溫後自陳本陽平武陽人於是改封武陽縣開國侯食邑如故建義初於河陰遇害年六十六永安初贈驃騎大將軍儀同三司雍州刺史

養子冏哲襲齊受禪例降

孟鸞字龍兒不知何許人坐事充閹人文明太后時王遇有寵鸞以謹敏爲遇左右往來方山營諸寺舍由是漸見眷識靈太后臨朝爲左中郎將中給事中素被病面常黯黑於九龍殿下暴疾半身不攝扶載歸家其夜亡鸞初出靈太后聞之曰鸞必不濟我爲之憂及奏其死爲之下淚曰其事我如此不見我一日忻樂時也遂賜帛三百匹黃十匹以供喪用七日靈太后爲設二百僧齋賜助施五十匹同類榮焉

平季字稚穆燕國薊人祖濟武威太守父雅州秀才與沙門法秀謀反伏誅季

坐腐刑入事宮掖久之除小黃門以忤旨出爲潞縣令不拜仍除奉朝請靈太
后反政授寧朔將軍長水校尉領黃門令轉前軍將軍中給事中時四方多事
太后每令季出使於外後慰勞西軍還至潼關華州羌人舜明等據嶮作逆都
督姜道明不能進討會舜明遣十餘人詐降入道明軍闕遂散出爲新興太守
肅宗崩與尒朱榮等議立莊帝莊帝卽位起拜平北將軍肆州刺史尋除撫軍
將軍中侍中以參謀之勳封元城縣開國侯食邑七百戶仍加金紫光祿大夫
幽州大中正尋攝燕安平營中正前廢帝以爲車騎將軍右光祿大夫中侍中
如故永熙中加驃騎將軍季遇疾詔遣使存問三年九月卒天平初贈使持節
都督幽燕安平四州諸軍事儀同三司幽州刺史中侍中將軍侯如故初季以
兄闕
叔艮爲襲季爵卒
子世胄襲齊受禪例降
封津字醜漢渤海蓨人也祖羽眞君中爲薄骨律鎮副將以貪汙賜死父令德

娶党寶女寶伏誅令德以連坐伏法津受刑給事宮掖積官久之除中謁者僕射還奉車都尉肅宗初冀州大乘賊起詔津慰勞津世不居桑梓故不爲州鄉所歸靈太后令津侍肅宗書還常山太守孝昌初除中侍中加征虜將軍仍除崇訓太僕領宮室都將冀州大中正超拜金紫光祿大夫二年封東光縣開國子食邑二百戸鎮南將軍兼中關右慰勞大使出爲散騎常侍征東將軍濟州刺史永安初中侍中衞將軍尋轉大長秋左光祿大夫太昌初驃騎大將軍儀同三司津少長宮闈給事左右善候時情號爲機悟天平初除開府儀同三司本將軍懷州刺史元象初復爲中侍中大長秋卿仍開府儀同夏薨年六十二贈都督冀瀛幽安四州諸軍事本將軍司徒公冀州刺史謚曰孝惠

養兄子長業襲爵齊受禪例降

津兄憑字元寄當時逃竄後會赦免太和中奉朝請冀州趙郡王幹田曹參軍定州彭城王勰水曹參軍給事中越騎校尉以討大乘功除左中郎將還龍驤將軍中散大夫孝昌中歷恆農武邑二郡太守尋除征虜將軍光州刺史還爲

平東將軍光祿大夫轉鎮南將軍金紫光祿大夫除衛將軍右光祿大夫初津
被敕營出帝父廣平王陵永熙中以營陵功封津城陽縣開國子邑三百戶津
自有封乃啓轉於憑後除衛大將軍左光祿大夫與和三年夏卒年六十七憑
無他才伎始終資歷皆由於津津卒之後憑亦無贈
子靈素襲齊受禪例降
津從兄答光祿大夫
子宗顯司徒掾
劉思逸平原人父直武邑太守與元愉反於信都伏誅思逸少充腐刑初爲中
小史轉寺人久之除小黃門拜奉朝請坐事免後除東莞太守思逸雖身在閹
寺而性頗豪率輕薄無行好結朋遊又除左將軍大長秋卿遷中侍中平東將
軍武定中與元瑾等謀反伏誅又有張景嵩毛暢者咸以閹寺在肅宗左右而
並黠了甚見知遇俱爲小黃門每承間陳元乂之惡於肅宗元乂之出景嵩暢
頗有力焉靈太后反政未即戮乂時內外喧喧云乂還入知政事暢等恐禍及

己乃啓肅宗欲詔右衛將軍楊津密往殺乂詔書已成未及出乂妻知之告太后太后云景嵩暢與清河王息邵欲廢太后太后信之責暢暢出詔書草以呈太后太后讀之知無廢己狀意爲小解然乂妻搆之不已遂致疑惑未幾出暢爲頓丘太守後復出景嵩爲魯郡太守乃密令御史掩暢暢走免尋捕殺之景嵩因入都太后數其與暢同計之事大致嫌責後爲陽城滎陽二郡太守孝靜時位至中侍中坐事死

史臣曰闕

魏書卷九十四

魏書卷九十四考證

劉騰傳假言持肅宗書○持監本訛作又一本作侍亦誤今從北史改正

孟鸞傳黄十匹○北史作黄綾一十匹

魏書卷九十四考證

魏書卷九十五

齊　魏收　撰

列傳第八十三

匈奴劉聰　羯胡石勒　鐵弗劉虎　徒何慕容廆

臨渭氏苻健　羌姚萇　略陽氏呂光

夫帝皇者配德兩儀家有四海所謂天無二日土無二王者也三代以往守在海外秦吞列國漢幷天下逮桓靈失政九州瓦裂曹武削平寇難魏文奄有中原於是僭孫假命於江吳僭劉盜名於岷蜀何則戎方椎髻之帥夷俗斷髮之魁世崇凶德罕聞王道扇以跋扈忻從放命加以中州避地華士違讎思託號令之聲念邀風塵之際因虞候隙仍相君長偷名竊位脅息一隅至乃指言井絡假上帝之祉妄說黃旗云人君之氣論土不出江漢語地僅接褒斜而謂握皇符秉帝籍三分鼎立比蹤王者溺人必笑其在茲乎若是蠶靈可擬於周王夫差容比於漢祖尉他定黃屋之尊子陽成綰璽之貴豈其然哉及鍾會一將

之威士治偏師之勢而使驟車西至侯蓋北首天人弗許斷可知焉晉年不永時逢喪亂異類羣飛姦凶角逐內難興於戚屬外禍結於藩維劉淵一唱石勒繼響二帝沉淪兩都傾覆徒何仍釁氐羌襲梗夷楚喧聒於江淮胡虜叛換於瓜涼兼有張赫山河之間顧恃遼海之曲各言應曆數人謂遷圖鼎或更相吞噬迭爲驅除或狼戾未馴俟我斧鉞太祖奮風霜於參合鼓雷霆於中山黃河以北靡然歸順矣世祖叡略潛舉靈武獨斷以夫僭僞未夷九域尚阻慨然有混一之志既而戎車歲駕神兵四出全國克敵伐罪弔民遂使專制令擅威福者西自流沙東極滄海莫不授館於東門懸首於北闕矣唯夫窮髮遺虜未拔根株徼垂殘狡尚餘栽蘖而北踰翰漠折其肩髀南極江湖抽其腸胃雖骸骨僅存脂膏咸盡視息纔舉魂魄久遊高祖聖敬時乘遷居改作日轉雲移風行電掃辮髮之渠非逃則附冉服之長琛賮繼入猶以侍子不至取亂乘機五牛一指六師騁路馘其武臣驍帥傾其湯池石城向使時無轂塘之禍民無鼎湖之思北可焚穹廬收服匿削引弓之左衽苑龍荒以牧馬南則罝黿鼉暴鯨鯢

變水處之文身化鳥言於人俗矣尋以壽春內款華陽稽服蕞彼江陰憂於繫頸肅宗以沖年踐祚俄則母后當陽務崇寬政取和朝野置荒遐於度外譬蠻夷於雞肋而黠狄淪胥種落離貳虜帥飄然窮而歸我矜其眼目愍厥顛亡反之於故庭復之以保塞魏道將虧禍出權幸事僻於中民驚於外疆埸崩騰藩籬傾駭陰朔委命之倫雲蒸霧合上失其道下極其難政亂如風草師亡猶彈丸十數年間中區殄悴而江湄巨狡窺覦上國虵虺肆毒竊我邊鄙氈裘相率馬首南向白山邊水狐鼠群遊魏德雖衰天命未改援墜扶危齊武電發屈身宰世大濟橫流和戎略遠用謀急病轄軒四指喻以德音爾乃舟車接次駝驢銜尾烽柝不警尉候空設而水鄉大猾好利忘信納我逋叛共爲舉斧遂有寒山之戰渦陽（闕二字）紇合傖楚覆其巢穴衍以餧卒綱實鳩死獯虜邪瓌尋亦殲殪自二百許年僭盜多矣天道人事卒有歸焉猶衆星環於斗極百川之赴溟海今總其僭僞列於國籍俾後之好事知僭盜之終始焉

匈奴劉聰字玄明一名載冒頓之後也漢高祖以宗女妻冒頓故其子孫以母

姓爲氏祖豹爲左賢王及魏分匈奴之衆爲五部以豹爲左部帥豹雖分屬五部然皆家于晉陽汾澗之濱父淵形容偉壯膂力過人晉初爲任子在洛陽豹卒淵代之後改帥爲都尉以淵爲北部都尉楊駿輔政以淵爲建威將軍五部大都督封漢光鄉侯後坐部民叛出塞免官永寧初成都王頴表淵行寧朔將軍監五部軍事及齊王冏長沙王乂與頴等自相誅滅北部都督劉宣等竊議反叛謀推淵爲大單于時淵在鄴乃使呼延攸以此謀告之淵請歸會葬頴不許頴爲皇太弟以淵爲太弟屯騎校尉晉惠帝之伐頴也以淵爲輔國將軍都督北城守事及惠帝敗以淵爲冠軍將軍封盧奴伯既而幷州刺史司馬騰幽州刺史王浚起兵伐頴頴師戰敗淵謂頴曰今二鎮跋扈衆踰十萬恐非宿衞及近郡士民所能禦之淵當爲殿下還說五部鳩合義衆以赴國難頴悅拜淵爲北單于參丞相軍事淵至左國城劉宣等上大單于之號二旬之間衆便五萬都於離石淵謂宣等曰帝王豈有常哉當上爲漢高下爲魏武然晉人未必同我漢有天下世長恩德結於民心吾又漢氏之甥約爲兄弟兄亡弟紹不亦

可乎今且可稱漢追尊後主以懷民望乃遷於左國城自稱漢王置百官年號元熙追尊劉禪爲孝懷皇帝攻擊郡縣桓帝十一年晉并州刺史司馬騰來乞師桓帝親率萬騎救騰斬淵將綦母豚淵南走蒲子語在序傳晉光熙元年淵進據河東剋平陽蒲坂遂都平陽晉永嘉二年淵稱帝年號永鳳後汾水中得玉璽文曰有新保之蓋王莽之璽也得者因增淵海光三字而獻之淵以爲己瑞號年爲河瑞以聰爲大司馬大單于錄尚書事置單于臺於平陽西淵死子和僭立聰即和第四弟也殺和而自立聰猨臂善射彎弓三百斤晉新興太守郭頤辟爲主簿任以郡事舉良將爲驍騎別部司馬齊王冏以爲國中尉出爲左部司馬尋遷右部尉太宰河間王顒表爲赤沙中郎將以淵在鄴懼爲成都王穎所害亡奔穎穎甚悅拜右積弩將軍參前鋒戰事隨還左國淵稱大號拜大司馬封楚王及僭位年號光興聰遣王彌劉曜攻陷洛陽執晉懷帝改年爲嘉平聰於是驕奢淫暴殺戮無已誅翦公卿旬日相繼納其太保劉殷二女爲左右貴嬪又納殷孫女四人爲貴人六劉之寵傾於後宮聰希復出外事皆中

黃門納奏左貴嬪決之其都水使者襄陵王攄以魚蟹不供將作大匠望都公靳陵以營作遲晚並斬於東市聰遊獵無度晨出暮歸觀魚於汾以燭繼晝其弟乂及子粲輿櫬切諫聰怒曰吾豈桀紂幽厲乎而汝等生來哭人也先是劉琨來告難穆帝親率大衆令長子六修擊粲等大破之語在序紀聰與羣臣飲讌逼晉帝行酒晉光祿大夫庾珉等謀以平陽應劉琨於是害晉帝誅珉等改嘉平爲建元平陽地震聰崇明觀陷爲池水赤如血赤氣至天有赤龍奮迅而去流星起于牽牛入紫微龍形委蛇其光照地落於平陽北十里視之則肉長二十步廣二十七步臭達於平陽肉旁常有哭聲晝夜不止聰惡之劉后產一蛇一虎各害人而走尋之不得頃之見在隕肉之旁聰遣劉曜攻陷長安執晉愍帝改建元爲麟嘉其武庫陷入地一丈五尺聰自去冬至是遂不受朝賀立市於後庭與宮人讌戲積日不醒立上皇后樊氏樊氏是聰張后之侍婢也時稱后者四人佩皇后璽綬者七人阿諛日進貨賄公行後宮賞賜動至千萬有豕著進賢冠犬冠武弁帶綬並昇聰座俄而鬬死宿衞之人無見入者平文二

年聰死
子粲襲位號年漢昌粲荒耽酒色遊蕩後庭軍國之事決於大將軍靳準準勒兵誅粲劉氏男女無少長皆殺之準自號漢王置百官尋爲靳明所殺衆降淵族子曜

曜字永明少孤見養於淵頗知書計志性不恆拳勇有膂力鐵厚一寸射而洞之坐事當誅亡匿朝鮮客爲縣卒會赦得還聰之末年位至相國鎮長安靳準之誅粲也曜來赴之次於赤壁遂僭尊號改年光初靳明既降於曜曜還都長安自稱大趙曜西通張駿南服仇池窮兵極武無復寧歲又發六百萬功營其父及妻二塚下洞三泉上崇百尺積石爲基周回二里發掘古塚以千百數迫督役徒繼以脂燭百姓嗥哭盈於道路又更增九十尺塚前石人有聲言愼封其子胤爲南陽王以漢陽十三郡爲國立單于臺於渭城置左右賢王已下皆以雜種爲之曜得黑兔改年爲太和石虎伐曜曜擊破之遂攻石生於洛陽曜不撫士衆專與嬖臣飲博左右或諫曜怒斬之石勒進據石門曜甫知之解金

墉之圍陳于洛西將與勒戰至西陽門麾軍就平師遂大潰曜墜于冰爲石勒將石堪所擒勒囚之襄國尋殺之烈帝元年曜子毗率百官棄長安西走秦州尋爲石勒所滅

羯胡石勒字世龍小字匐勒其先匈奴別部分散居於上黨武鄉羯室因號羯胡祖邪奕于父周曷朱一字乞翼加並爲部落小帥周曷朱性凶麤不爲羣胡所附勒壯健有膽略好騎射周曷朱每使代己督攝部胡部胡愛信之并州刺史司馬騰執諸胡於山東賣充軍實兩胡一枷勒亦在中至平原賣與師氏爲奴師家鄰於馬牧勒與牧帥汲桑往來相託遂招集王陽夔安支雄冀保吳豫劉膺姚豹逯明郭敖劉徵劉寶張曀僕呼延莫郭黑略張越孔豚趙鹿支屈六等東如赤龍騄驥諸苑乘苑馬還掠繒寶以賂汲桑成都王穎之廢也穎故將陽平人公師藩等自稱將軍起兵趙魏衆至數萬勒與汲桑率牧人乘苑馬數百騎以赴之於是桑始命勒以石爲姓以勒爲名藩拜爲前隊督藩戰敗身死勒與汲桑亡潛苑中穎之將如河北也汲桑以勒爲伏夜牙門率牧人劫掠郡

縣繫因合軍以應之屯于平石桑自號大將軍進軍攻鄴以勒爲前鋒都尉攻
鄴剋之尋爲晉將苟晞所敗勒往從劉淵拜爲輔漢將軍平晉王劉聰立以勒
爲征東大將軍幷州刺史汲郡公劉粲攻洛陽勒留長史刁膺統步卒九萬徙
輜重于重門率輕騎二萬會粲於太陽大敗晉監軍裴邈于澠池遂至洛川勒
出成皐圍晉陳留太守王讚於倉垣爲讚所敗屯文石津將北攻晉幽州刺史
王浚會浚將王甲始率遼西鮮卑萬餘騎敗劉聰安北大將軍趙固于津北勒
乃燒船棄營引軍向柏門迎重門輜重合于石門而濟南攻晉豫州刺史馮嵩
于陳郡不剋進攻襄城太守崔曠於繁昌斬之先是雍州流民王如侯脫嚴嶷
等起兵江淮間受劉淵官位聞勒之來也懼遣衆一萬拒於襄城勒擊敗之盡
俘其衆勒至南陽屯于宛之北山王如遣使通好勒進攻宛剋之斬侯脫降嚴
嶷盡幷其衆南至襄陽攻剋江西三十餘壘有據江漢之志勒右長史張賓以
爲不可引軍而北晉太傅東海王越率洛陽之衆二十餘萬討勒越薨於軍軍
人推太尉王衍爲主率衆而東勒追擊破之於苦縣勒分騎圍而射之相登如

山殺王衍及晉襄陽王範等十餘萬人越世子毗聞越薨出自洛陽從者傾城勒逆毗於洧倉破之執毗及晉宗室二十六王幷諸卿士皆殺之與王彌劉曜攻陷洛陽歸功彌曜遂出轘轅執晉大將軍苟晞於蒙城以爲左司馬劉聰授勒鎮軍大將軍幽州牧領幷州刺史用張賓之計自汝南葛陂北都襄國襲幽州擒王浚殺之劉聰加勒陝東伯得專征伐封拜刺史將軍守宰列侯歲盡集上及劉粲爲靳準所殺勒率衆赴平陽曜稱尊號授勒大司馬大將軍加九錫增封十郡幷前十三郡進爲趙公勒至平陽靳明出與勒戰勒大破之遣兼左長史王修主簿劉茂獻捷於曜明率平陽之衆奔曜曜西如粟邑勒焚平陽宮室置戍而歸徙渾儀樂器於襄國曜遣使授勒太宰領大將軍進爵趙王增封七郡幷前二十郡出入警蹕冕十有二旒乘金根車駕六馬如魏武輔漢故事王修舍人曹平樂留仕曜朝言於曜曰大司馬遣修等來外表至虔內覘彊弱曜實殘敝懼修宣之大怒追還策命而斬王修劉茂逃歸言修死狀勒大怒誅曹平樂父兄夷其三族又知追停太宰趙王之授怒曰帝王之起復何常也趙

王趙帝孤自取之名號大小豈爾所節乎勒乃自稱大都督大將軍大單于趙王以二十四郡爲趙國號爲趙王元年平文三年也勒遣使求和請爲兄弟斬其使以絶之自是朝會常僭天子禮樂以饗羣臣烈帝元年勒又遣使求和帝許之二年勒僭稱皇帝置百官年號建平雖都襄國又營鄴宮作者數十萬人兼以晝夜五年勒死子大雅僭立

大雅名犯顯祖廟諱大雅立號年延熙石虎廢大雅爲海陽王而僭立尋殺之

虎字季龍勒之從子也祖曰匐邪父曰寇覓寇覓有七子虎第四勒父幼而子之故或謂之爲勒弟也晉永與中與勒相失永嘉五年劉琨送勒母王氏及虎於葛陂時年十七矣性殘忍遊獵無度能左右射好以彈彈人軍中甚患之勒白母曰此兒凶暴無賴使軍人殺之聲名可惜宜自除也王曰快牛爲犢子時多能破車爲復小忍勿却之至年十八身長七尺五寸弓馬迅捷勇冠當時將佐親戚莫不敬憚勒深嘉之而酷害過差軍中有壯健與己齊者因獵戲謔輒殺之至於降城陷壘不復斷別善惡坑斬士女尠有遺類御衆嚴整莫敢犯者

指授攻討所向無前故勒寵信彌隆仗以專征之任劉聰以虎爲魏郡太守鎮鄴三臺又封繁陽侯食邑三千戶勒爲趙王以虎爲車騎將軍加侍中開府進封中山公勒稱尊號爲太尉守尚書令封中山王食邑萬戶勒死虎擅誅右光祿大夫程遐中書令徐光遣子邃率兵入大雅宮直衞文武皆奔散大雅大懼自陳弱劣讓位于虎虎曰若其不堪天下自當有大義何足豫論遂逼立之虎自爲丞相魏王虎以勒文武舊臣皆補丞相閑任其府寮舊昵悉居臺省禁要改勒太子宮曰崇訓宮徙勒妻劉氏已下居之簡其美淑及車馬服御皆歸虎第劉氏謂其彭城王石堪曰丞相便相凌蹈恐國祚之滅不復久矣真可謂養虎自殘者也王將何以圖之堪曰先帝舊臣皆以斥外衆旅不復由人宮殿之中亡所厝計臣請出奔兗州據廩丘扶南陽王恢爲盟主宣太后詔於諸牧守征鎮令各率義兵同討惡逆蔑不濟也劉氏然之既而堪計不果虎炙而殺之又殺劉氏石生先鎮長安石朗鎮洛陽並起兵討虎爲虎所滅虎遂自立爲大趙王號年建武自襄國徙居於鄴乃殺大雅及其母程氏并大雅諸弟初虎衣

衮冕將祀南郊照鏡無首大恐怖不敢稱皇帝乃自貶爲王使其太子邃省可尙書奏事唯選牧守祀郊廟征伐刑斷乃親覽之虎又改稱大趙天王邃以事呈之恚曰此小事何足呈也時有所問復怒曰何以不呈誚責杖捶月至再三邃甚愠恨私謂中庶子李顏等曰官家難稱吾欲行冒頓之事卿從我乎顏等伏不敢對虎聞而大怒殺邃及其男女二十六人一棺埋之誅其宮臣支黨二百餘人立次子宣爲太子虎於鄴起臺觀四十餘所營長安洛陽二宮作者四十餘萬人又欲自鄴起閣道至于襄國勅河南四州具南師之備幷朔秦雍嚴西討之資青冀幽州三五發卒諸州造甲者五十萬人擾役黎元民庶失業得農桑者十室而三船夫十七萬人爲水所沒爲虎所害三分而一課責征士五人車一乘牛二頭米各十五斛絹十匹諸役調有不辦者皆以斬論窮民率多鬻子以充軍制而猶不足者乃自經于道路死者相望猶求發無已太武殿成圖畫忠臣孝子烈士貞女皆變爲胡狀頭縮入肩虎大惡之遣司虞中郎將賈霸率工匠四千於東平岡山造獵車千乘轅長三丈高一丈八尺置高一丈七

尺桊虎車四十乘立行樓二層於其上南至滎陽東極陽都使御史監司其中禽獸民有犯者罪至大辟御史因之擅作威福民有美女好牛馬求之不得便誣以犯獸論民死者相繼海岱河濟之間民無寧志矣又發民牛二萬餘頭配朔州牧官增內官二十四等東宮十二等諸公侯七十餘國皆爲置女官九等先是大發民女二十已下十三已上三萬餘人爲三等之第以分配之郡縣有希旨務於美淑奪人婦者九千餘人民妻有美色豪勢因而脅之率多自殺太子諸公私令採發者亦垂一萬建國九年虎遣使朝貢虎使其太子宣及宣弟秦公韜遞日省可尚書奏事宣惡韜倖己謂嬖人楊柯牟成等曰汝等殺韜吾入西宮當以韜之國邑分封汝等韜既死上必親臨因行大事亡不濟矣柯等許諾乃夜入韜第而殺之虎將出臨韜喪其司空李農諫乃止翌日有人告之虎大怒以鐵鐶穿宣頷而鏁之作數斗木槽和以羹飯以猪狗法食之取害韜刀仗舐其上血號叫之聲震動宮殿積柴城北樹標其上標末置鹿盧穿之以繩送宣於標所使韜所親宦者郝雅劉霊拔其髮抽其舌以繩貫其頷鹿盧絞

上之劉霸斷其手足斫眼潰腹如韜之傷四面縱火煙焰際天虎從昭儀已下數千人登中臺以觀之火滅取灰分置諸門交道中殺其妻子二十九人誅其四率已下三百人宦者五十人皆車裂節解棄之漳水洿其東宮以養豬牛十二年虎自稱皇帝號年太寧虎死

少子世僭立虎養孫閔殺世以世兄遵爲主

遵以閔爲大將軍輔政遵立七日大風雷震晝昏火水俱下災其太武殿延及宮內府庫至于閶闔門火月餘乃滅

遵兄鑒又殺遵而自立號年青龍鑒弟苞與胡張才孫伏都等謀殺閔不剋而死自鳳陽門至琨華殿積屍如丘流血成池閔知胡人不爲己用乃閉鄴城四門盡殺諸胡晉人貌似胡者多亦濫死閔乃殺鑒而自立盡滅石氏

閔本姓冉乃復其姓自稱大魏號年永興尋爲慕容儁所擒

鐵弗劉虎南單于之苗裔左賢王去卑之孫北部帥劉猛之從子居於新興慮虒之北北人謂胡父鮮卑母爲鐵弗因以爲號猛死子副崙來奔虎父誥升爰

代領部落詰升爰一名訓兜詰升爰死虎代焉虎一名烏路孤始臣附於國自以衆落稍多舉兵外叛平文與晉并州刺史劉琨共討之虎走據朔方歸附劉聰聰以虎宗室拜安北將軍監鮮卑諸軍事丁零中郎將復渡河侵西部平文逆擊大破之虎退走出塞昭成初虎又寇西部帝遣軍逆討又大破之虎死子務桓代領部落遣使歸順務桓一名豹子招集種落爲諸部雄潛通石虎虎拜爲平北將軍左賢王務桓死弟閼陋頭代立密謀反叛語在序紀後務桓子悉勿祈逐閼陋頭而自立悉勿祈死

弟衞辰代立衞辰務桓之第三子也既立之後遣子朝獻昭成以女妻衞辰衞辰潛通苻堅堅以爲左賢王遣使請堅求田內地春來秋去堅許之後掠堅邊民五十餘口爲奴婢以獻於堅堅讓歸之乃背堅專心歸國舉兵伐堅堅遣其建節將軍鄧羌討擒之堅自至朔方以衞辰爲夏陽公統其部落衞辰以堅還復其國復附於堅雖於國貢使不絕而誠敬有乖帝討衞辰大破之收其部落十六七焉衞辰奔苻堅堅送還朔方遣兵戍之昭成末衞辰導苻堅來寇南境

王師敗績堅遂分國民爲二部自河以西屬之衞辰自河以東屬之劉庫仁語
在燕鳳傳堅後以衞辰爲西單于督攝河西雜類屯代來城慕容永之據長子
拜衞辰使持節都督河西諸軍事大將軍朔州牧居朔方姚萇亦遣使結好拜
衞辰使持節都督北朔雜夷諸軍事大將軍大單于河西王幽州牧累爲寇害
登國中衞辰遣子直力鞮寇南部其衆八九萬太祖軍五六千人爲其所圍太
祖乃以車爲方營並戰並前大破之於鐵岐山南直力鞮單騎而走獲牛羊二
十餘萬乘勝追之自五原金津南渡逕入其國居民駭亂部落奔潰遂至衞辰
所居悅跋城衞辰父子驚遁乃分遣諸將輕騎追之陳留公元虔南至白鹽池
虜衞辰家屬將軍伊謂至木根山禽直力鞮盡幷其衆衞辰單騎遁走爲其部
下所殺傳首行宮獲馬牛羊四百餘萬頭先是河水赤如血衞辰惡之及衞辰
之亡誅其族類並投之於河衞辰第三子屈孑亡奔薛干部帥太悉伏
屈孑本名勃勃太宗改其名曰屈孑屈孑者卑下也太悉伏送之姚興興高平
公破多羅沒弈干妻之以女屈孑身長八尺五寸與見而奇之拜驍騎將軍加

奉車都尉常參軍國大議寵遇踰於勳舊興弟濟南公邕言於興曰屈子天性不仁難以親育寵之太甚臣竊惑之興曰屈子有濟世之才吾方收其藝用與之共平天下有何不可乃以屈子爲安遠將軍封陽川侯使助沒弈干鎭高平議以義城朔方雜夷及衞辰部衆三萬配之以候邊隙邕固諫以爲不可興曰卿何以知其氣性邕曰屈子奉上慢御衆殘貪暴無親輕爲去就寵之踰分終爲邊害興乃止以屈子爲持節安北將軍五原公配以三交五部鮮卑二萬餘落鎭朔方太祖末屈子襲殺沒弈干而幷其衆僭稱大夏天王號年龍昇置百官興乃悔之屈子恥姓鐵弗遂改爲赫連氏自云徽赫與天連又號其支庶爲鐵伐氏云其宗族剛銳如鐵皆堪伐人劉裕攻長安屈子聞而喜曰姚泓豈能拒裕裕必滅之待裕去後吾取之如拾遺耳於是秣馬厲兵休養士卒及裕擒泓留子義真守長安屈子伐之大破義真積人頭爲京觀號曰髑髏臺遂僭稱皇帝於灞上號年爲昌武定都統萬勒銘城南頌其功德以長安爲南都性驕虐視民如草芥蒸土以築都城鐵錐刺入一寸卽殺作人而幷築之所造兵器

匠呈必死射甲不入即斬弓人如其入也便斬鎧匠凡殺工匠數千人常居城上置弓劍於側有所嫌忿手自殺之羣臣忤視者鑿其目笑者決其脣諫者謂之誹謗先截其舌而後斬之議廢其長子璝璝自長安起兵攻屈孑屈孑中子太原公昌破璝殺之屈孑以昌爲太子始光二年屈孑死昌僭立

昌字還國一名折屈孑之第三子也旣僭位改年永光世祖聞屈孑死諸子相攻關中大亂於是西伐乃以輕騎一萬八千濟河襲昌時冬至之日昌方宴饗王師奄到上下驚擾車駕次於黑水去城三十餘里昌乃出戰世祖馳往擊之昌退走入城未及閉門軍士乘勝入其西宮焚其西門夜宿城北明日分軍四出略居民殺獲數萬生口牛馬十數萬徙萬餘家而還後昌遣弟定與司空奚斤相持於長安世祖乘虛西伐濟君子津輕騎三萬倍道兼行羣臣咸諫曰統萬城堅非十日可拔今輕軍計之進不可克退無所資不若步軍攻具一時俱往世祖曰夫用兵之術攻城最下不得已而用之如其攻具一時俱往賊必懼而堅守若攻不時拔則食盡兵疲外無所掠非上策也朕以輕騎至其城下彼

先聞有步軍而徒見騎至必當心閑朕且羸師以誘之若得一戰擒之必矣所以然者軍士去家二千里復有黃河之難所謂置之死地而後生也以是決戰則有餘攻城則不足遂行次于黑水分軍伏於深谷而以少衆至其城下昌將狄子玉來降說昌使人追其弟定定曰城旣堅峻未可攻拔待擒斤等然後徐往內外擊之何有不濟昌以爲然世祖惡之退軍城北示昌以弱遣永昌王健及娥清等分騎五千西掠居民會軍士負罪亡入昌城言官軍糧盡士卒食菜輜重在後步兵未至擊之爲便昌信其言引衆出城步騎三萬司徒長孫翰等言昌步陳難陷宜避其鋒且縱步兵一時奮擊世祖曰不然遠來求賊恐其不出今避而不擊彼奮我弱非計也遂收軍僞北引而疲之昌以爲退鼓譟而前舒陳爲翼行五六里世祖衝之賊陳不動稍復前行會有風起方術宦者趙倪勸世祖更待後日崔浩叱之世祖乃分騎爲左右以掎之世祖墜馬賊已逼接世祖騰馬刺殺其尚書斛黎又殺騎賊十餘人流矢中掌奮擊不輟昌軍大潰不及入城奔於上邽遂克其城初屈子性奢好治宮室城高十仞基厚三十步

上廣十步宮牆五仞其堅可以礪刀斧臺榭高大飛閣相連皆彫鏤圖畫被以綺繡飾以丹青窮極文采世祖顧謂左右曰蕞爾小國而用民如此雖欲不亡其可得乎後侍御史安頡擒昌世祖使侍中古弼迎昌至京師舍之西宮門內給以乘輿之副又詔昌尚始平公主假常忠將軍會稽公封爲秦王坐謀反伏誅

昌弟定小字直獖屈孑之第五子凶暴無賴昌敗定奔於平涼自稱尊號改年勝光定登陰槃山望其本國泣曰先帝以朕承大業者豈有今日之事乎使天假朕年當與諸卿建季興之業俄而有羣狐百數鳴於其側定命射之無所獲定惡之曰此亦大不臧咄咄天道復何言哉與劉義隆連和遙分河北自恆山以東屬義隆恆山以西屬定遣其將寇鄜城始平公隗歸討破之定又將數萬人東擊歸世祖親率輕騎襲平涼定救平涼方陳自固世祖四面圍之斷其水草定不得水引衆下原詔武衛將軍丘眷擊之衆潰定被創單騎遁走收其餘衆乃西保上邽神䴥四年爲吐谷渾慕璝所襲擒定送京師伏誅

徒何慕容廆字弈洛瓌其本出於昌黎曾祖莫護跋魏初率諸部落入居遼西從司馬宣王討平公孫淵拜率義王始建國於棘城之北祖木延從母丘儉征高麗有功加號左賢王父涉歸以勳進拜鮮卑單于遷邑遼東涉歸死廆代領部落以遼東僻遠徙於徒何之青山穆帝之世頗爲東部之患左賢王普根擊走之乃修和親晉愍帝拜廆鎮軍將軍昌黎遼東二國公平文之末廆復侵東部擊破之王浚稱制以廆爲散騎常侍冠軍將軍前鋒大都督大單于廆以非王命所授拒之廆死子元真代立

元真小字萬年名犯恭宗廟諱元真既襲弟仁叛於遼東之平郭與元真相攻元真討斬之乃號年爲元年自稱燕王置官如魏武輔漢故事石虎率衆伐元真元真擊走之建國二年帝納元真女爲后元真襲石虎至於高陽掠徙幽冀二州三萬戸而還四年元真遣使朝貢城和龍城而都焉元真征高麗大破之遂入丸都掘高麗王釗父利墓載其屍幷其母妻珍寶掠男女五萬餘口焚其宮室毀丸都而歸釗單馬遁走後稱臣於元真乃歸其父屍又大破宇文闥地

千里徙其部民五萬餘家於昌黎元真死子儁統任
儁字宣英既襲位號年爲元年聞石氏亂乃礪甲嚴兵將爲進取之計鑿山除道入自盧龍剋薊城而都之進剋中山常山大破冉閔於魏昌廉臺擒之閔太子叡固守鄴城進師攻鄴剋之建國十五年儁僭稱皇帝置百官號年元璽國稱大燕郊祀天地十六年遣使朝貢儁自薊遷都於鄴號年爲光壽儁死子暐統任
暐字景茂儁之第三子也既僭立號年建熙暐政無綱紀時人知其將滅有神降於鄴自稱湘女有聲與人相接數日而去僭晉將桓温率衆伐暐至於枋頭暐叔父垂擊走之垂有大功暐不能賞方欲殺之垂怒奔苻堅堅遣將王猛伐鄴擒暐封新興侯後拜尚書太祖之七年苻堅敗於淮南垂叛攻苻丕於鄴暐弟濟北王泓先爲北地長史聞垂攻鄴亡奔關東收諸馬牧鮮卑衆至數千還屯華陰暐乃潛使諸弟及宗人起兵於外堅遣將軍張永步騎五千擊之爲泓所敗泓衆遂盛自稱使持節大都督陝西諸軍事大將軍雍州牧濟北王推垂

爲丞相都督陝東諸軍事領大司馬冀州牧吳王堅遣子鉅鹿公叡伐泓泓弟
中山王沖先爲平陽太守亦起兵河東有衆二萬泓大破叡軍斬叡沖爲堅將
竇衝所破棄其步衆率鮮卑騎八千奔於泓軍泓衆至十餘萬遣使謂堅曰秦
爲無道滅我社稷今天誘其衷秦師傾敗將欲興復大燕吳王已定關東可速
資備大駕奉送乘輿并宗室功臣之家泓當率關中燕人翼衞皇帝還返鄴都
與秦以虎牢爲界分王天下永爲鄰好不復爲秦之患也堅怒責暐曰卿雖曰
破滅其實若歸奈何因王師小敗猖悖若是泓書如此卿欲去者朕當相資暐
叩頭流血涕泣陳謝堅久之曰此自三豎之罪非卿之過復其位待之如初命
暐以書招諭垂及泓沖使息兵還長安恕其反叛之咎而暐密遣使謂泓曰今
秦數已終社稷不輕勉建大業可以吳王爲大將軍領司徒承制封拜聽吾死
問汝便卽尊位泓於是進向長安年號燕興泓謀臣高蓋宿勤崇等以泓德望
後沖且持法苛峻乃殺泓立沖爲皇太弟承制行事置百官沖去長安二百里
堅遣子平原公暉拒之沖大破暉軍進據阿房初堅之滅燕沖姊清河公主年

十四有殊色納之寵冠後庭沖年十二亦有龍陽之姿堅又幸之姊弟專寵宮人莫進長安歌之曰一雌復一雄雙飛入紫宮咸懼爲亂王猛切諫堅乃出沖及其母卒葬之以燕后之禮長安又謠曰鳳皇鳳皇止阿房堅以鳳皇非梧桐不棲非竹實不食乃蒔梧竹數十萬株于阿房城以待鳳皇之至沖小字鳳皇至是終爲堅賊入止阿城焉暐入見堅稽首謝曰弟沖不識義方孤背國恩臣罪應萬死陛下垂天地之容臣蒙更生之惠臣二子昨婚明當三日愚欲暫屈鑾駕幸臣私第堅許之暐出術士王嘉曰椎蘆作籧篨不成文章會天大雨不得殺羊言暐將殺堅而不果也堅與羣臣莫之能解是夜大雨晨不果出初暐之遣諸弟起兵於外也謀欲伏兵請堅殺之時鮮卑在城者猶有千餘人暐令其帥悉羅騰屈突鐵侯等潛告之曰官今使吾外鎮聽舊人悉隨可於某日會集某處鮮卑信之北部人突賢之妹爲堅左將軍竇衝小妻賢與妹別妹請衝留其兄衝馳入白堅堅大驚召騰問之騰具首服乃誅暐父子及其宗族城內鮮卑無少長男女皆殺之廆弟運運孫永

永字叔明暐既爲苻堅所幷永徙於長安家貧夫妻常賣鞾於市及暐爲堅所殺也沖乃自稱尊號以永爲小將沖與左將軍苟池大戰於驪山永力戰有功斬池等數千級堅大怒復遣領軍將軍楊定率左右精騎二千五百擊沖大敗之俘掠鮮卑萬餘而還堅悉坑之又敗沖右僕射慕容憲於灞滻之間定果勇善戰沖深憚之納永計穿馬埳以自固還永黃門郎沖毒暴關中人民流散道路斷絕千里無煙及堅出如五將山沖入長安縱兵大掠死者不可勝計初堅之未亂也關中土然無火而煙氣大起方數十里月餘不滅堅每臨聽訟觀令民有怨者舉煙於城北觀而錄之長安爲之語曰欲得必存當舉煙關中謠曰長鞘馬鞭擊左股太歲南行當復虜西人呼徙何爲白虜沖果據長安樂之忘歸且以慕容垂威名夙著跨據山東憚不敢進課農築室爲久安之計衆咸怨之登國元年沖左將軍韓延因民之怨殺沖立沖將段隨爲燕王改年昌平沖之入長安王嘉謂之曰鳳皇鳳皇何不高飛還故鄉無故在此取滅亡沖敗其左僕射慕容恆與永潛謀襲殺段隨立宜都王子覬爲燕王號年建明率鮮卑

男女三十餘萬口乘輿服御禮樂器物去長安而東以永爲武衞將軍恆弟護軍將軍韜陰有貳志誘覬殺之于臨晉恆怒去之永與武衞將軍刁雲率衆攻韜韜遣司馬宿勤黎逆戰永執而戮之韜懼出奔恆營恆立慕容沖子望爲帝號年建平衆悉去望奔永永執望殺之立慕容泓之子忠爲帝改年建武忠以永爲太尉守尚書令封河東公至聞喜知慕容垂稱尊號託以農要弗集築燕熙城以自固刁雲等又殺忠推永爲大都督大將軍大單于雍秦梁涼四州牧河東王稱藩於垂永以苻丕至平陽恐不能自固乃遣使求丕假道還東丕不許率衆討永永擊走之進據長子永僭稱帝號年中興垂攻丁零翟釗於滑臺釗請救於永永謀於衆尚書郎渤海鮑遵曰徐觀其敝卞莊之舉也中書侍郎太原張騰曰彊弱勢殊何敝之有不如救之成鼎峙之勢可引兵趣中山晝多疑兵夜倍其火彼必懼而還師我衝其前釗躡其後此天授之機不可失也永不從釗敗降永永以釗爲車騎大將軍東郡王歲餘謀殺永永誅之垂遣其龍驤將軍張崇攻永弟武鄉公友於晉陽永遣其尚書令刁雲率衆五萬屯潞川

垂停鄴月餘不進永乘詭道伐之乃攝諸軍還於太行軹關垂進師入自天井關攻永從子征東將軍小逸豆歸鎮東將軍王次多於臺壁永遣其從兄太尉大逸豆歸救次多等垂將平規擊破之永率衆五萬與垂戰於臺壁南爲垂所敗奔還長子嬰城固守大逸豆歸部將潛爲內應垂勒兵密進永奔北門爲前驅所獲垂數而戮之并斬永公卿已下刁雲大逸豆歸等三十餘人永所統新舊民戶及服御圖書器樂珍寶垂盡獲之

垂字道明元真第五子也甚見寵愛常目而謂諸弟曰此兒闊達好奇終能破人家或能成人家故名霸字道業恩遇踰於儁故儁不能平之及即王位以垂墜馬傷齒改名爲𡙇外以慕郤𡙇爲名內實惡之尋以讖記之文乃去夬以垂爲名焉年十三爲偏將所在征伐勇冠三軍儁平中原垂爲前鋒累戰有大功及僭尊號拜黃門郎出爲安東冀州牧封吳王以侍中右禁將軍錄留臺事鎮龍城大收東北之和歷位鎮東平州征南大將軍荊兗二州牧司隸校尉以車騎大將軍敗桓温於枋頭威名大震不容於暐西奔苻堅堅甚重之拜冠軍將

軍封賓都侯堅敗於淮南入於垂軍子寶勸垂殺之垂以堅遇之厚也不聽行至洛陽請求拜墓許之遂起兵攻苻丕於鄴乃引漳水以灌之不沒者尺餘丁零翟斌怨垂使人夜往決堰水潰故鄴不拔垂稱燕王置百官年號燕元引師去鄴開苻丕西歸之路丕固守鄴城請援於司馬昌明垂怒曰苻丕吾縱之不能去方引南賊規固鄴都不可置也乃復進師丕乃棄鄴奔并州垂以兄子魯陽王和爲南中郎將鎮鄴垂定都中山登國元年垂僭稱大位號年爲建興建宗廟社稷於中山盡有幽冀平州之地垂遣使朝貢三年太祖遣九原公儀使於垂垂又遣使朝貢四年太祖遣陳留公虔使於垂又遣使朝貢五年又遣秦王觚使於垂垂留觚不遣遂絕行人垂議討慕容永太史令靳安言於垂曰彗星經尾國之分燕當有野死之王不出五年其國必亡歲在鶉火必克長子垂乃止安出而謂人曰此衆既并終不能久安意蓋知太祖之興也而不敢言先是丁零翟遼叛垂後遣使謝罪垂不許遼怒遂自號大魏天王有衆數萬屯於滑臺與垂相擊遼死子釗代之及垂征剋滑臺釗奔長子垂議征長子諸將咸

諫以永國未有釁連歲征役士卒疲怠請待他年垂將從之垂弟司徒范陽王德固勸垂征垂曰司徒議與吾同二人同心其利斷金吾計決矣且吾投老叩囊底智足以克之不復留逆賊以累子孫垂率步騎七萬伐永剋之十年垂遣其太子寶來寇時太祖幸河南宮乃進師臨河築臺告津奮揚威武連旌沿河東西千有餘里是時陳留公虔五萬騎在河東要山截谷六百餘里以絕其左太原公儀十萬騎在河北以承其後略陽公遵七萬騎塞其南路太祖遣捕寶中山行人一二盡擒馬步無脫寶乃引船列兵亦欲南渡中流大風卒起漂寶船數十艘泊南岸擒其將士三百餘人太祖悉賜衣服遣還始寶之來垂已有疾自到五原太祖斷其行路父子問絕太祖乃詭其行人之辭令臨河告之曰汝父已死何不遽還兄弟聞之憂怖以爲信然於是士卒駭動往往間言皆欲爲變初寶至幽州其所乘車軸無故自折占工靳安以爲大凶固勸令還寶怒不從至是問安安對曰今天變人事咎徵已集速去可免寶逾大恐安退而告人曰今皆將死於他鄉尸骸委於草野爲烏鳶螻蟻所食不復見家矣冬十月

寶燒船夜遁是時河冰未成寶謂太祖不能度故不設斥候十一月天暴風寒冰合太祖進軍濟河留輜重簡精銳二萬餘騎急追之晨夜兼行暮至參合陂西寶在陂東營於蟠羊山南水上靳安言於寶曰今日西北風勁是追軍將至之應宜設警備兼行速去不然必危寶乃使人防後先不撫循軍無節度將士莫爲盡心行十餘里便皆解鞍寢臥不覺大軍在近前驅斥候見寶軍營還告其夜太祖部分衆軍相援諸將羅落東西爲掎角之勢約勒士卒束馬口銜枚無聲昧爽衆軍齊進日出登山下臨其營寶衆晨將東引顧見軍至遂驚擾奔走太祖縱騎騰躡大破之有馬者皆蹶倒冰上自相鎮壓死傷者萬數寶及諸父兄弟單馬迸散僅以身免於是寶軍四五萬人一時放仗斂手就羈矣其遺迸去者不過千餘人生擒其王公文武將吏數千獲寶寵妻及宮人器甲輜重軍資雜財十餘萬計垂復欲來寇太史曰太白夕沒西方數日後見東方此爲躁兵先舉者亡垂不從鑿山開道至寶前敗所見積骸如丘設祭弔之死者父兄子弟遂皆嗥哭聲震山川垂慚忿嘔血發病而還死於上谷寶僭立

寶字道祐小字庫勾垂之第四子也少而輕果無志操好人佞己及為太子砥礪自修朝士翕然稱之垂亦以為克保家業垂妻段氏謂垂曰寶資質雍容柔而不斷承平則為仁明之主處難則非濟世之雄今託之以大業未見克昌之美遼西高陽兒之賢者宜擇一以樹之趙王麟姦詐負氣常有輕寶之心恐必難作此自家事宜深圖之垂弗納寶聞之深以為恨寶既僭立年號永康遣麟逼其母段氏曰后常謂主上不能繼守大統今竟能不宜早自裁以全段氏段氏怒曰汝兄弟尚逼殺母安能保社稷吾豈惜死念國滅不久耳遂自殺寶議以后諫廢嫡統無母后之道不宜成喪羣臣咸以為然寶中書令眭邃執意抗言寶從而止皇始元年太祖南伐及克信都寶大懼太祖軍於柏肆寶夜來犯營太祖擊破之寶走還中山率萬餘騎奔薊寶子清河王會先守龍城聞寶被圍率衆赴難逢寶於路寶分奪其軍以授弟遼西王農等會怒襲農殺之農弟高陽王隆勸寶收會不獲會勒兵攻寶寶走龍城會追圍之侍御郎高雲襲敗會會奔中山寶命雲為子封夕陽公會至中山為慕容普鄰所殺寶率衆自龍

城而南將攻中山衆憚征逃潰寶還龍城垂舅蘭汗拒之寶南走奔蘭汗遣使誘迎寶寶殺之將南奔叔父范陽王德聞德稱制退潛辟陽汗復遣迎寶寶以汗垂之季舅子盛又汗之壻也必謂無二乃還龍城汗殺之及子弟等百餘人汗自稱大都督大單于昌黎王號年青龍以盛子壻哀而宥之

盛字道運寶之長子也垂封爲長樂公歷位散騎常侍左將軍寶旣僭立進爵爲王拜征北大將軍司隸校尉尚書左僕射蘭汗之殺寶也以盛爲侍中左光祿大夫盛乃間汗兄弟使相疑害李旱衞雙劉志張真等皆盛之舊昵汗太子穆並引爲腹心盛要結旱等因汗穆等酒醉夜襲殺之僭尊號改年爲建平又號年爲長樂盛改稱庶民大王盛以寶闇而不斷遂峻極威刑纖介嫌忌莫不裁之於未萌防之於未兆於是上下震局人不自安雖忠誠親戚亦僉懷離貳前將軍段璣等夜潛禁中鼓譟攻盛盛聞變起率左右出戰衆皆披潰俄有一賊闇中擊盛傷之遂輦昇殿申約禁衞召叔父河間公熙屬之未至而盛死

熙字道文小字長生垂之少子也羣臣與盛伯母丁氏議以其家多難宜立長

君遂廢盛子定迎熙而立之熙立殺定年號光始築龍騰苑廣袤十餘里役徒二萬人起景雲山於苑內基廣五百步高十七丈又起逍遙宮甘露殿連房數百觀閣相交鑿天河渠引水入宮又爲妻苻氏鑿曲光海清涼池季夏盛暑不得休息暍死者大半熙遊于城南止大柳樹下若有人呼曰大王且止熙惡之伐其樹下有蛇長丈餘熙盡殺寶諸子改年爲建始又爲其妻起承華殿負土於北門土與穀同價典軍杜靜載棺詣闕上書極諫熙大怒斬之熙妻當季夏思凍魚鱠仲冬須生地黃皆下有司切責不得加之以大辟其虐也如此及苻氏死熙擁其屍而撫之曰體已就冷命遂斷矣於是僵仆絕息久而乃蘇悲號擗踴斬衰食粥大斂之後復啓而交接制百官哭臨沙門素服令有司案檢有淚者爲忠孝無淚者罪之於是羣臣震懼莫不含辛以爲淚焉及葬熙被髮徒跣步從轜車高大毀城門而出長老相謂曰慕容氏自毀其門將不入矣中衛將軍馮跋兄弟閉門拒熙執而殺之立夕陽公雲爲主

雲寶之養子復姓高氏年號正始跋又殺雲自立雲之立也熙幽州刺史上庸

公慕容懿以遼西歸降太祖以懿爲征東將軍平州牧昌黎王後坐反伏誅元

真少子德

德字玄明雅爲兄垂所重桓溫之至枋頭也德與垂擊走之苻堅滅暐以德爲張掖太守垂稱尊號封爲范陽王拜車騎大將軍司隸校尉尋遷司徒寶既卽位以德鎭鄴後拜丞相寶既東走羣寮勸德稱尊號德不從皇始二年既拔中山太祖遣衞王儀攻鄴德率戶四萬南走滑臺自稱燕王號年爲燕元置百官德冠軍將軍苻廣叛於乞活壘德留兄子和守滑臺率衆攻廣斬之而和長史李辯殺和以城來降德無所據乃謀於衆其給事黃門侍郎張華勸德取彭城而據之其尙書潘聰曰青齊沃壤號曰東秦土方二千里戶餘十萬四塞之固負海之饒可謂用武之國宜攻取據之以爲關中河內也德從之引師克薛城徐兗之民盡附之以其南海王法爲兗州刺史鎭梁父進克莒城以潘聰爲徐州刺史鎭莒城北伐廣固司馬德宗幽州刺史辟閭渾聞德將至徙民八千餘戶入廣固遣司馬崔誕率千餘人戍薄荀固平原太守張豁屯柳泉誕豁皆承

檄遣子降德渾懼攜妻子北走德追騎斬之渾少子道秀自歸請與父俱死德曰渾雖不忠而子能孝其特赦之德入都廣固僭稱尊號號年建平女水竭德聞而惡之因而寢疾兄子超請祈女水德曰人君之命豈女水所知超固請終不許立超爲太子德死超僭立

超字祖明德兄北海王納之子也旣僭位號年太上超靑州刺史北地王鍾兗州刺史南海王法等起兵叛超超悉平之超南郊柴燎爛起而煙不出靈臺令張光告人曰今火盛而煙滅國其亡乎天賜五年司馬德宗將劉裕伐超超將公孫五樓勸超拒之於大峴超曰但令度峴我以鐵騎踐之此成擒也太尉桂林王鎭曰若如聖旨必須平原用馬便宜出峴逆戰戰而不勝猶可退守不宜縱敵自貽寇逼臣以爲天時不如地利拒之大峴策之上也超不從出而告人曰主上酷似劉璋今年國滅吾必死之超收鎭下獄裕入大峴超拒之於臨朐乃赦鎭而謝之超戰於臨朐爲裕所敗退還廣固裕遂圍之廣固鬼夜哭有流星長十餘丈隕于廣固城潰裕執超送建康市斬之

臨渭氐苻健字建業本出略陽臨渭祖懷歸爲部落小帥父洪字廣世洪之生也隴右霖雨百姓苦之時有謠曰雨若不止洪水必起故名之曰洪年十二而父死爲部帥羣氐推以爲盟主劉曜拜洪爲寧西將軍率義侯從之高陸進爲氐王石虎平秦隴表石勒拜冠軍將軍涇陽伯又徙之枋頭還光烈將軍進爵爲侯稍遷冠軍大將軍進封西平公討平梁犢進位車騎大將軍開府儀同三司略陽公冉閔之亂秦雍徙民西歸憑洪爲主衆至十餘萬自稱大將軍大單于三秦王既而爲其將麻秋所鴆臨死謂健曰關中周漢舊都形勝之國進可以一同天下退不失保全秦雍吾死之後便可鼓行而西健從之健初名羆字世建又避石虎外祖張羆之名故改焉健便弓馬善於事人石虎深愛之歷位翼軍校尉鎮軍將軍時京兆杜洪竊據長安關中雄儁皆應之健密圖關中懼洪之知也乃繕宮室於枋頭課民種麥示無西意既而自稱征西大將軍雍州刺史盡衆西行至盟津起浮橋以濟遣弟輔國將軍雄率步騎五千入自潼關兄子揚武將軍菁率衆七千自軹關入河東執菁手曰若事不捷汝死河北我

死河南不及黃泉無相見也濟訖焚橋自統大衆繼雄而進杜洪遣將軍張光逆健于潼關雄擊破之洪盡召關中之衆以拒健健聞而笑之遇泰之臨健曰小往大來吉亨昔往東而小今還西而大吉孰大焉諸君知不此則漢祖屠秦之機也健長驅至長安杜洪奔司竹健遂入都建國十四年乃僭稱天王號年皇始國號大秦置百官健尋自稱皇帝桓溫率衆伐長安次于灞上健弟雄擊溫破之溫乃引衆東走健遣其太子萇追溫比至潼關克敗之萇亦爲流矢所中死關中大饑蝗蟲生於華澤西至隴山百草皆盡牛馬至相噉毛虎狼食人行路斷絕十八年健死子生僭立

生字長生健之第三子也幼而麤暴昏酒無賴祖洪甚惡之生無一目年七歲洪戲之問侍者曰吾聞瞎兒一淚信乎侍者曰然生怒引佩刀自刺出血曰此亦一淚也洪驚鞭之生曰性耐刀矟不堪鞭捶洪曰汝爲爾不已吾將以汝爲奴生曰可不如石勒也洪懼跣而掩其口謂健曰此兒狂悖宜早除之不然長大必破人家健欲殺之雄止之曰兒長成自當修改何至便如此健乃止及長

力舉千鈞雄勇好殺手格猛獸走及奔馬擊刺騎射冠絕一時初健之長子死生母彊氏意在少子柳健以讖有三羊五眼之言故立之生既僭立號年壽光雖在諒闇遊飲自若彎弓露刃以見朝臣錘鉗鋸鑿備置左右在位未幾后妃公卿下至僕隸殺五百餘人朝饗羣臣酣飲奏樂生親歌以和之命其尚書令辛牢行酒既而生怒曰何不彊酒猶有坐者引弓射牢而殺之於是百僚大懼無不引滿汙服失冠生以爲樂長安大風或稱賊至宮門晝閉五日乃止生推告賊者刳出心胃生舅彊平切諫生鑿其頂而殺之虎狼大暴從潼關至于長安晝則斷道夜則發屋不食六畜專以害人自其元年秋至于二年夏虎殺七百餘人民廢農桑內外恟懼其臣奏請禳災生曰野獸飢則食人飽當自止終不累年爲患也天將助吾行誅以施刑教但勿犯罪何爲怨天生如阿房遇人共妹行者逼令爲淫固執弗從生怒殺之其尚書僕射賈玄石形貌美偉生與妻樓上望見玄石在庭中妻曰此何人也生曰汝欲得也乃誅玄石生嘗夜食棗過多至旦病使太醫程延診脉延曰陛下食棗多無他疾也生曰嘻汝非聖

人焉知吾食棗乃殺之常從輿上溲便輦者謂之天雨生既眇其目所諱者不足不具少無缺傷殘毀偏隻之言皆不得道左右忤旨而死者不可勝紀太白犯東井其臣奏曰東井秦也太白罰星必有暴兵起於京師生曰星入井者必將渴耳何所怯乎初生夢大魚食蒲又長安謠曰東海大魚化爲龍男便爲王女爲公問在何所洛門東是月生以謠夢之故誅太師魚遵父子一十八人東海苻堅封也時爲龍驤將軍宅在洛門之東又謠曰百里望空城鬱鬱何青青瞎人不知法仰不見天星於是悉壞諸空城以禳之法是苻法也生耽湎於酒無復晝夜其臣朝謁漏盡請見生曰日知盡乎須待飲訖因醉問左右曰吾統天下已來汝等何所聞乎或對曰聖明宰世子育百姓罰必有罪賞必有功天下唯歌太平未聞有怨生曰汝媚吾也引而斬之他日又問或對曰陛下刑罰微過生曰汝謗吾也亦殺之使宮人與男女倮交於殿前引羣臣臨而觀之或生剝牛羊驢馬活燖雞豚鵝鴨數十爲羣放之殿下剝人面皮令其歌舞勳舊親戚殺害略盡王公在者以疾告歸得度一日如過十年至於截脛刳胎拉脅

鋸頸者動有千數生夜對侍婢曰阿法兄弟亦不可信明當除之旦而侍婢以告法與弟堅率壯士數百人入雲龍門宿衛者皆捨仗歸堅廢生爲越王俄而殺之

堅字永固一字文玉雄第二子也既殺苻生以位讓其兄清河王法法固以推堅於是去皇帝之號僭稱天王號年永興以法爲丞相東海公尋以疑忌殺之改年爲甘露時建國二十二年也堅從弟晉公柳反於蒲坂魏公庾反於陝燕公武反於安定堅弟趙公雙反於上邽皆討平之慕容垂奔於堅王猛勸堅殺之堅不從三十八年改爲建元堅遣使牛恬朝貢使尚書令王猛伐鄴堅親率大衆以繼之克鄴擒慕容暐堅使其右將軍楊安攻克漢中仍平蜀又遣其武衛將軍苟萇西伐涼州降張天錫遣其子長樂公丕攻克襄陽堅觀其史書見母苟氏通李威之事慚怒乃焚其書堅南伐司馬昌明戎卒六十萬騎二十七萬前後千里旗鼓相望堅至項城涼州兵始達咸陽蜀漢之軍順流而下幽冀之衆至于彭城東西萬里水陸齊進運漕萬艘自河入石門達于汝潁堅弟陽

平公融攻壽春克之融馳使白堅曰賊少易俘但懼越逸宜速進軍堅大悅捨大軍于項城輕騎八千兼道赴之堅與融登城望昌明將謝石軍又望八公山上草木皆類人形顧謂融曰此亦勍敵也何謂少乎憮然有懼色謝石欲戰苻融陳逼肥水石遣使謂融曰君若小退師令將士周旋僕與君公緩轡而觀之不亦美也融於是麾軍却陳欲因其濟覆而取之軍遂奔退制之不可止融馬倒見殺軍遂大敗謝石乘勝追擊至于青岡死者相枕堅單騎遁還淮北初謠言曰堅不出項羣臣勸堅停項爲六軍聲鎮堅不從諸軍悉潰唯其冠軍慕容垂一軍獨全堅以千餘騎赴之收集離散比至洛陽衆十餘萬行未及關垂有貳志說堅請巡撫燕代幷求拜墓許之垂遂殺堅驍騎將軍石越鎮軍將軍毛當引丁零之衆攻堅子長樂公丕於鄴慕容泓沖起兵華澤堅遣子叡暉前後擊泓爲泓所敗長安鬼夜哭三旬沖又擊殺堅將姜宇於灞上遂屯阿房進逼長安堅登城觀之歎曰此虜何從而出其彊若斯大言責沖曰爾輩羣奴正可牧牛羊何爲送死沖曰奴則奴矣既厭奴苦取爾見代堅遣使送錦袍一領遺

珍倣宋版印

沖使者稱有詔古人兵交使在其間卿遠來草創得無勞乎今送一袍以明本懷朕於卿恩分如何而於一朝忽爲此變沖命詹事答之亦稱皇太弟有令孤今心在天下豈顧一袍小惠苟能知命便可君臣束手早送皇帝自當寬貸苻氏以酬曩好終不使既往之事獨美於前堅大怒曰朕不用王景略陽平公之言使白虜敢至於此長安大饑人民相食姚萇叛於北地與沖連和合攻長安有羣烏數萬鳴於長安城上其聲甚悲占者以爲不終年有甲兵入城之象每夜有人周城大呼曰楊定健兒應屬我宮殿臺觀應坐我父子同出不共汝且遣尋求不見人跡先是又謠曰堅入五將山長得堅大信之告其太子丞道曰天或導余脫如謠言留汝兼總戎政勿與賊爭利吾當出隴收兵運糧以給汝天其或者正訓予也遣其衞將軍楊定擊沖於城西爲沖所擒堅彌懼付丞道以後事率騎數百出如五將宣告州郡期救長安月餘丞道尋將母妻宗室男女數千騎出奔武都遂假道入司馬昌明慕容沖入據長安堅至五將山姚萇遣其將吳忠圍之堅衆奔散獨左右十數人神色自若坐而待之召宰人進食

俄而兵至執堅及其夫人張氏與少女寶錦送詣姚萇萇因之將害焉堅自以平生遇萇厚忿之厲聲大罵謂張氏曰豈令羌奴辱吾兒於是殺寶錦姚萇乃縊堅於新平佛寺永道既奔昌明處之江州桓玄以爲梁州刺史後爲劉裕所誅永道名犯高祖廟諱

堅子丕字永敘堅以爲征東將軍冀州牧封長樂公鎮鄴爲慕容垂圍逼丕乃去鄴率男女六萬餘口進如潞川堅驃騎將軍張蚝幷州刺史王騰迎丕入據晉陽堅既爲姚萇所殺太祖九年丕乃僭稱尊號改年太安先是王猛子幽州刺史永亦率衆赴之丕以永爲司徒錄尚書事張蚝爲司空王騰爲司隸傳檄遠近率多應之丕留王騰守晉陽楊輔守壺關率衆四萬進據平陽將討姚萇而慕容永請假道東歸丕弗許怒曰永乃我之馬將首亂京畿禍傾社稷承凶繼逆方請逃歸是而可忍孰不可恕使其丞相王永討之戰于襄陵永大敗死之丕衆離散率騎數千南奔東垣爲司馬昌明將馮該所殺

丕族子登字文高麤險不修細行故堅弗之奇也長而折節頗覽書傳堅以爲

長安令坐事黜爲狄道長及關中起兵奔於枹罕羣氐殺河州牧毛興推衛平爲安西將軍河州刺史平以登爲長史既而枹罕諸氐以衛平年老議欲廢之而憚其宗彊連日不決氐有啖青者謂諸將曰大事宜定東討姚萇不可猶豫一旦事發返爲人害諸君但請衛公會集衆將青爲諸君決之衆咸以爲然因大饗青抽劍而前曰衛公朽耄不足以成大事狄道長苻登雖王室疎屬請共立之於是推登爲使持節都督隴右征羌諸軍事撫軍大將軍雍河二州牧略陽公率衆五萬東下隴據南安馳使請命丕以登爲征西大將軍開府儀同三司南安王餘因其所稱而授之後與姚萇戰于胡奴阜大破之丕死登國元年登僭稱尊號於隴東號年太初置百官立堅神主於軍中載以輜軿羽葆青蓋建黄旗虎賁之士三百人以衛之每戰必告繕甲治兵引師而東皆刻鉾鎧爲死休字示以戰死爲志每戰以長矛鈎刃爲方圓大陳知有厚薄從中分配故人自爲戰所向無前登每圍萇營四面大哭哀聲動人大呼曰殺君賊姚萇出來吾與爾決何爲枉害無辜萇憚而不應登進攻安定萇襲其輜重獲登妻毛

氏將妻之毛氏哭罵萇殺之登聞姚萇死喜曰姚興小兒吾將折杖以笞之乃盡衆而東以趣廢橋與將尹緯據橋待之爭水不得爲緯所敗奔於平涼入馬毛山姚興攻之登戰死

子崇奔於湟中僭稱尊號改年延初尋爲乞伏乾歸所殺

羌姚萇字景茂出於南安赤亭燒當之後也祖柯回助魏將絆姜維於沓中以功假綏戎校尉西羌都督父弋仲晉永嘉之亂東徙榆眉劉曜以弋仲爲平西將軍平襄公烈帝之五年弋仲率部衆隨石虎遷于清河之灄頭勒以弋仲爲奮武將軍封襄平公昭成時弋仲死子襄代屯於譙城慕容儁以襄爲豫州刺史丹陽公進屯淮南自稱大將軍大單于爲司馬聃將桓溫所敗奔於河東後爲苻眉所殺弋仲有子四十二人萇第二十四隨兄襄征伐襄甚奇之襄之敗也萇率子弟降於苻堅從堅征伐頻有戰功歷寧幽兗三州刺史封益都侯邑五百戶苻堅伐司馬昌明以萇爲龍驤將軍督益梁州諸軍事謂萇曰朕本以龍驤建業龍驤之號初未假人今特以相授山南之事一以委卿堅左將軍竇

衛進曰王者無戲言此將不臧之徵也惟陛下察之堅默然及慕容泓起兵華澤堅遣子衛大將軍叡討之戰敗爲泓所殺時萇爲叡司馬懼罪奔馬牧聚衆萬餘自稱大將軍大單于萬年秦王號年白雀數月之間衆至十餘萬與慕容沖連和進屯北地苻堅出至五將山萇執而殺之登國元年僭稱皇帝置百官國號大秦年曰建初改長安曰常安以其太子興鎭長安自擊苻登安定敗之萇病夢苻堅將天官使者鬼兵數百突入營中萇懼走後宮宮人迎萇刺鬼誤中萇陰鬼相謂曰正中死處拔矛出血石餘寤而驚悸遂患陰腫醫刺之出血如夢萇乃狂言或稱臣或稱萇殺陛下者兄襄非臣之罪願不枉臣萇死子興襲位祕不發喪

興字子略萇長子也旣滅苻登乃發喪行服僭稱皇帝於槐里號年皇初天興元年興去皇帝之號降稱天王號年洪始興克洛陽以其弟東平公紹鎭之三年興遣使朝貢太祖遣謁者僕射張濟使於興興又大破乞伏乾歸遂入枹罕獲鎧馬六萬匹乾歸降於興太祖遣軍襲興高平公沒弈干干棄部衆率數千

騎與赫連屈孑奔於秦州追至於瓦亭長安震懼興大議爲寇其臣咸以爲不可與不從天興五年夏興遣其弟義陽公平率衆四萬侵平陽攻乾壁六十餘日壁中衆少失井乃陷之六月太祖將討平遣毗陵王順等三軍六萬騎爲先鋒七月車駕親征八月攻於永安平募遣勇將率精騎二百闚軍爲太祖前鋒將長孫肥所擒匹馬不返平遂退走太祖急追及於柴壁平因守固太祖圍之興乃悉舉其衆救平太祖聞興將至增築重圍內以防平之出外以拒興之入又截汾曲爲南北浮橋乘西岸築圍太祖以步騎三萬餘人渡蒙坑南四十里逆擊興興晨行北引未及安營太祖軍卒至興衆怖擾太祖詔毗陵王順以精騎衝擊獲興甲騎數百斬首千餘級興退南走四十餘里太祖引還平竟不敢出但使人燒圍數百步而已太祖知興氣挫乃南絕蒙坑之口東杜坂之新臨守天度屯賈山令平水陸路絕將坐甲而擒之太祖又緣汾帶岡樹柵數十里以衞芻牧者九月興從汾西北下憑壑爲壘以自固興又將數千騎乘西岸闚視太祖營東柏材從汾上流下之欲以毀橋官軍鈎取以爲薪蒸興還壘太祖

度其必攻西圍乃命修塹增廣之至夜興果來攻梯短不及棄之塹中而還又分其衆臨汾爲壘叩逼水門與平相望太祖因截水中與內外隔絕士衆喪氣於是平糧盡窘急夜悉衆將突西南而出興列兵汾西舉烽鼓譟爲平接援太祖簡諸軍精銳屯汾西固守南橋絕塞水口興夜聞聲望平力戰突免平聞外鼓望與攻圍引接故但叫呼虛相應和莫敢逼圍平引不得出窮迫乃將二妾赴水而死興安遠將軍不蒙世揚武將軍雷重等將士四千餘人隨平投水太祖令泅水鉤捕無得免者平衆三萬餘人皆斂手受執擒興尚書右僕射狄伯友越騎校尉唐小方積弩將軍姚梁國建忠將軍雷星康宦北中郎將康猥與從子伯禽已下四品將軍已上四十餘人興遠來赴救自觀其窮力不能免舉軍悲號震動山谷數日不止頻遣使請和太祖不許乃班師興還長安有雀數萬頭鬬於興廟毛羽折落多有死者月餘乃止識者曰今雀鬬廟上子孫當有爭亂者乎又興殿有聲如牛吼有二狐入長安一登興殿屋走入宮一入于市求之不得先是譙縱略有益寧之地僭稱尊號遣使稱藩於興興以縱爲蜀王

加九錫永興三年興遣周寶朝貢五年興遣使朝貢拜請進女太宗許之興中
子廣平公弼有寵委之朝政興疾篤長子泓侍疾於中弼集黨數千人候興死
欲殺泓自立興諸子姪外鎮者聞之皆起兵討弼興疾瘳不忍誅弼免官而已
神瑞元年興遣兼散騎常侍尚書吏部郎嚴康朝貢二年興遣散騎常侍東武
侯姚敞尚書姚泰奉其西平公主於太宗帝以后禮納之興復以弼爲中軍大
將軍配兵三萬屯於渭北興又疾甚弼遣其黨姚武伯等率衆攻端門泓時侍
疾遣兵拒之興力疾臨前殿殺弼弼黨乃散泰常元年興死泓僭立
泓字元子興之長子也既僭位號年永和赫連屈子攻泓秦州又剋安定遂據
雍城司馬德宗將劉裕伐泓裕遣將檀道濟至洛陽泓弟陳留公洸以城降泓
弟太原公懿反於蒲坂泓從弟齊公恢反於嶺北皆舉兵伐長安泓既有內難
裕遂長驅入關泓戰敗請降送於建康市斬之
略陽氐呂光字世明本出略陽父婆樓苻堅太尉光年十歲遊戲好戰陳之法
爲諸兒所推身長八尺四寸肘有肉印從王猛征討稍遷破虜將軍堅以光爲

驍騎將軍率衆七千討西域所經諸國莫不降附光至龜茲王帛純拒之西域諸胡救帛純者七十餘萬人光乃結陳爲勾鏁之法戰於城西大破之斬級萬餘帛純逃走降者三十餘國光以駝二千餘頭致外國珍寶及奇伎異戲殊禽怪獸千有餘品駿馬萬餘匹而還苻堅涼州刺史梁熙遣兵拒之光擊破熙軍遂入姑臧斬熙自署護羌校尉涼州刺史登國初又自稱使持節大都督大將軍涼州牧酒泉公主簿尉祐奸佞淺薄光寵任之譖誅姚皓尹景等名士十餘人於是遠近失望人懷離貳四年光私稱三河王遣使朝貢置官自丞郎已下猶攝州事號麟嘉元年皇始初光僭稱天王置百官改號龍飛立子紹爲太子遣使朝貢光疾甚立紹爲天王自號太上皇帝光死長子纂殺紹僭立

纂字永緒既自立號咸寧元年纂弟大司馬洪名犯顯祖諱以猜忌不容起兵攻纂纂殺之縱兵大掠纂笑謂左右曰今日之戰何如纂侍中房晷對曰先帝始崩太子以幽逼致殂山陵甫訖大司馬疑懼肆逆京邑交兵友于接刃雖洪自取夷滅亦由陛下無棠棣之義且洪妻陛下弟婦也洪女陛下之姪女也奈

何使小人汙辱爲婢妾天地神明豈忍見此因歔欷流涕纂謝之乃收洪妻子纂昏虐任情遊田無度耽荒酒色與左右因醉馳獵於坑澗之間或有諫者纂昏不納又性多猜忌忍於殺戮纂從弟超殺纂纂弟緯單馬入城超殺之而立其兄隆

隆字永基光弟寶之子也初超讓位於隆隆難之超曰今猶乘龍上天豈得中下乃僭位改神鼎元年超使纂妻楊氏及侍婢數人殯纂於城西超慮楊持珍寶出使人搜之楊氏責超曰郎君兄弟手刃相圖新婦旦夕死人用金寶何爲超慚而退楊氏國色超將妻焉謂其父桓曰后若自殺禍及卿宗桓以告之楊氏曰大人本賣女與氏以圖富貴一之以甚復可使女辱於二氏乎乃自殺沮渠蒙遜禿髮傉檀頻來攻擊河西之民不得農植穀價湧貴斗直錢五千文人相食餓死者千餘口姑臧城門晝閉樵採路斷民請出城乞爲夷虜奴婢者日有數百隆恐沮動人情盡坑之於是積屍盈于衢路戶絕者十有九焉屢爲蒙遜攻逼乃請迎於姚興遣齊難率衆迎之隆遂降焉至長安尋復爲興所誅

史臣曰夷狄不恭作害中國帝王之世未曾無也劉淵等假竊名目狠戾爲梗汙辱神器毒螫黎元喪亂鴻多一至於此怨積禍盈死傾巢穴天意其俟大人乎

魏書卷九十五

魏書卷九十五考證

劉聰傳至西陽門○門監本訛作明今改正

慕容廆傳又大破宇文闥地千里○各本同晉書載記晃親伐宇文歸遠遁漠北開路千餘里此殆脫去歸字幷訛開爲闥也

魏書卷九十五考證

魏書卷九十六

齊　魏收　撰

列傳第八十四

僭晉司馬叡　賨李雄

僭晉司馬叡字景文晉將牛金子也初晉宣帝生大將軍琅邪武王伷伷生冗從僕射琅邪恭王覲覲妃譙國夏侯氏字銅環與金姦通遂生叡因冒姓司馬仍爲覲子由是自言河內温人初爲王世子又襲爵拜散騎常侍頻遷射聲越騎校尉左右軍將軍從晉惠帝幸臨漳其叔繇爲成都王穎所殺叡懼禍遂走至洛迎其母俱歸陳國東海王越收兵下邳假叡輔國將軍越謀迎惠帝於長安復假叡平東將軍監徐州諸軍事使鎮下邳尋加安東將軍都督揚州諸軍事假節當鎮壽陽且留下邳及越西迎惠帝留叡鎮後平東府事當還鎮江東屬陳敏作亂叡以兵少因留下邳永嘉元年春敏死秋叡始到建業五年進鎮東將軍開府儀同三司又以會稽戸二萬增封加督揚江湘交廣五州諸軍事

六月王彌劉曜寇洛陽懷帝幸平陽晉司空荀藩司隸校尉荀組推叡爲盟主於是輒改易郡縣假置名號江州刺史華軼北中郎將裴憲並不從之憲自稱鎮東將軍都督江北五郡軍事與軼連和叡遣左將軍王敦將軍甘卓周訪等擊軼斬之憲奔于石勒六年叡檄四方稱與穆帝俱討劉淵大會平陽建興元年晉愍帝以叡爲侍中左丞相大都督陝東諸軍事持節王如故叡改建業爲建康七月叡以晉室將滅潛有他志乃自大赦爲大都督都督中外諸軍事又爲丞相叡號令不行政刑淫虐殺督運令史淳于伯行刑者以刀拭柱血流上柱二丈三尺徑頭流下四尺五寸其直如弦時人怨之平文帝初叡自稱晉王改元建武立宗廟社稷置百官立子紹爲太子叡以晉王而祀南郊其年叡僭即大位改爲大興元年其朝廷之儀都邑之制皆準模王者擬議中國遂都於丹陽因孫權之舊所即禹貢揚州之地去洛二千七百里地多山水陽鳥攸居厥土爲塗泥厥田惟下下所謂島夷卉服者也周禮職方氏掌天下之地辨其邦國都鄙四夷八蠻七閩九貉五戎六狄之人民與其財用九穀六畜之數要

周知其利害東南曰揚州其山鎮曰會稽其藪澤曰具區其川三江其浸五湖
其利金錫竹箭其民二男五女其畜宜鳥獸其穀宜稻春秋時爲吳越之地吳
越僭號稱王僻遠一隅不聞華土楚申公巫臣竊妻以奔教其軍陣然後乃知
戰伐由是晚與中國交通俗氣輕急不識禮教盛飾子女以招遊客此其土風
也戰國時則并於楚故地遠恃險世亂則先叛世治則後服秦末項羽起江南
故衡山王吳芮從百越之兵越王無諸身率閩中之衆以從滅秦漢初封芮爲
長沙王無諸爲閩越王又封吳王濞於朱方逆亂相尋亟見夷滅漢末大亂孫
權遂與劉備分據吳蜀權阻長江殆天地所以限內外也叡因擾亂跨而有之
中原冠帶呼江東之人皆爲貉子若狐貉類云巴蜀蠻獠谿俚楚越鳥聲禽呼
言語不同猴蛇魚鼈嗜慾皆異江山遼闊將數千里叡羈縻而已未能制服其
民有水田少陸種以罟網爲業機巧趨利恩義寡薄家無藏蓄常守飢寒地既
暑濕多有腫泄之病障氣毒霧射工沙蝨蛇虺之害無所不有叡割有揚荊梁
三州之土因其故地分置十數州及諸郡縣郡縣戶口至有不滿百者遣使韓

暢浮海來請通和平文皇帝以其僭立江表拒不納之是時叡大將軍王敦宗
族擅勢權重於叡迭爲上下了無君臣之分叡侍中劉隗言於叡曰王氏彊大
宜漸抑損敦聞而惡之惠帝時叡改年曰永昌王敦先鎮武昌乃表於叡曰劉
隗前在門下遂秉權寵今趣進軍指討姦孽宜速斬隗首以謝遠近朝梟隗首
諸軍夕退昔太甲不能遵明湯典顛覆厥度幸納伊尹之訓殷道復昌賢智故
有先失後得者矣敦又移告州郡以沈充爲大都督護東吳諸軍叡乃下書曰
王敦恃寵敢肆狂逆方朕於太甲欲見囚于桐宮是可忍也孰不可忍也今當
親帥六軍以誅大逆叡光祿勳王含率其子瑜以輕舟棄叡歸于武昌叡以其
司空王導爲前鋒大都督尚書陸曄爲軍司以廣州刺史陶侃爲江州梁州刺
史甘卓爲荆州使其率衆掎躡敦後以太子右率周莚率中軍三千人討沈充
敦至洌州表尚書令刁協黨附宜加誅戮叡遣右將軍周札戍于石頭札潛與
敦書許軍至爲應敦使司馬楊朗等入于石頭札見敦朗等既據石頭叡征西
將軍戴淵鎮北將軍劉隗率衆攻之戴淵親率士鼓衆陵城俄而鼓止息朗等

乘之叡軍敗績隗協入見叡叡遣其避禍二人泣而出隗還淮陰後奔石勒協奔江乘爲敦追兵所害叡師敗敦自爲丞相武昌郡公邑萬戶朝事大小皆關諮之敦收戴淵及叡尙書左僕射周顗並斬于石頭皆叡朝之望也於是改易百官及諸州鎭其餘轉徙黜免者過百數或朝行暮改或百日半年敦所寵沈充錢鳳等所言必用所譖必死敦將還武昌其長史謝鯤曰公不朝懼天下私議敦曰君能保無變乎對曰鯤近入覲主上側席待公遲得相見宮省穆然必無不虞之慮公若入朝鯤請侍從敦曰正復殺君等數百何損朝廷遂不朝而去敦召安南將軍甘卓轉譙王承爲軍司並不從敦遣從母弟南蠻校尉魏乂率江夏太守李恆攻承於臨湘旬日城陷執承送于武昌敦從弟王廙使賊迎之害于車中先是王敦表疏言旨不遜叡以示承曰敦言如此豈有厭哉對曰陛下不早裁之難將作矣敦惡之襄陽太守周慮襲殺甘卓叡畏迫於敦居常憂慼發病而死

子紹僭立改年曰太寧王敦將篡諷紹徵己乃爲書曰孤子紹頓首天下事大

紹以眇身弗克負荷哀憂孔疚如臨于谷實賴冢宰以濟艱難公邁德樹勳遐邇歸懷任社稷之託居總己之統然道里長遠江川阻深動有介石之機而回旋之間固以有所喪矣謂公宜入輔朝政得旦夕訓諮朝士亦僉以爲然以公高亮忠肅至心憂國苟其宜然便當以至公處之期於靜國寧民要之括囊無咎伏想闇同此志願便速剋近期以副翹企之懷紹恭憚於敦若此復使兼太常應詹拜敦丞相武昌郡公奏事不名入朝不趨劍履上殿敦於是屯於蕪湖敦乃轉王導爲司徒自領揚州刺史以兄含子應爲武衛將軍以自副貳敦無子養應爲後敦疾踰年故召含還欲屬以後事是時敦令紹宿衛之兵三番休二紹密欲襲敦微行察敦營壘及敦疾紹屢遣大臣訊問起居遷含驃騎大將軍儀同三司敦疾甚紹召其司徒王導中書監庾亮丹陽尹温嶠尚書卞壺密謀討之導嶠及右將軍卞敦共據石頭光祿勳應詹都督朱雀桁南諸軍事尚書令郗鑒都督從駕諸軍事紹出次于中堂敦聞兵起怒欲自將困不能坐召其黨錢鳳鄧岳周撫等率衆三萬指造建業含謂敦曰此事吾便當行於是以

含爲元帥鳳等問敦曰事剋之日天子云何敦曰尙未南郊何爲天子便盡卿
兵勢唯保護東海王及裴妃而已初紹謂敦已死故敢發兵及下詔數曰敦猶
能與王導書後自手筆曰太眞別來幾日作如此事太眞溫嶠字也紹朝見之
咸共駭懼含等兵至溫嶠輒燒朱雀桁以挫其鋒紹使中軍司馬曹渾左衞參
軍陳嵩段匹磾弟秃率壯士千人逆含等戰于江寧斬其前鋒將何康殺數百
人敦聞康死軍不獲濟怒曰我兄老婢耳門戶衰微羣從中才兼文武者皆早
死今年事去矣語參軍呂寶曰我當力行因作勢而起困乏乃復臥使術士郭
璞筮之卦成對曰不能佳敦旣疑璞勸亮嶠等擧事又聞卦惡於是殺璞敦疾
轉困語其舅羊鑒及子應曰我亡後應便卽位先立朝廷百官然後營葬初敦
敗叡之後夢白犬自天而下噬之及疾甚見刁協甘卓爲祟遂死王應祕不發
喪裹屍以席埋於齋中與其將諸葛瑤等縱酒淫逸沈充將萬餘人來會含等
充臨行顧謂其妻曰男兒不建豹尾不能歸也紹平西軍祖約率衆至于淮南
逐敦所置淮南太守任台紹將劉遐蘇峻濟自滿洲含相率渡兵應詹逆擊大

破之周撫斬錢鳳沈充將吳儒斬充紹遣御史劉彝發敦瘞斬屍梟首朱雀桁
紹死
子衍僭立號年曰咸和衍歷陽太守蘇峻不順於衍衍護軍庾亮曰蘇峻豺狼
終爲禍亂晁錯所謂削之亦反不削亦反削之反速而禍小不削反遲而禍大
乃以大司農徵之令峻弟逸領峻部曲徵書至峻怒曰庾亮專擅欲誘殺我也
阜陵令匡術樂安人任讓並爲峻謀主勸峻誅亮乃使使推崇祖約共討亮約
大喜於是約命兄逖子沛國內史渙女壻淮南太守許柳將兵會峻峻使其黨
韓光光名犯恭宗廟諱入姑熟殺于湖令陶馥殘掠而還衍假庾亮節爲征討
都督使其右衞將軍趙胤左將軍司馬流率衆次于慈湖韓光晨襲流殺之衍
以其驍騎將軍鍾雅爲前鋒監軍假節率舟軍拒峻宣城內史桓彝統吏士次
于蕪湖韓光敗之大掠宣城諸縣而還江州刺史溫嶠使督護王愆期西陽太
守鄧岱鄱陽太守紀睦等以舟軍赴于建業愆期岱次直瀆峻督衆二萬濟自
橫江登牛渚山愆期等邀擊不制峻至于蔣山衍假領軍卞壼節率諸將陳兵

衍之將怯兵弱爲峻所敗卞壼及其二子丹陽尹羊曼黃門侍郎周導廬江太守陶瞻散騎侍郎任台等皆死死者三千餘人庾亮兵敗與三弟奔于柴桑峻遂焚衍宮羣賊突掠百寮奔散唯有米數石而已無以自供峻逼衍大赦庾亮兄弟不在赦限峻以祖約爲太尉尚書令加侍中自爲驃騎將軍領軍將軍錄尚書事於是建業荒毀奔投吳會者十八九温嶠聞之移告征鎮州郡庾亮至盆口嶠分兵配給又招衍荊州刺史陶侃欲共討峻侃不從曰吾疆埸外將本非顧命大臣今日之事所不敢當時侃子爲峻所害嶠復喻侃曰蘇峻遂得志四海雖廣公寧有容足地乎賢子越騎酷沒天下爲公痛心況慈父之情哉侃乃許之蘇峻屯於于湖衍母庾氏憂怖而死蘇峻聞兵起自姑熟還建業屯于石頭使其黨張瑾管商率衆拒諸軍逼遷衍於石頭衍哀泣升車宮人盡哭隨從衍者莫不流涕峻以倉屋爲宮使鄉人許方爲司馬督將兵守衛陶侃庾亮温嶠率舟軍二萬至于石頭俄引還次于蔡州沙門浦庾亮守白石壘詰朝峻將萬餘人攻之亮等逆擊峻退吳國內史庾冰率三吳之衆驟戰不勝瑾商等

破庾冰前軍於無錫焚掠肆意韓光攻宣城內史桓彝彝率吏民力戰不勝爲光所殺祖約爲潁川人陳光率其屬攻之約乃奔於歷陽長樂人賈寧勸峻殺王導盡誅諸大臣峻不從乃改計叛峻王導使袁耽潛誘納之謀奉衍出奔溫嶠嶠食盡貸于陶侃侃怒曰使君前云不憂無士衆及糧食也唯欲得老民爲主耳今比戰皆北良將安在今若無食民便欲西歸先是嶠慮侃不赴故以甘言招侃嶠乃卑辭謝之且曰今者騎虎之勢可得下乎賊垂滅願公留思侃怒少止其將李陽說曰今事若不捷雖有粟焉得而食之公宜割見儲以卒大事乃以米五萬石供軍祖渙襲湓口欲以沮溫嶠之兵渙過皖攻譙國內史桓雲不剋乃還蘇峻幷兵攻大業大業水竭皆飲糞汁諸將謀救之慮不能當且欲水陸攻峻陶侃以舟師攻石頭溫嶠庾亮陳于白石峻子碩以數十騎出戰峻見碩騎乃捨其衆自以四馬北下突陳陳堅乃還軍士彭世李千投之以矛峻墜馬遂梟首臠割之焚其骸骨任讓及諸賊帥復立峻弟逸求峻屍弗獲乃發衍父母冢剖棺焚屍匡術率其徒據苑城以降韓光蘇碩等率衆攻苑苑中飢

穀石四萬諸將攻石頭蘇碩及章武王世子休率勁賊孔盧張偏等數十人擊李陽於柤浦退走碩等追之庾冰司馬滕含以銳卒自後擊之碩逸等震潰奔于曲阿含入抱衍始得出奔溫嶠之舟是時兵破之後宮室灰燼議欲遷移王導不從乃止衍改年咸康建國中衍死中書監庾冰廢衍子千齡立其弟岳改年曰建元初岳之立當改元庾冰立號而晉初已有改作又如之乃爲建元頃之或告冰曰子作年號乃不視讖也讖云建元之末丘山崩丘山岳也冰瞿然久而歎曰如有吉凶豈改易所能救乎遂不復改岳死庾冰欲立司馬昱驃騎將軍何充立岳子聃號年曰永和聃安西將軍桓溫率所統七千餘人伐蜀拜表輒行聃威力微弱不能控制也及石虎死聃征北將軍褚裒以舟軍至下邳西中郎將陳逵進據淮南石遵聞裒至下邳使其司空李農領萬餘騎逆圍督護王龕於薛執龕送于鄴又殺李邁龕裒之驍將三軍喪氣乃引還陳逵聞之震懼焚淮南而走桓溫表廢聃揚州刺史殷浩聃憚溫乃除其名溫遂率所統諸軍步騎四萬自鄖越關中至灞上苻健與五千餘人守長安小城是歲大儉

温軍人懸磬健深溝堅壁清野待温温軍食盡乃退苻健遣子萇頻擊敗之初温次灞上其部將振武將軍順陽太守薛珍勸温徑進逼城温弗從珍以偏師獨濟頗有所獲温退珍乃還放言於衆且矜其銳而咎温之持重温慚忿殺之

聃又改年曰升平聃死無子

立衍子丕號年隆和時謠曰升平不滿斗隆和那得久改爲興寧又謠曰雖復改興寧亦自無聊生丕死

弟奕立號年曰太和桓温率衆北討慕容暐至金鄉鑿鉅野三百餘里以通舟軍自清水入河慕容垂逆擊破之獲其資仗温之北引也先命西中郎將袁真及趙悅開石門而袁真等停於梁宋石門不通糧竭温自枋頭回軍垂以步騎數萬追及襄邑大敗温軍温遂歸罪袁真除名削爵收節傳真子雙之等殺梁國內史朱憲真據壽陽以叛真諸子兄弟阻兵自守招誘陸城戍將陳郡太守朱輔數千人遣參軍爨亮通慕容暐又遣使西降苻堅真病死輔立其嫡子瑾爲使持節建威將軍豫州刺史瑾弟四五人皆領兵暐令陳文報爨亮且以觀

變桓溫遣督護竺瑤以軍泝淮伐瑾瑤次于肥口屢戰慕容暐假瑾征南將軍
揚州刺史宣城公瑾弟泓等皆郡守四品將軍朱輔亦如之溫乃伐瑾瑾等拒
戰於是築長圍守之城中震潰遂平瑾初溫任兼將相其不臣之心形于音氣
曾臥對親寮撫枕而起曰爲爾寂寂將爲文景所笑衆莫敢對後悉衆北討冀
成陵奪之勢及枋頭奔敗知民望之去已既平瑾問中書郎郗超曰足以雪枋
頭之恥乎超曰此未厭有識之情也公六十之年敗於大舉不建不世之勳不
足以鎮愜民望因說溫以廢立之事溫既宿有此謀深納超言溫自廣陵將旋
鎮姑孰至于白石乃言其主奕少同閹人之疾初在東海琅邪國親近嬖人相
龍朱靈寶等並侍臥內而美人田氏孟氏遂生三男衆致疑惑然莫能審其虛
實至是將建儲立王溫因之以定廢立之計遂率百寮並還朝堂溫率衆入屯
兵宮門進坐殿庭使督護竺瑤散騎侍郎劉亨取奕璽綬奕著白袷單衣步下
西堂登犢車羣臣拜辭皆殞涕侍御史將百餘人送出神虎門入東海第於是
迎司馬昱而立之

昱叡子也昱東向流涕拜受璽綬昱既僭立改年曰咸安以温依諸葛亮故事甲仗入殿進丞相其大司馬等皆如故留鎮建業以奕爲海西縣公温常有大志昱心不自安謂中書郎郗超曰命之修短本所不計故當無復近日事邪超父愔爲會稽太守超假還東昱謂之曰致意尊公家國之事遂至於此由吾不能以道匡衞思患豫防愧歎之深言何能喻又誦庾闡詩云志士痛朝危忠臣哀主辱因泣下昱疾與温書曰吾遂委篤足下便入冀得相見不謂疾患遂至於此今者惙然勢不復久且雖有詔豈復相及慨恨兼深如何可言天下艱難而昌明幼沖眇然非阿衡輔導之訓當何以寧濟也國事家計一託於公昱死子昌明僭立徐州小吏盧悚與其妖衆男女二百向晨攻廣莫門詐言海西公還由萬春雲龍門入殿略取三廂及武庫甲仗時門下軍校並假兼在直吏士駭愕不知所爲游擊將軍毛安之先入雲龍門討悚中領軍桓祕將軍殷康止車門入會兵攻之斬五十六級捕擭餘黨死者數百人前殿中監許龍與悚皆遣人至吳詐迎奕奕不從昌明改年曰寧康徵温入朝又詔温無拜尙書謝安

等於新亭見温皆敬温拜昱墓得病還姑孰温自歸寢疾諷求備物九錫謝安巳令吏部郎袁彥伯撰策文文成安輒勾點令更治改既屢引日乃謀於尚書僕射王彪之彪之云聞彼病日增亦當不復支久自可小遲回其事安從之温死苻堅遣苻雅率將王統朱彤楊安姚萇步騎五萬向駱谷伐昌明秦州刺史楊纂纂請救於梁州刺史楊亮亮遣參軍卜靖赴之敗走朱彤至梁州亮望風奔散於是堅遂有梁益二州昌明上下莫不憂怖建國三十九年昌明改年曰太元元年太祖七年苻堅大舉討昌明令其國曰東南平定指日當以司馬昌明爲尚書僕射可速爲起第堅前後擒張天錫等皆豫築甲宅至而居之堅至淮南大敗奔退是時昌明年長嗜酒好內而昌明弟會稽王道子任居宰相昏醟尤甚狎昵諂邪于時尼娼構扇內外風俗頹薄人無廉恥左僕射王珣兒婚門客車數百乘會聞王雅爲太子少傅回以詣雅者半焉雅素有寵人情去就若此皇始元年昌明死子德宗僭立初昌明耽於酒色末年殆爲長夜之飲醒治既少外人罕得接見故多居內殿流連於樽組之間以孌姬張氏爲貴人寵

冠後宮威行閫內於時年幾三十昌明妙列妓樂陪侍嬪少乃笑而戲之云汝以年當廢吾已屬諸姝少矣張氏潛怒昌明不覺而戲逾甚向夕昌明稍醉張氏乃多潛飲宦者內侍而分遺焉至暮昌明沉醉臥張氏遂令其婢蒙之以被既絕而懼貨左右云以魘死時道子昏廢子元顯專政遂不窮張氏之罪

德宗既立改年爲隆安以道子爲太傅揚州牧中書監加殊禮黃鉞羽葆鼓吹又增甲仗百人入殿既而內外衆事必先關於道子尚書僕射王國寶輕薄無行爲道子所親權震建業擅取東宮兵以配己府道子以王緒爲輔國將軍琅邪內史又輒弃石頭之兵屯于建業緒猶領其從事中郎居中用事寵幸當政

德宗兗州刺史王恭惡國寶王緒之亂政也乃要荊州刺史殷仲堪剋期同舉王恭表德宗曰國寶身負莫大之罪謹陳其狀前荊州刺史王悅國寶同產弟也受任西藩不幸致喪國寶求假奔彼遂不卽路慮臺糾察懼於黜免乃毀冠改服變爲婦人與婢同載入請相王又先帝暴崩莫不驚號而國寶靦然了無哀容方犯閤叩扉求行姦計欲詐爲遺詔矯弄神器彰暴于外莫不聞知讒疾

二昆過於讎敵樹立私黨遍於府朝兵食資儲斂爲私積販官鬻爵威恣百城收聚不逞招集亡命輔國將軍王緒頑凶狂狡人理不齒同惡相成共竊名器自知禍惡已盈怨集人鬼規爲大逆蕩覆天下昔趙鞅興晉陽之甲夷君側之惡臣雖駑劣敢忘斯義恭表至道子密欲討恭以元顯爲征虜將軍內外諸軍潛加嚴備而國寶惶懼不知所爲乃遣數百人戍竹里夜遇風雨各散而歸緒勸國寶殺王珣然後南征北伐弗聽反問計於珣既而懼懾遂上表解職尋復悔懼詐稱德宗復其本官道子既不能拒恭等之兵亦欲因以委罪乃收國寶付廷尉殺之斬王緒於市以悅恭等司徒左長史王廞遭母喪居吳恭板行吳國內史廞乃徵發吳興諸郡兵國寶既死王恭使廞反於喪廞謂因緣事際可大得志乃據吳郡遣子弟率衆擊恭以女爲真烈將軍亦置官屬領兵自衛恭遣司馬劉牢之討平之德宗譙王尚之兄弟復說道子以爲藩伯彊盛宰相權弱宜密樹置以自藩衛道子然之分遣腹心跨據形要由是內外騷動王恭深慮禍難復密要殷仲堪西中郎將庾楷廣州刺史桓玄同會建業玄等響應恭

抗表傳檄以江州刺史王愉司馬尙之爲事端仲堪遣龍驤將軍南郡相楊佺期舟師五千發江陵桓玄借兵於仲堪亦給五千人於是德宗戒嚴加道子黃鉞遣右將軍謝琰拒恭等元顯爲征討都督衆軍繼進前軍王珣領中軍府衆次于北郊以尙之爲豫州刺史率弟恢之允之西討楷等皆執白虎幡居前王恭遣劉牢之爲前鋒次于竹里初道子之謀恭也啗牢之以重賞牢之斬恭別帥顏延延弟彊送二級於謝琰琰與牢之俱進襲恭恭奔于曲阿爲湖浦尉所執送建業尙之與庾楷子鴻戰于牛渚斬鴻前鋒將殷萬鴻遁還歷陽尙之猶不敢濟桓玄佺期奄至橫江尙之等退恢之所領外軍皆沒玄等徑造石頭仲堪繼在蕪湖建業震駭道子殺恭於倪塘桓玄等於是走還尋陽是年冬德宗遣使朝貢并乞師請討姚興二年夏德宗又遣使朝貢以元顯爲揚州刺史道子有疾元顯懼己弗得襲位故矯以自授而道子弗知既瘳乃大怒以元顯已拜故弗復改於是內外政事一決元顯道子少而耽酒治日甚希至是無事俾晝作夜時謂道子爲東錄元顯爲西錄西府千兩輻湊東第門設雀羅矣元顯

年少頗居權重憍奢淫暴於是遠近譏之初德宗新安太守孫泰以左道惑衆被戮其兄子恩竄于海嶼妖黨從之至是轉衆攻上虞殺縣令衆百許人徑向山陰會稽內史王凝之事五斗米道恩之來也弗先遣軍乃稽顙于道室跪而呪說指麾空中若有處分者官屬勸其討恩凝之曰我已請大道出兵凡諸津要各有數萬人矣恩漸近乃聽遣軍比兵出恩已至矣戰敗凝之奔走再宿執之旬日恩衆數萬自號平東將軍逼人士爲官屬於是諸郡妖惑並殺守令而應之衆皆雲集吳國內史桓謙出奔吳興太守謝邈被害自德宗以來內外乖貳石頭之外皆專之於荆江自江以西則受命於豫州京口暨于江北皆兗州刺史劉牢之等所制德宗政令所行唯三吳而已恩既作亂八郡盡爲賊場及丹陽諸縣處處蜂起建業轉成蹙弱且妖惑之徒多潛都邑人情危懼恆慮大兵竊發於是衆軍戒嚴劉牢之共衞將軍謝琰討之賊等禁令不行肆意殺戮士庶死者不可勝計或醢諸縣令以食其妻子不肯者輒支解之其虐如此驃騎長史王平之死未葬恩剖棺焚屍以其頭爲穢器牢之率軍討破之琰將至

吳興賊徒遁走驅逼士庶奔于山陰諸妖亂之家婦女尤甚未得去者皆威飾嬰兒投之于水而告之曰賀汝先登仙堂我尋復就汝也賊既走散邑屋焚毀郛郭之中時見人跡經月乃漸有歸者謝琰留屯烏程遣其將高素助牢之牢之率衆軍濟江初孫恩聞八郡響應也告諸官屬曰天下無復事矣當與諸君朝服而至建業既聞牢之臨江復曰我割據浙江不失作勾踐也尋知牢之已濟乃曰孤不恥走於是乃走緣道多遺珍寶牢之將士爭取之不得窮追恩復入於海初三吳困於虐亂皆企望牢之高素等既至放肆抄暴百姓咸怨毒失望焉孫恩在海妖衆轉復從之既破永嘉臨海復入山陰謝琰戰歿於是建業大震遣冠軍將軍東海太守桓不才輔國將軍孫無終廣陵相高雅之等東討恩吳興太守庾恆慮妖黨復發大行誅戮殺男女數千人孫恩復破高雅之於餘姚雅之走還山陰元顯自爲後將軍開府儀同三司都督十六州本官悉如故封子彥章爲東海王食吳興四萬餘戶清選文學臣寮吏兵一同宗國孫恩浮海奄至京口戰士十萬劉牢之隔在山陰衆軍懼不敢旋恩遂徑向建業德

宗惶駭遽召豫州刺史司馬尙之于時中外驚擾而元顯置酒高會道子唯日祈于鍾山恩來漸近百姓恟懼尙之率精銳馳至徑屯積弩堂恩時泝風不得疾行數日乃至白石恩本以諸軍分散欲掩不備知尙之尙在建業復聞牢之不還不敢上乃走向郁洲恩別帥盧循攻沒廣陵虜掠而去桓玄聞孫恩之逼也乃建牙戒嚴表求征討時恩去未遠玄表復至元顯等大懼急遣止玄庾楷密使自結於元顯說玄大失人情衆不爲用若朝廷遣軍己當內應元顯得書大喜遣張法順謀于劉牢之牢之同許焉於是徵兵裝艦將謀西討德宗改年曰元興以元顯爲大都督討玄玄軍至元顯不戰而敗父子並爲玄所殺後改年爲大亨天興六年十月德宗遣使朝京師德宗封桓玄爲楚王玄尋逼德宗手詔禪位德宗出居永安宮玄既受禪封德宗爲南康平固縣王居之尋陽天賜元年德宗在姑熟二月至尋陽其彭城內史劉裕殺玄徐州刺史桓修與劉毅等舉兵討玄玄敗走尋陽擕德宗兄弟至於江陵又走荊州荊州別駕王康產南郡相王騰之迎德宗入南郡府桓玄死玄將桓振復襲江陵斬王康產及

騰之將殺德宗玄揚州刺史新安王桓謙苦禁之乃止時盧循執德宗廣州刺史吳隱之自號平南將軍廣州刺史令其黨徐道覆據始與餘郡皆以親黨居之德宗復僭立於江陵改年義熙尙書陶夔迎德宗達于板橋大風暴起龍舟沉沒死者十餘人德宗發江陵至尋陽其益州刺史毛璩參軍譙縱反攻涪城尅之遂以益州叛德宗德宗發姑熟還建業六月太祖遣軍攻德宗鉅鹿太守賀申申舉城降永與二年盧循復起於嶺南殺德宗江州刺史何無忌於石城咸欲以德宗北走知循未下乃止裕令撫軍劉毅討循敗於桑落洲步走而還裕黨孟昶諸葛長民等勸裕擁德宗過江裕不從神瑞二年德宗遣廣武將軍玄文石齊朝貢太宗初劉裕征姚泓三年太宗遣長孫道生娥清破其將朱超石於石河擒騎將楊豐斬首千七百餘級三年德宗死

弟德文僭立四年改年曰元熙五年德文禪位於裕裕封德文爲零陵王德文后河南褚氏兄季之弟淡之雖德文姻戚而盡心於裕德文每生男輒令方便殺焉或誘內人密加毒害前後非一及德文被廢因於秣陵宮常懼見禍與褚

氏共止一室慮有鴆毒自責食於前六年劉裕將殺之不欲遣人入內令淡之兄弟視褚氏褚氏出別宮於是兵乃踰垣而入進藥於德文德文不肯飲曰佛教自殺者不復人身乃以被掩殺之自叡之僭江南至於德文之死君弱臣彊不相羈制賞罰號令皆出權寵危亡廢奪釁故相尋所謂夷狄之有君不若諸夏之亡也

賨李雄字仲儁蓋廩君之苗裔也其先居於巴西宕渠秦并天下爲黔中郡薄賦其民口出錢三十巴人謂賦爲賨因爲名焉後徙櫟陽祖慕魏東羌獵將慕有五子輔特庠流驤晉惠時關西擾亂頻歲大饑特兄弟率流民數萬家就穀漢中遂入巴蜀時晉益州刺史趙廞反叛特兄弟起兵誅之晉拜特宣威將軍長樂鄉侯流奮威將軍武陽侯流民閻式等推特行鎮北大將軍承制封拜流行鎮東將軍後與晉益州刺史羅尚相攻昭帝七年特自稱大將軍大都督號年建初戰敗爲尚所殺流代統兵事流字玄通自號大都督大將軍流病將死以後事屬雄雄特少子也雄自稱大都督大將軍十年僭稱成都王號年建興

置百官時涪陵人范長生頗有術數雄篤信之勸雄卽真十二年僭稱皇帝號
大成改年爲晏平拜長生爲天地太師領丞相西山王又改年爲玉衡雄以中
原喪亂乃頻遣使朝貢與穆帝請分天下雄捨其子而立兄盪第四子班爲太
子烈帝六年雄死
班代統任雄子期殺班而自立
期字世運雄第四子也改年爲玉恆驤子壽自涪城襲剋成都廢期爲邛都公
期自殺
壽字武考初爲雄大將軍封建寧王以南中十二郡爲建寧國至期徙封漢王
旣廢期自立改年爲漢興又改號曰漢時建國元年也壽廣漢太守李乾與大
臣謀欲廢壽壽懼令子廣與大臣盟於殿前壽聞鄴中殿實宮觀美麗石虎以
殺罰御下控制邦域城鎮深用欣慕吏民有小過輒殺之以立威名又以郊甸
未實城邑空虛工匠器械事用不足乃徙民三丁已上於成都興尚方御府發
州都工巧以充之廣修宮室引水入城務於奢侈百姓疲於使役民多嗟怨思

亂者十室而九其尙書左僕射蔡興直言切諫壽以爲謗訕誅之其臣龔壯作詩七首託言應璩以諷壽壽報曰省詩知意若今人所作賢哲之話言古人所作死鬼之常辭耳動慕漢武魏明政法恥聞父兄時事上書者不得言先世政化自以勝之也及壽疾病見李期蔡興爲祟遂死子勢統任

勢字子仁既立改年爲太和遣使朝貢又改爲嘉寧勢弟漢王廣以勢無子請爲太弟勢不許廣欲襲勢勢使其太保李奕擊廣於涪城剋之貶爲臨卭侯廣尋自殺勢既驕吝荒於酒色至殺人而取其妻又納李奕女爲后耽於淫樂不恤國事夷獠叛亂境土減削累年荒儉性多忌害誅殘大臣刑罰酷濫斥外父祖舊臣親任近習左右小人因行威福修飾室宇羣臣諫諍一無所納又常居內少見公卿史官屢陳災譴乃加相國董皎大都督以名位優之實望與分災眚建國十年司馬聃將桓温伐之勢降於温先是頻有怪異成都北鄉有人望見女子避入草中往視見物如人有身形頭目無手足能動搖不能言廣漢馬生角各長寸半有馬駒一頭二身六耳無目二陰一牝一牡又有驢無皮毛飲

食數日而死江南兩血地生毛江源又生草高七八尺華葉皆赤子青如牛角
涪陵民欒氏婦頭上生角長三寸凡三截之李漢家舂米米自臼中跳出斂舉
箕中又跳出寫置簞中童謠曰江橋頭闕下市成都北門十八子又曰有客有
客來侵門陌其氣欲索譙周云我死後三十年當有異人入蜀由之而亡蜀亡
之歲去周亡三十二年周又著讖曰廣漢城北有大賊曰流特攻難得歲在玄
宮自相剋卒如其言
史臣曰司馬叡之竄江表竊魁帥之名無君長之實跼天蹐地畏首畏尾對之
李雄各一方小盜其孫皓之不若矣

魏書卷九十六

魏書卷九十六考證

司馬叡傳昌明改年曰寧康〇寧康各本訛康寧晉書孝武帝紀寧康元年春正月乙丑朔改元今改正

魏書卷九十六考證

珍做朱版玶

魏書卷九十七

齊　魏收　撰

列傳第八十五

島夷桓玄　海夷馮跋　島夷劉裕

島夷桓玄字敬道本譙國龍亢楚也僭晉大司馬溫之子溫愛之臨終命以爲後年七歲襲封南郡公登國五年爲司馬昌明太子洗馬玄志氣不倫欲以雄豪自許朝議以溫有陵虐之跡故抑玄兄弟出爲義興太守不得志少時去職皇始初司馬德宗立其會稽王道子擅權信任尚書僕射王國寶爲時所疾玄說荆州刺史殷仲堪令推德宗兗州刺史王恭爲盟主以討國寶仲堪從之會恭使亦上相逢於中路約同大舉並抗表起兵尋平王國寶等天與初德宗以玄爲使持節督交廣二州諸軍事建威將軍平越中郎將廣州刺史後王恭復與德宗豫州刺史庾楷共起兵以討其江州刺史王愉司馬尚之兄弟玄及龍驤將軍楊佺期荆州刺史殷仲堪等率軍應恭玄等造於石頭於時德宗征虜

將軍司馬元顯一軍仍守石頭列舟艦斷淮口道子出軍將屯中堂忽有馬驚軍中擾亂人馬赴江者甚衆良久乃定玄等不知建業危弱且王恭尋敗玄甚惶懼乃回軍于蔡洲王恭司馬劉牢之率北府軍來次新亭於是德宗以桓脩爲荊州仲堪爲廣州玄爲江州佺期爲雍州刺史郗恢爲尚書仲堪回師南旋乃使人徇于玄等軍曰若不各散歸大軍至江陵當悉戮餘口仲堪偏將劉系先領兵二千隸于佺期輒率衆而歸玄等大懼乃狼狽而走庾楷亦棄衆奔于南軍玄並趣輕舟追仲堪至尋陽而推玄爲盟主鎮於夏口德宗加玄都督荊州四郡以玄兄西昌公偉爲輔國將軍南蠻校尉寵玄兄弟欲以侵削荊雍先是荊州大水仲堪倉廩空竭玄乘其虛而伐之先遣軍襲巴陵梁州刺史郭銓當之鎮路逢玄玄遣銓爲前驅玄發夏口與仲堪書云今當入沔討除佺期頓兵江口若相與無貳可殺楊廣若其不爾便當率軍入江別與桓偉書令剋期爲內應偉惶遽以書示仲堪仲堪慰喻遣歸夜乃執之仲堪遣龍驤將軍殷邁振威將軍劉山民等統衆七千至西江口玄聞邁至復與其黨苻永道領帳下

擊之邁等敗走玄頓巴陵收其兵而館其穀復破楊廣於夏口仲堪既失巴陵之積又諸將皆敗江陵駭震城內大飢皆以胡麻爲廩初仲堪之得玄書也急召佺期佺期曰江陵無食何以待敵可來見就共守襄陽仲堪猶以全軍無緣棄城迸走甚憂佺期弗來乃紿之曰北來收集已有儲矣可有數萬人百日糧佺期信之乃率步騎八千既至仲堪惟以飯餉其軍佺期大怒曰今茲敗矣不過見仲堪使人於艦上橫射玄玄軍亦射之佺期乃退玄乃渡軍於馬頭命其諸軍進破殺仲堪殺楊廣佺期殷道護及仲堪參軍羅企生等德宗以玄爲持節都督荊司雍秦梁益寧江八州及揚豫幷八郡諸軍事後將軍荊江二州刺史玄大論功賞以長史卞範之領南郡相委以心膂之任乃斷上流禁商旅德宗下書曰豎子桓玄故大司馬不腆之息少懷狡惡長而不悛遂與王恭協同奸謀阻兵內侮三方雲集志在問鼎闚擬神器賴祖宗威靈宰傅神略忠義奮發罪人斯殞玄等猖狂失圖回舟鳥逝便宜乘會殲除奸源于時同異之論用惑廟筴遂使王憲廢撓寵授非所猶冀玄當洗濯胸腑小懲大誡而狠心弗革

悖慢愈甚割據江湘擅威荆郢矯命稱制與奪在手又對侍中王謐放肆醜言欲縱凶毒陵陷上京無君之心形於音翰不臣之迹日月彌著是可忍也孰不可懷宜明九伐以寧西夏尚書令後將軍元顯可爲征討大都督督十八州諸軍事驃騎大將軍儀同三司以劉牢之爲前鋒行征西將軍權領江州命司馬尚之入沔水玄聞元顯處分甚駭懼欲保江陵長史卞範之說玄東下玄甚狐疑範之苦勸玄乃留桓偉守江陵率軍東下至夏口乃建牙傳檄曰案揚州刺史元顯凶暴之性自幼加長犯禮毀教發蒙如備居喪無一日之哀衰絰爲宵征之服絃觴於殷憂之時窮色於罔極之日劫略王國寶妓妾一朝空房此基惡之始駭愕視聽者矣相王有疾情無悚懼幸災擅命揚州簒授遂乃父子同錄比肩連案既專權重多行險暴恐相王知之杜絶視聽惡聲無聞佞譽日至萬機之重委之廝孽國典朝政紛紜淆亂又諷旨尚書使普敬錄公錄公之位非盡敬之所苟自尊貴遂悖朝禮又妖賊陵縱破軍殄民之後己爲都督親則刺史於宜降之日輒加崇進弱冠之年古今莫比宰相懲惡己獨解錄推禍委

罰歸之有在自古僭逆未有若斯之甚者取妾之僭殆同六禮乃使尚書僕射爲媒人長史爲迎客嬖媵饕餮賀同長秋所謂無君之心觸事而發八日觀佛略人子女至人家宿唐突婦妾慶封迄今南見易室之飲晉靈以來忽有支解之刑喜怒輕戮人士割裂治城之暴一睡而斬又以四歲孽子與東海之封吳與殘暴之後橫復若斯之調妖賊之興寔由此豎居喪極味孫泰供其膳在夜思遊亦孫泰延其駕泰承其勢得行威福雖加誅戮所染既多加之以苦發樂屬枉濫者衆驅逐徙撥死叛殆盡改號元興以爲己瑞莽之符命於斯尤著否極必亨天盈其毒不義不昵勢必崩喪取亂侮亡寔在斯會三軍文武憤踊即路玄亦失荆楚人情而師出不順其兵雖彊慮弗爲用恆有回師之計既過尋陽不見東軍玄意乃定於是遂鼓行而進徑至姑熟又克歷陽劉牢之遣子敬宣詣玄請降玄大喜與敬宣置酒宴集玄至新亭元顯棄船退入國子堂列陳宣陽門前元顯欲挾德宗出戰而軍中相驚言玄已及南桁乃回軍赴宮既至中堂一時崩散元顯奔東府惟張法順一騎隨之玄乃爲侍中都督中外諸軍

丞相錄尚書事揚州牧領徐州刺史持節荊江二州公如故假黃鉞羽葆鼓吹班劍二十人置左右長史從事中郎四人甲仗二百人入殿於是收道子付廷尉免爲庶人徙于安城郡殺元顯并其子及豫州刺史司馬尚之吏部郎袁遵張法順等又滅庾楷於豫章徙尚之弟丹楊尹恢之輔國將軍允之及國寶王緒諸子于交廣州以劉牢之爲會稽內史將欲解其兵也初敬宣既降隨入東府至是求歸玄冀牢之受命乃遣之敬宣既至牢之知將不免欲襲玄衆皆離散乃於班瀆北走縊於新洲傳首建業敬宣奔於江北玄白德宗大赦改年爲大亨玄讓丞相荊江徐三州及錄尚書事乃改授太尉都督中外揚州牧領平西將軍豫州刺史綠綟綬加袞冕之服劍履之禮入朝不趨讚拜不名增班劍六十人甲仗二百人入殿玄乃鎮姑孰既而大築府第田遊無度政令屢改憍侈肆欲朋黨翕習沮亂內外朝政皆諮焉小事則決於左僕射桓謙及丹陽尹卞範之玄大賦三吳富室以賑飢民猶不能濟也東郡既由兵掠因以飢饉死者甚衆三吳戶口減半會稽則十三四臨海永嘉死散殆盡諸舊富室皆衣羅

轂佩金玉相守閉門而死玄自封豫章郡公食安成七千五百戶後封桂陽郡
公邑二千五百戶本封南郡如故既而鴆殺道子玄削奪德宗供奉之具務盡
約陋殆至飢寒雖殺逆未至君臣之體盡矣進位大將軍加前後部羽葆鼓吹
奏事不名又表請自率諸軍命諸蕃方兵掃平關洛德宗不許之玄本無資力
但好爲大言既不辦行乃云奉詔故止玄既無他處分先作征行服玩秆制裝
書畫之具或諫曰今日之行必有征無戰輜重自足相運不煩更有制造玄曰
書畫服玩宜恆在左右且兵凶戰危脫有意外當使輕而易運衆咸笑之玄所
親仗惟桓偉而已先欲徵還以自副貳偉既死玄甚恇懼初玄常以其父王業
垂成以己弱年不昌前構常懷恨憤及昌明死便有四方之計既克建業無復
居下之心及偉死慮一己單危益欲速成大業卞範之之徒既慮事變且幸其
利咸共催促於是殷仲文等並已撰集策命矣德宗加玄相國總百揆封南郡
南平宜都天門零陵桂陽營陽衡陽義陽建平十郡爲楚王備九錫之禮揚州
牧領平西將軍豫州刺史如故遣司徒王謐授相國印綬光祿大夫武陵王司

馬遵授楚王璽策德宗先遣百寮固請又云當親幸敦喻十二月德宗禪位於
玄大赦所部稱永始元年初欲改年爲建始左丞王納之曰建始者晉趙王倫
之號也於是易爲永始復同王莽始貴之年玄入建鄴宮逆風迅激旌旗服章
儀飾一皆傾偃是月酷寒此日尤甚多行苛政而時施小惠迎温神主進于太
廟玄遊行無度至此不出殿上施金額流蘇絳帳頗類轜車王莽仙蓋太廟郊
齋皆二日而已又其廟祭不及於祖以玄曾祖已上名位不顯故不列序且以
王莽立九廟見譏前史遂以一廟矯之又毀僭晉小廟以崇臺榭其庶母蒸嘗
未有定所慢祖忘親時人知其不永是月玄出遊水南飄風飛其儀蓋又欲造
大輦使容三十人坐以二百人輿之玄憍逸荒縱不恤時事奏案停積了不省
覽或親細事手注直官自用令史制度亂出主司奉答不暇晨夜遊獵文武困
乏直侍之官皆繫馬省中休下之吏留供土木之役朝士勞瘁百姓力盡民之
思亂十室而八德宗彭城內史劉裕因是斬徐州刺史桓修於京口與沛國劉
毅東海何無忌收衆濟江玄加桓謙征討都督召侍官皆入止省中玄移還上

宮百僚步從赦揚豫徐兗青冀六州遣頓丘太守吳甫之右衞將軍皇甫敷北拒劉裕於江乘裕斬甫之進至羅落橋又梟敷首玄外麤猛內恇怯及聞二將已沒志慮荒窘計無所出日與巫術道士爲厭勝之法乃謂衆曰朕其敗乎黃門郎曹靖對曰神怒民怨臣實憂懼玄曰民怨可然神何爲怒對曰移晉宗廟飄泊無所大楚之祭不及於祖此其所以怒也玄曰卿何不諫對曰輦上諸君子皆以爲堯舜之世臣何敢諫玄使桓謙何澹之屯于東掖門卞範之屯覆舟山西衆合二萬又遣武衞庾賾之配以精卒利器援助謙等謙等大敗玄聲云赴戰將子姪出南掖門西至石頭先使殷仲文具船於津遂相與南走經日不得食左右進以麤粥咽不能下玄子昇五六歲抱玄胸而撫之玄悲不自勝玄挾德宗發尋陽至江陵西中郎將桓石康納之張幔屋止城南署置百官以卞範之爲尚書僕射殷仲文爲徐州其餘各顯用玄謂諸侍臣曰卿等並升清塗翼從朕躬都下竊位者方應謝罪軍門其見卿等入石頭無異雲霄中人也玄以奔敗之後懼法令不肅遂輕怒妄殺逾甚暴虐殷仲文諫之玄大怒曰漢高

魏武幾遇敗但諸將失利耳以天文惡故還都舊楚而羣小愚惑妄生是非方當糾之以猛未宜施之以恩也荆江郡守以玄播越咸遣使通表有匪寧之辭玄悉不受乃更令所在表賀遷都玄在道自作起居注敘其拒劉裕事自謂算略無失諸將違節度以至於敗不暇謀議軍事惟誦述寫傳之劉裕遣其冠軍將軍劉毅發建鄴追之玄軍屢敗玄常裝輕舸於舫側故其兵人莫有鬬志玄乃棄衆而走餘軍以次崩散遂與德宗還江陵初玄留德宗妻子巴陵殷仲文與玄同舟乃說玄求別舫收集散軍遂以德宗妻歸于建鄴玄入江陵城南平太守馮該勸玄更戰玄欲出漢中投梁州刺史桓希夜中處分將發城內已亂禁令不行將親近腹心百許人出城北至城門左右郎於闇中斫玄面前後相殺交橫盈路玄僅得至船德宗入南郡府玄既下船猶欲走漢中玄屯騎校尉毛脩之誘以入蜀遂與石康等泝江而上達枚回洲爲益州參軍費恬等迎射之箭如雨下玄中流矢子昇輒拔之益州督護馮遷抽刃而登玄艦玄曰是何人也敢殺天子遷曰我自欲殺天子之賊耳遂斬玄首幷石康等斬昇于江陵

市傳送玄首梟于朱雀門玄既敗桓謙匿於沮中桓振逃于華容之浦陰聚黨數千人晨襲江陵克之桓謙亦聚衆而出振既至問玄子昇所在知昇已死欲殺德宗謙苦禁之於是爲玄舉哀謚爲武悼皇帝謙率羣官復立德宗振自爲都督八州鎭軍將軍荆州刺史謙復本職又加江豫二州刺史後德宗益州刺史毛璩殺桓希於漢中桓振寇江陵爲唐與所斬其餘親從或當時擒獲或奔散外境數年之閒並敗滅之

海夷馮跋字文起小名乞直伐本出長樂信都慕容永僭號長子以跋父安爲將永爲垂所滅安東徙昌黎家于長谷跋飲酒至一石不亂母弟素弗次丕次洪皆任俠放逸不修行業跋恭愼勤稼穡既家昌黎遂同夷俗後慕容熙僭號以跋爲殿中左監稍遷衞中郎將後坐事逃亡既而熙政殘虐民不堪命跋乃與從兄萬泥等二十三人結謀跋與二弟乘車使婦人御潛入龍城匿於孫護之室以誅熙乃立夕陽公高雲爲主以跋爲侍中征北大將軍開府儀同三司封武邑公事皆決跋兄弟太宗初雲爲左右所殺跋乃自立爲燕王置百官號

年太平于時永興元年也跋撫納契丹等諸落頗來附之太宗遣謁者于什門喻之爲跋所留語在什門傳泰常三年和龍城有赤氣蔽日自寅至申跋太史令張穆以爲兵氣言於跋曰大魏威制六合而聘使隔絶自古鄰國未有不通之理違義致忿取敗之道恐大軍卒至必致吞滅宜還魏使奉修職貢跋不從太宗詔征東大將軍長孫道生率衆二萬討之跋嬰城固守不克而還神䴥二年跋有疾其長子永先死立次子翼爲世子攝國事勒兵以備非常跋妾宋氏規立其子受居深忌翼謂之曰主上疾將瘳柰何代父臨國乎翼遂還宋氏矯絶內外遣閹人傳問翼及跋諸子大臣並不得省疾惟中給事胡福獨得出入專掌禁衛跋疾甚福慮宋氏將成其計乃言於跋弟文通勒兵而入跋驚怖而死文通襲位翼勒兵出戰不利遂死跋有男百餘人悉爲文通所殺

文通跋之少弟也本名犯顯祖廟諱高雲僭號以爲征東大將軍領中領軍封汲郡公跋立爲尚書左僕射改封中山仍爲領軍內掌禁衛外總朝政歷位司徒及自立乃與劉義隆交通延和元年世祖親討之文通嬰城固守文通營丘

遼東成周樂良帶方玄菟六郡皆降世祖徙其三萬餘戶于幽州文通尚書郭淵勸其歸誠進女乞爲附庸保守宗廟文通曰負釁在前忿形已露降附取死不如守志更圖所適也先是文通廢其元妻王氏黜世子崇令鎭肥如以後妻慕容氏子王仁爲世子崇母弟廣平公朗樂陵公邈相謂曰大運有在家國已亡又慕容之譖禍將至矣於是遂出奔遼西勸崇來降崇納之會世祖使給事中王德陳示成敗崇遣邈入朝世祖遣兼鴻臚李繼持節拜崇假節侍中都督幽平二州東夷諸軍事車騎大將軍領護東夷校尉幽平二州牧封遼西王錄其國尙書事食遼西十郡承制假授文官尙書刺史武官征虜已下文通遣其將封羽率衆圍崇世祖詔永昌王健督諸軍救之封羽又以九城降徙其三千餘家而還文通遣其尙書高顒請罪乞以季女充掖庭世祖許之徵其子王仁入朝文通不遣其散騎常侍劉訓言於文通曰雖結婚和通而未遣侍子魏若大舉將有危亡之慮夫以重山之隘劉禪銜璧長江之難孫皓歸命況魏彊於晉氏燕弱于吳蜀願時遣世子以恭大國之命然後收離集散厚布恩澤分賑

倉廩以濟民乏勸督農桑以邀秋稔庶大業危而更安社稷可以永保文通大怒殺之世祖又詔樂平王丕等討之日就蹙削上下危懼文通太常陽㟭復勸文通請罪乞降速令王仁入侍文通曰吾未忍爲此若事不幸且欲東次高麗以圖後舉㟭曰魏以天下之衆擊一隅之地以臣愚見勢必土崩且高麗夷狄難以信期始雖相親終恐爲變若不早裁悔無及也文通不聽乃密求迎於高麗太延二年高麗遣將葛盧等率衆迎之入和龍城脫其敝褐取文通精仗以賦其衆文通乃擁其城內士女入于高麗先是其國有狼夜繞城羣嘷如是終歲又有鼠集於城西闐滿數里西行至水則在前者銜馬矢迭相齧尾而渡宿軍地然一旬而滅觸地生蛆月餘乃止和龍城生白毛長一尺二寸文通至遼東高麗遣使勞之曰龍城王馮君爰適野次士馬勞乎文通慚怒稱制答讓之高麗乃處之於平郭尋徙北豐文通素侮高麗政刑賞罰猶如其國高麗乃奪其侍人質任王仁文通忿怨之謀將南奔世祖又徵文通於高麗高麗乃殺之於北豐子孫同時死者十餘人文通子朗邈朗子熙在外戚傳

島夷劉裕字德輿晉陵丹徒人也其先不知所出自云本彭城彭城人或云本姓項改爲劉氏然亦莫可尋也故其與叢亭安上諸劉了無宗次裕家本寒微住在京口恆以賣履爲業意氣楚刺僅識文字摴蒱傾産爲時賤薄嘗負驃騎諮議刁逵社錢三萬經時不還逵以其無行錄而徵責驃騎長史王謐以錢代還事方得了落魄不修廉隅天興二年僭晉司馬德宗遣其輔國將軍劉牢之東討孫恩裕應募始爲牢之參軍恩北寇海鹽裕追勝之以功稍遷建武將軍下邳太守劉牢之討桓玄裕參其軍事牢之降裕爲玄從兄桓脩中兵參軍孫恩死餘衆推恩妹夫盧循爲主玄遣裕征之裕破循于東陽永嘉循浮海奔逸加裕彭城內史及桓玄廢德宗而自立裕與弟道規劉毅何無忌潛謀舉兵桓脩弟恩祖鎮廣陵道規劉毅先爲之佐天賜初裕與何無忌等旦候城門開率衆斬玄徐州刺史桓脩於京口其日劉毅道規等亦斬恩祖因收衆濟江河內太守辛扈興恆農太守王元德振威將軍童厚之亦與裕剋是日取玄毅兄邁時在建業毅遣周安要之邁懼而告玄玄遣頓丘太守吳甫之右衛將軍皇甫

敷北拒裕率衆宿于竹里遇甫之於江乘裕執長刀直入其陳斬甫之進至羅落橋又斬敷首玄使桓謙屯東陵卞範之屯覆舟山西裕又破之玄大懼乃攜子姪浮江南走裕入鎮石頭以德宗司徒王謐爲錄尚書領揚州刺史立留臺總百官裕爲使持節都督揚徐兗豫青冀幽并八州鎮軍將軍徐州刺史令道規等率衆追玄裕因是相署名位遣尚書王嘏等迎德宗燔桓溫神主于宣陽門外尋殺尚書左僕射王愉及其子綏納等裕以司馬遵爲大將軍承制入居東宮公卿以下莫不畢拜乃大赦惟玄等不在例是夜司徒王謐逃走劉毅以其手解德宗璽綬宜誅之裕以其償錢之惠固請免之乃遣丹陽尹孟昶迎焉無忌道規至于桑落洲破桓玄諸將進據尋陽加裕都督江州劉毅復敗桓玄於崢嶸洲玄乃棄衆單舸奔走挾德宗奔于江陵裕領青州刺史甲仗百人入殿毅等平巴陵德宗復位於江陵改年曰義熙及還建業裕進侍中車騎將軍都督中外諸軍事飾讓不受加錄尚書事又詐不受乃出鎮丹徒改授都督十六州餘如故又領兗州乃解青州盧循破廣州裕仍以循爲廣州刺史其黨瑱

邪人徐道覆爲始興相裕又都督交廣二州又封裕豫章郡公邑萬戶絹三萬匹加侍中進號驃騎將軍儀同三司又進裕揚州刺史錄尚書事居於東府裕遣劉敬宣伐蜀爲譙道福所敗乃免敬宣官裕自降爲中軍將軍開府如故永興初慕容超大掠淮北執德宗陽平太守劉千載濟南太守趙元驅掠千餘家而歸裕乃伐超遂屠廣固執超斬其王公以下三千人納口萬餘馬二千匹夷其城隍送超于建業斬之裕是行也徐道覆勸盧循令乘虛而出循從之於是南康廬陵豫章諸郡守皆奔走江州刺史何無忌率軍至豫章戰歿于時羣議欲令德宗北徙渡江循遂寇湘中破劉道規於長沙敗劉毅於桑落洲席卷而下裕將孟昶諸葛長民勸裕擁德宗過江裕不從昶謂事必不濟乃自殺裕發居人治石頭城道覆等至即欲於新亭白石焚舟而上盧循曰大軍未至孟昶便逆自殺以此而推建業尋應有變但按甲守之不憂不濟也乃屯軍於蔡洲循乃率衆數萬上南岸至于丹陽郡遂遣焚京口金城姑孰寇掠塗中及江寧蕪湖循以阮賜爲豫州刺史裕中軍參軍尙靖宣城內史毛修之破賜於姑

熟獲其輜重賜乃退又加裕太尉中書監黃鉞裕受黃鉞盧循既不戰乃告道覆曰師老矣可還據尋陽并力取荆州徐以三分有二之勢與下流爭衡猶可以濟也乃自蔡洲南退裕遣輔國將軍王仲德等追之裕又遣建威將軍孫季高率衆自海道襲番禺裕自以舟師南伐季高乘海兼行奄至番禺循不以海道爲防既至而覺衆乃大驚季高悉力而上四面攻之仍屠其城盧循父嘏及長史孫建之並以輕舟奔始興循與道覆率衆而下裕衆軍擊之循等還尋陽循欲遁於豫章乃悉力柵斷左里裕諸軍乘勝而擊之循單舸徑還廣州道覆還始興裕還爲大將軍揚州牧班劍二十人本官如故徐道覆至始興猶據山澗劉蕃等攻之道覆先鴆妻子然後自殺盧循至番禺收衆攻季高劉蕃遣沈田子討之循奔走餘衆從嶺道襲合浦克之進攻交阯交州刺史杜惠度屢戰克捷循投水而死裕自爲太尉中書監裕殺尚書左僕射謝混兗州刺史劉蕃裕既權重便懷異志以荆州刺史劉毅頗有勇略又據上流之所心畏惡之遂自討毅遣參軍王鎮惡等襲江陵鎮惡至豫章口焚毅舟艦毅兵逆戰不能抗

鎭惡馳入外城于時毅病乃阻內城鎭惡焚諸門攻之其徒乃潰毅自北門出
走縊于道側斬屍於市誅其子姪裕至江陵誅南蠻校尉郗僧施衞軍諮議謝
邵等裕本寒微不參士伍及擅時政便肆意殺戮以威懼下初以刁逵縛之之
怨誅其兄弟又以王愉謝混郗僧施之徒並皆時望遂悉害之分荆州爲湘州
裕自總督裕還於東府召諸葛長民屏人閑語密令壯士丁旿等出自幔後於
座拉之長民墜地死於牀側亦以才雄見忌也荆州刺史司馬休之頗得衆心
裕內懷忌憚神䴥二年率衆討之遣龍驤將軍蒯恩等爲前軍裕進領荆州刺
史加黃鉞雍州刺史魯宗之率其子軌會休之于江陵軌等軍敗乃與休之俱
奔襄陽裕自領南蠻校尉休之等奔姚興裕爲太傅揚州牧劍履上殿入朝不
趨讚拜不名置左右長史司馬從事中郎四人餘如故裕又領平北將軍徐兗
二州刺史增督南秦州尋督中外諸軍事裕志傾僭晉若不外立功名恐人望
不許乃西伐姚泓自領征西將軍司豫二州刺史尋領北雍州刺史加前後部
羽葆鼓吹增班劍爲四十人子義符爲中軍將軍監太尉留府事給鼓吹一部

左僕射劉穆之爲左僕射領軍中軍二府軍司入居東府總攝內外穆之謂龍
驤將軍王鎮惡曰公今委卿以關中卿其勉之鎮惡曰吾今不克咸陽誓不濟
江而公九錫不至者亦卿之責矣裕率衆軍至彭城加鎮北將軍徐州刺史遣
中兵參軍沈林子自汴入河冠軍檀道濟與王鎮惡步出淮肥裕將王仲德汎
濟入河德宗封裕十郡爲宋公加相國九錫僭擬魏晉故事王鎮惡進至宜陽
獨取潼關沈林子自襄邑屯于陝城姚泓諸將不能抗始裕入河西上太宗遣
將軍娥清長孫嵩等屯於河畔裕遣朱超石劉榮祖等渡河長孫道生破之擒
斬其將楊豐等裕遣將軍王仲德趙倫之率沈田子等入武關屯軍青泥沈林
子由秦嶺會田子於堯柳城姚泓率衆數萬不戰而還裕至關頭鎮惡至渭橋
破泓軍於橫門裕至長安執姚泓以歸斬于建業市裕以其子義真爲雍州刺
史鎮咸陽進裕爲宋王增十郡置百官一擬舊制裕還彭城赫連屈丐掠渭陽
義真遣沈田子率軍討之田子退軍陘上鎮惡往就田子議之田子斬鎮惡於
幕下又殺其兄弟羣從七人田子馳還云鎮惡有異志義真長史王脩執而斬

之義眞與左右多爲不法王脩每裁割之左右咸怨白義眞曰王脩以關中阻
險兵食又足欲謀反叛宜早圖之義眞遂遣左右殺脩裕聞之以朱齡石爲雍
州刺史義眞發自長安將走江東諸將競收財貨次於灞上赫連昌率衆追之
旣至青泥義眞大敗蒯恩與安西司馬毛脩之並被擒獲參軍段橫名犯高祖
廟諱單馬負義眞走歸朱齡石亦棄長安奔就龍驤將軍王敬先于曹公故壘
旣而城陷被執見殺德宗死裕立德宗弟德文裕又自增十郡裕遣司馬傅亮
赴建業令徵己入輔德文禪其位遂自號爲宋改年爲永初時泰常五年也裕
旣僭立頻請和通太宗許之六年裕遣其中軍將軍沈範索季孫等朝貢七年
五月裕死子義符僭立太宗以其禮敬不足遣山陽公奚斤等率步騎二萬於
滑臺渡河南討義符司州刺史毛德祖遣司馬翟廣領步騎三千來拒司空奚
斤以千餘騎徇陳留太守嚴稜率衆降仍攻滑臺其東郡太守王景度奔走斬
其司馬陽瓚德祖又遣其將竇應明攻輜重于石濟奚斤於土樓大破廣等乘
勝徑至虎牢義符遣其將杜垣等與徐州刺史王仲德次湖陸太宗詔安平公

叔孫建等軍於泗瀆口義符兗州刺史徐琰委尹卯城奔退於是泰山諸郡悉
棄戍而走太宗詔𦬶梧子公孫表等復攻虎牢義符遣將檀道濟率師赴救八
年義符改年爲景平奚斤進攻金墉義符河南太守王涓之出奔太宗南巡至
鄴奚斤自金墉還圍虎牢太宗又詔安平公叔孫建等東擊青州其刺史竺夔
守東陽城濟南太守垣苗自梁鄒奔夔奚斤分軍攻潁川太守李元德奔還項
城斤又遣騎破高平郡所統五縣略居人二千餘家叔孫建以時暑班師檀道
濟王仲德向青州遂不敢進太宗至虎牢因幸洛陽乃北渡河斤克虎牢擒德
祖及其滎陽太守翟廣廣武將軍竇霸等義符豫州刺史劉粹屯項城不敢進
斤遣步騎至許昌潁川太守索元德奔項城遂圍汝陽太守王公度突圍而出
仍破邵陵掠萬餘口而還始光初義符司空徐羨之尚書令傅亮領軍謝晦等
專其朝政收其廬陵王義真徙于新安郡殺之義符昏暴失德羨之等勒兵入
殿時義符在華林舟中兵士競進殺其侍者扶義符出東閤廢爲營陽王遂徙
于吳郡於金昌亭殺之

亮等立義符弟荊州刺史義隆號年元嘉遣使趙道生朝貢二年徐羨之傅亮等歸政於義隆不許三年義隆信其侍中王華之言誅羨之傅亮遣其將檀道濟等討荊州刺史謝晦晦率衆東下謀廢義隆以討王華爲辭破義隆將到彥之及聞道濟將至晦衆崩散晦走江陵乃擒其弟遁等北走至安陸延頭爲戍主光順之所執斬于建業八月義隆使其殿中將軍吉恆朝貢神䴥二年又遣殿中將軍孫橫之朝貢三年又遣殿中將軍田奇朝貢尋遣其右將軍到彥之安北將軍王仲德兗州刺史竺靈秀舟師入河驍騎將軍段橫寇虎牢又遣其豫州刺史劉德武後將軍長沙王義欣至彭城爲後繼到彥之寇碻磝分軍向虎牢及洛陽世祖詔河南諸軍收衆北渡以驕之尋詔冠軍將軍安頡等率衆自盟津渡攻金墉義隆建武將軍杜驥出奔遂乘勝進攻虎牢陷之斬其司州刺史尹沖叔孫建大破竺靈秀追至湖陸四年頡攻滑臺彥之與王仲德等焚舟棄甲走歸彭城義隆又遣檀道濟救滑臺叔孫建長孫道生擊之道濟至高梁山頡等攻剋滑臺擒其司徒從事中郎朱脩之等道濟走奔歷城夜乃遁還

義隆青州刺史蕭思話亦棄鎮奔于平昌其東陽積粟爲百姓所焚延和元年
五月義隆又遣趙道生朝貢二年二月詔兼散騎常侍宋宣使於義隆且爲皇
太子結親九月義隆遣趙道生貢馴象一太延二年三月義隆遣使會元紹朝
貢義隆忌其司空檀道濟遂誅之道濟臨死脫幘投地曰乃復壞汝萬里長城
三年三月義隆遣其散騎常侍劉熙伯朝貢且論納幣六月義隆女死不果爲
婚五年十一月義隆遣黃延年獻馴象真君初義隆徙其弟大將軍義康於豫
章二年其龍驤參軍巴東扶令育詣義隆理義康義隆大怒收育殺之四月義
隆遣使黃延年朝貢十二月義隆又遣黃延年朝貢是歲義隆梁州刺史劉真
道將裴方明攻擊楊難當難當捨仇池將妻子來奔三年世祖詔琅邪王司馬
楚之等討之西安將軍古弼平西將軍元濟等邀義隆秦州刺史胡崇之於濁
水破擒之餘衆奔漢中義隆立難當兄子文德爲秦州刺史武都王戍茄蘆弼
等討平之義隆遂殺真道方明五年義隆復遣使朝貢六年其員外散騎侍郎
孔熙先以才學而不見用太子詹事范曄以家門淫汙爲世所薄與熙先及外

生謝綜謀殺義隆立其弟前大將軍義康丹陽尹徐湛之告之乃誅曄等徙義康於安成郡御史監守七年詔諸軍掠濟陰金鄉等七縣并驅其青冀二州民戶而還北地人蓋吳聚衆反義隆以吳爲安西將軍雍州刺史封北地公規亂雍州詔諸軍討平之義隆好行小計扇動邊民內起山苑窮侈極麗役使百姓江南苦之九年正月義隆遣使獻孔雀十一年二月世祖欲獵於雲夢發使告義隆勿相猜阻義隆請奉詔世祖南巡義隆邊城閉門拒守世祖忿之乃攻懸瓠分遣使者安慰降民其不服者誅戮之義隆汝南南頓汝陽頳川太守並棄城奔走義隆安北將軍武陵王駿遣參軍劉泰之臧肇之殿中將軍尹懷義程天祚等以千餘騎至汝陽永昌王位擊破之斬泰之肇之執天祚等義隆又遣寧朔將軍王玄謨率其太子步兵校尉沈慶之鎭軍諮議參軍申坦等入河青冀二州刺史蕭斌及駿水陸並進太子左衞率臧質統驍騎將軍王方回安蠻司馬劉康祖右軍參軍梁坦造許洛右將軍豫州刺史南平王鑠太尉江夏王義恭爲諸軍節度梁南秦二州刺史劉秀之統輔國將軍楊文德宣威將軍劉

洪宗向汧隴護軍將軍蕭思話部龍驤將軍杜坦竟陵太守劉德願向武關義隆令王公妃主及其朝士牧守下逮富人通出私財以助軍費士庶怨之南兗及青冀兗豫三吳簡發以配戎行揚南徐兗江州富民並四分之一建威司馬申元吉趣泗瀆蕭斌至碻磝王玄謨遣軍主王寶惠攻滑臺右軍蕭鑠遣中兵參軍梁坦等進軍小索世祖詔諸軍援滑臺大敗王寶惠等王玄謨走還碻磝蕭斌遣申坦與梁坦垣護之據兩當城斌退還歷下及車駕渡河梁坦退走棄甲山積車駕發滑臺過碻磝義隆又遣雍州刺史竟陵王誕率其將薛安都柳元景等入盧氏進攻弘農詔洛州刺史張提率衆度崤蒲城鎭將何難於風陵堆濟河秦州刺史杜道生至閿鄉元景退走十一月車駕從東安山出下邳義隆鄒山戍主魯陽陽平二郡太守崔邪利降楚王建南康侯杜道儁進軍清西至留城義隆鎭軍劉駿參軍馬文恭至蕭城軍主嵇玄敬至留城並爲覘候見官軍俱時退走永昌王仁攻懸瓠拔之獲義隆守將趙淮過定項城破尉武戍執其戍主進攻壽陽屯兵於孫叔敖家掠馬頭鍾離二郡義隆遣左軍將軍劉

康祖赴壽陽與仁相遇仁大破之盡坑其衆斬康祖傳首示壽春獲其將胡盛之王羅漢等以所斬首使軍士曳之遶城三匝積之城西高與城齊劉鑠乃焚四郭廬舍嬰城固守車駕至盱眙淮泗義隆遣輔國將軍臧質率師至盱眙頓軍城北六軍於上流濟淮質遣司馬胡崇之等率所領於山上立營建威將軍毛熙祚據城前大浦詔攻二軍斬崇之熙祚等及佗首數千級衆悉赴水死淮南之民皆詣軍降高梁王那出山陽永昌王仁於壽陽出橫江凡所經過莫不風靡車駕登於瓜步伐葦結筏示欲渡江義隆大懼欲走吳會建業士女咸荷擔而立義隆遣黃延年朝於行宮獻百牢貢其方物并請和求進女於皇孫世祖以師婚非禮許和而不許婚初義隆欲遣軍侵境其臣江湛徐湛之贊成其事而義隆太子劭與蕭思話沈慶之諫義隆曰昔檀道濟到彥之無利而反今將帥士衆不及於前不可輕動兵甲時湛等在坐義隆使與慶之謀議慶之曰治國如治家耕當問奴織當問婢今欲伐國而與白面書生輩謀之事何由濟義隆大笑遂不納慶之言至是登石頭城樓而望甚有憂色歎曰若檀道濟在

豈應至此劭乃委罪於江徐義隆曰此自吾意不關二人也正平元年正月丗
祖饗會於瓜步既許和好詔班師其江北之民歸降者數十萬計凡克南兗豫
徐兗青冀六州其軍鋒殺掠不可勝算時義隆江北蕭條境內搔擾義隆慮義
康爲亂遣使殺之葬以侯禮義隆慚恚歸罪於下降義恭爲儀同三司蕭斌王
玄謨並免所居職十月義隆遣其將軍孫蓋等朝貢興安九年義隆遣撫軍將
軍蕭思話率其將張永等攻碻磝詔諸軍擊破之永等退走思話遣建武將軍
垣護之至梁山逆軍尚書韓茂率騎逆擊之思話退還麋溝義隆又遣雍州刺
史臧質向崤陝梁州刺史劉秀之輔國將軍楊文德出子午豫州刺史長孫蘭
遣騎破之秀之等僅以身免臧質柳元景薛安都等至關城並相繼敗走是年
義隆太子劭及始興王休明令女巫嚴道育呪詛義隆事發義隆憤愧自失廢
於政事乃議黜劭殺休明屢召尚書僕射徐湛之吏部尚書江湛侍中王僧綽
等謀議僧綽曰當斷不斷反受其亂惟願以義割恩略小不忍不爾便應坦懷
如初無煩疑論不可使難生慮表取笑千載義隆曰卿可謂能斷大事此不可

不殷勤三思義康始死人謂我無復慈愛之道僧綽又云臣恐千載之後言陛下易於裁弟難於廢子義隆默然休明母潘有寵於義隆義隆以廢立之謀告之潘請赦弗許遂告休明休明馳報劭劭知己當廢遂夜召左右隊主陳叔兒詹齋帥張超之任建之等總二千餘人被甲自衞又召左衞率袁淑中舍人殷仲素左積弩將軍王正見又呼左軍長史蕭斌劭曰朝廷信讒當見罪廢內省無過不能受枉明當入殿卿等必不得異乃遍拜告哀衆皆驚不得答袁淑良久曰自古無此類願加善思劭怒變色於是左右咸云伏聽令旨明晨斬淑劭守萬春門乃告門者曰我受敕入有所收可助我督後隊令速劭又詐義隆敕云魯秀謀反汝明可守關將兵入討也故士卒信之超之等率十餘人走入雲龍門拔刃徑登含章殿義隆夜與徐湛之屏人閑語時猶未訖門戶並無侍衞義隆迫急以几自障兵刃交下五指俱落超之斬義隆徐湛之爲亂兵所害劭分遣掩江湛之斬之休明時在西州來屯中堂劭又使兵殺休明母是日劭登殿受璽綬下書曰徐湛之江湛殺逆無狀吾勒兵入殿已無所及號惋崩衂心

肝破裂今罪人斯得元凶克殄卜世靈祚永享無窮思與億兆覃茲更始可大赦天下改元嘉三十年爲太初元年劭弟駿時爲江州刺史先以西陽蠻反義隆令東宮步兵校尉沈慶之襄陽太守柳元景司空中兵參軍宗慤並討之駿出次五洲斬劭使於軍門司徒義宣雍州刺史臧質司州刺史魯爽同舉兵駿以沈慶之柳元景宗慤爲前軍駿諮議參軍顏竣專主軍謀劭葬義隆託疾不出臧質子敦逃走劭乃悉聚諸王及大臣徙入城內移南岸百姓渡淮貴賤皆被驅逼建業淆亂駿等發尋陽檄至劭乃移駿數子於侍中省義宣諸男於大倉屋以兵守之使其將魯秀王羅漢等爲水陸之備休明及蕭斌爲之謀主焚除淮中船舫駿至南州頓漂洲令柳元景等擊劭劭衆崩潰奔走還宮義恭單馬奔駿勸即位劭大怒遣休明就西省殺義恭子南豐王朗等十二人

駿乃僭即大位于新亭於是擒劭休明並梟首大桁暴屍於市經日壞爛投之水中男女妃妾一皆從戮時人爲之語曰遙望建康城小江逆流縈前見子殺父後見弟殺兄與光元年駿改年曰孝建其中軍府錄事參軍周殷啓駿曰今

士大夫父母在而兄弟異計十家而七庶人父子殊產八家而五凡甚者乃危亡不相知飢寒不相恤又疾讒害其間不可稱數宜明其禁以易其風俗弊如此駿不能革臧質遣使說荆州刺史南郡王義宣曰有大才負大功挾震主威自古鮮有全者宜在人前早有處分義宣使要豫州刺史魯爽兗州刺史徐遺寶司州刺史魯秀等剋秋起兵爽時昏醉即日便戴黃摽稱建平元年板義宣爲天子遣信至建業迎弟瑜由是駿知爽反惶懼欲遣迎義宣其竟陵王誕執議不許乃遣左衞將軍王玄謨率衆討爽領軍將軍柳元景鎭軍將軍沈慶之討義宣臧質下戍大雷馳報義宣抗表以誅元景爲名遣軍就質使爽與質會于江上玄謨屯兵梁山義宣率衆至尋陽與質俱下雍州刺史朱修之不從義宣臧質進計曰今萬人取南州則梁山中絕萬人守梁山玄謨必不敢動下官浮舟外江直向石頭此上策也義宣將從之其諮議劉諶之曰質不求前驅凶志難測不如盡銳攻梁山事克然後長驅萬安之計也義宣乃止義宣遣劉諶之就質步攻東壘義宣進自蕪湖赴梁山屯兵西岸玄謨拒質駿將軍護之薛

安都又摧破之義宣衆潰因風放火焚其舟艦義宣閉船大泣因而迸逸走至
江陵荊州司馬竺超民具儀服迎之左右相率潰叛超民送付刺姦朱修之於
獄殺之太安二年駿改年爲大明駿於新亭造中興佛寺設齋忽有一僧形貌
有異衆皆愕然問其名答云名惠明從天安寺來言竟倏然而滅乃改爲天安
寺至天安初而彭城歸國四年駿遣其將殷孝祖寇濟州高宗遣清水公封敕
文等擊走之又詔征西將軍皮豹子擊孝祖於清東五年豹子還遂掠地至高
平大獲而還駿以其南兗州刺史竟陵王誕得士庶之心內畏忌之誕不自安
乃治城多聚糧仗駿大怒貶誕爵爲侯遣兗州刺史垣閬給事中戴明寶討之
誕遣衆出戰斬垣閬誕表駿曰往年元凶禍逆陛下入討臣背凶赴順可謂常
節及丞相構難臧魯協從朝野恍忽咸懷憂懼陛下欲建百官羽儀星馳推奉
臣前後固執末方賜從社稷獲全是誰之力陛下接遇殷勤屢加崇寵驃騎揚
州旬月移受恩秩頻煩復賜徐兗仰屈皇輿遠相餞送臣一遇之感此何以忘
庶希偕老永相娛慰豈謂陛下信用讒言遂令小人來相掩襲不任枉酷卽加

誅揃雀鼠貪生仰違詔敕今親勒部曲鎮扞徐兗昔緣何福同生皇家今有何
罪便成胡越陵鋒奮戈萬沒豈顧定蕩之期冀在旦夕右軍宣簡爰及武昌皆
以無罪並遇枉酷臣有何過復致於此陛下宮闈之醜豈可一二臨紙悲塞不
止所言駿以沈慶之前軍討之親勞軍人賜以金帛慶之軍敗退傷者十四五
駿大怒將自往久乃拔之斬誕傳首誕母殷妻徐並自殺城內誅者數千人或
先鞭殺而行戮並移首於石頭南岸以爲京觀至於風晨雨夜輒聞哀號之響
駿淫亂無度蒸其母路氏穢汙之聲布於歐越東揚州刺史顏竣恃舊每戲弄
之駿慚怒殺竣和平元年七月駿使其散騎常侍明僧暠朝貢二年三月又使
其散騎常侍尹顯朝貢駿雍州刺史海陵王休茂謀將除駿參軍尹玄慶斬休
茂是歲凡諸郡士族婚宦點雜者悉黜爲將吏而人情驚怨並不服役逃竄山
湖聚爲寇盜侍中沈懷文苦諫不納三年三月駿使其散騎常侍嚴靈護朝貢
以沈懷文數直諫付廷尉殺之駿寵姬殷死贈貴妃謚曰宣及葬龍山給鑾輅
九旒黃屋左纛羽葆鼓吹班劍虎賁龍轜之麗功妙萬端山池雲鳳之屬皆裝

以衆寶繡帷珠帶重鈴疊氈儀服之盛古今尠有駿自殷死常懷悲惻神情罔
罔廢棄政事或親至殷靈牀酌奠酒飲之既而慟哭流連不能自反其耽惛若
此四年獵于烏江之榜口又游湖縣之滿山並與母同行宣淫肆意五年三吳
大飢人食草木皮葉親屬互相販鬻劫掠蜂起死者不可勝數是年駿死
子子業立性尤凶悖其母疾篤遣呼子業子業曰病人間多鬼那可往其母怒
語侍者曰將刀來破我腹那得生如馨兒六年改爲永光以奄人華願兒爲散
騎常侍遊止必同越騎校尉戴法興屢相裁割願兒深以爲憾或謂法興爲真
天子子業爲贋天子願兒具以聞子業乃殺法興驃騎將軍柳元景尚書左僕
射顏師伯欲廢子業立太宰義恭以告沈慶之慶之告子業子業出兵誅義恭
遂刳剔支體抽裂心藏挑其眼睛投之蜜中謂之鬼目粽又殺柳元景顏師伯
并諸子及弟姪乃改年爲景和子業除去喪禮服錦縠之衣以石頭城爲長樂
宮東城爲未央宮北邸爲建章宮南宅爲長楊宮子業自以昔在東宮不爲駿
所愛及即位常欲毁其墓乃遣發駿所寵殷氏冢殷死駿爲之造新安寺於是

壞之復欲誅諸遠近尼僧遣使殺其新安王子鸞臨死歎曰惟願後身不復生天王家義恭既誅徐州刺史義陽王昶大懼遣典籤蘧法生啓求還建業子業謂法生曰義陽謀反我正欲誅之法生懼禍走還彭城子業遣沈慶之率師伐昶法生至彭城昶便繕甲諸郡不從昶知事不捷遂來奔子業淫其姑稱爲謝氏爲貴嬪夫人加以殊禮虎賁劍戟出警入蹕鸞輅龍旂在貴妃之上即義隆第十女其新蔡長公主也子業矯云主喪空設喪事而實納之時其姊山陰主大見愛狎淫恣過度謂子業曰妾與陛下男女雖殊俱託體先帝陛下六宮百數而妾惟一駙馬事不均平乃可如此子業爲主置面首左右三十人進爵會稽郡長公主秩同郡王食湯沐邑二千戶給鼓吹一部加班劍二十人每出遊與羣臣陪乘吏部褚淵以有風貌子業使淵侍主子業皆令廟別畫其祖父形像曾入裕廟指裕像曰此渠大英雄生擒數天子次入義隆廟指義隆像曰此渠亦不惡但暮年中不免兒斫去頭次入其父駿廟指駿像曰此渠大好色不擇尊卑顧謂左右曰渠大齄鼻如何不齄之即令畫工齄駿像鼻其父子淫悖

書契所無也子業又殺沈慶之撫軍諮議參軍何邁即其新蔡主壻其湘東王彧及建安王休仁山陽王休祐常被猜忌並欲誅之休仁每以調謔悅之故得推遷不死彧休祐形體肥大遂以籠盛稱之彧尤肥號曰猪王廷尉劉矇妾懷孕子業迎入宮冀其生男立爲太子及其生子遂爲大赦子業召其南平王鑠妃江氏偶諸左右江不從子業曰若不從當殺汝三子江猶不從乃鞭一百殺其子敬猷等巫覡云湘州有天子氣子業將南行以厭之未行前欲悉誅諸叔時彧被拘祕書省與子業左右阮佃夫等謀廢子業子業出華林園共巫竹林堂前射鬼佃夫時爲內監乃以告外監典事朱幼主衣壽寂之細鎧主姜產之等寂之抽刃而前產之繼進子業引弓射寂之不中寂之乃斬其首

彧既誅子業憂遽不知所爲休仁推立彧彧時失履徒跣登西堂備天子儀服呼諸大臣入見事無巨細稱令施行彧以豫章王子尚及山陰主爲子業所狎殺之十二月僭即帝位改年爲泰始先是子業敕其弟子勛曰聞汝與何邁謀共廢我汝自量體氣何如孝武尋當遣使送藥與汝子勛長史鄧琬與錄事參

軍陶亮等起兵遣其黨俞伯奇出頓大雷巴東太守孫仲之至于平石與陶亮
並統前軍始或未知子勛起兵加子勛車騎將軍儀同三司符至尋陽鄧琬乃
投於地攘袂而起曰殿下當開端門何黃閤之有與陶亮等徵兵馳檄建牙於
桑厄時雍州刺史袁顗便勸子勛卽位琬乃立宗廟設壇場造乘輿法服立子
勛爲天子卽位江州號義嘉元年子勛以袁顗爲尙書左僕射鄧琬爲尙書右
僕射左司馬張悅爲領軍將軍吏部尙書州郡並加爵號彧乃遣領軍將軍王
玄謨討之復遣其將沈攸之劉靈出據虎檻初彧聞四方反亂憂遽不知所爲
休仁請前鋒決勝於是始有防禦之軍攸之軍至江州斬子勛彧慮子勛弟松
滋侯子房等年大終不相服休仁遂勸除之因誅駿舅子路休之等以陷子房
兄弟於是殺駿子安陸王子綏及子房臨海王子瑱永嘉王子仁始安王子真
邵陵王子元淮南王子孟臨賀王子產晉熙王子輿及子起子期子悅子頓初
駿二十八男其餘先早夭及子業殺子鸞等至是盡殪之矣其骨肉相殘若此
之甚彧南新蔡太守常珍奇奉啓請降顯祖詔遣西河公元石京兆侯張窮奇

率軍援之皇興元年正月彧遣其散騎常侍員思散騎侍郎崔小白朝貢初彧遣其鎮軍張永領軍沈攸之以大衆迎其徐州刺史薛安都安都聞永將發乃遣信請降顯祖詔博陵公尉元城陽公孔伯恭率騎二萬救之永等前後奮擊斬首凍没死者不可勝數又其兗州刺史畢衆敬亦來降款至是徐兗及淮西諸郡青齊二州相尋歸附彧又遣其中領軍沈攸之太子左衛率劉勔寇彭城兗州刺史申纂守無鹽時薛安都略有廣平順陽義成扶風諸郡沈攸之至下邳與元等戰敗而走初彧青州刺史沈文秀冀州刺史崔道固並請歸順詔遣征南大將軍慕容白曜率衆援之文秀等復叛歸彧白曜進軍圍城二年克歷城獲道固彧遣其員外散騎常侍李豐朝貢彧遣沈文秀弟文靜海道救青州文靜至東萊之不期城白曜遣軍克之尋獲東陽城彧遣其員外散騎常侍王希涓朝貢四年六月彧又遣員外散騎常侍劉航朝貢延興元年彧於巖山射雉休祐從在後與其左右相失彧遣壽寂之率諸壯士追躡休祐蹴令墜馬拉而殺之乃揚聲曰驃騎墮馬死召司徒休仁宿尚書下省鴆而殺之自彧立之

後民庶凋敝而宮殿器服多更興造初其卽位軍人多被超越或有不與戎勳寄名受賞阮佃夫等並被信委凡所談笑言無不行抽進阿黨咸受不次之位故佃夫左右乃有四軍五校羽林給事等官皆市井傭販之人諂附而獲至綱紀不立風政頹敝境內多難民庶嗷然遂廣募義勇置爲部曲於是官品淪穢士人渾亂民衆顒顒咸願來奔矣或遣其司州刺史垣叔通爲益州刺史叔通極爲聚斂蜀還之貨過數千金知或好財先送家資之半或猶嫌少及叔通至建業遣詰廷尉或先令獄官留之於訊堂彌旬不得出叔通於是悉送其財然後原遣凡蠻夷不受鞭罸輸財贖罪謂之賧時人謂叔通被賧刺史或嘗宮內大集而裸婦人觀之以爲忻笑其妻王氏以扇鄣面獨無所言或怒曰外舍家寒乞今共爲笑樂何獨不視王曰爲樂之事其方自多豈有姑姊妹集聚而裸婦人形體以此爲樂外舍之爲忻適與此不同或大怒遣王起去或末年好事鬼神多所忌諱言語文書有禍敗凶喪及疑似之言應回避者數百千品有犯必加罪戮改騧馬字爲馬邊瓜以騧似禍字故也嘗以南苑借張永言且給三

百年期訖更申其事皆如此又以宣陽門之名不善甚諱之其太后停屍漆牀移出東宮見之怒甚免中庶子官職局以下坐死者數十人內外常慮犯悞人不自保移牀治壁必祭土神文士爲辭祝事如大祭又更忍虐好殺左右失旨忤意往往有刳斮斷截者時遣窺覘淮泗軍旅不息荒弊積久府藏空虛內外百官普斷祿俸而或奢費過度務爲彫侈每所造制必爲正御三十副御三十次副三十須一物輒造九十枚境內騷然人不堪命或又以壽寂之有膽決乃殺之又追降休仁休祐爲庶人絕其屬籍諸子徙遠郡休祐母邢妻江付廷尉殺之遣員外散騎侍郎田廉員外散騎侍郎祖德朝貢又殺其巴陵王休若改年爲泰豫又遣田廉及員外散騎侍郎劉惠秀朝貢或又殺太子太傅王景文畏其族盛故也或死

子昱僭立改爲元徽昱遣員外散騎常侍田惠紹員外散騎侍郎劉惠秀朝貢其司空桂陽王休範奔尋陽舉兵右衛將軍蕭道成率衆軍出頓新亭越騎校尉張苟兒斬休範首其左右皆散道成遣送其首塗中遇賊遂棄於水中休範

之徒乃詐曰殿下猶在新亭於是士庶奔馳候迎是夜休範將杜墨騾等又攻新亭東廂休範參軍江珉等破二縣六署縞掠金帛放諸徒隸由是徒衆復盛燒東宮津陽門乃領軍右府昱將陳顯達率所領至杜姥宅破墨騾軍主全景淵進平白壁宣陽津陽二門斬墨騾等昱遣其員外散騎常侍明曇徽員外散騎侍郎江山圖朝貢五年又遣員外散騎常侍李祖員外散騎侍郎魚長耀朝貢承明初昱建平王景素據京口叛昱遣蕭道成前軍將軍周盤龍殿中將軍張倪奴討之攻陷京口斬景素太和初昱以其母數諫責之遂使太醫煮藥欲鴆之左右止之曰若行此事官便應作孝豈復得出入狡獪昱曰汝語大有理乃止初昱母陳氏本李道兒妾或納之生昱故世中皆呼昱爲李氏子昱每自稱李將軍或自名爲李統昱直閤將軍申伯宗步兵校尉朱幼司徒左長史沈勃等欲廢昱昱親率羽林兵掩之乃躬運矛鋋手殺勃等闔門嬰稚莫不糜截昱狂走逸遊不捨晝夜腹心所寄數十許人並執兵刃爲人之牙爪路行逢人便加斫刺或入人家劫略財賄往來倏忽狀若鬼魅建業惶振並重關自守

又撻拍鋮鑿錐鋸之屬常以自隨或有忤意輒加酷暴撻陰刺心剖腹之誅日
有十數常見臥屍流血然後爲樂無所誅害則憂思草草於耀靈殿上養驢數
十頭造露車以銀爲校具或乘以出入著小袴衫帶挾刀劍與嘗署女子通好
自齎私服贈之常入壚肆飲酒輒與左右歌唱略民雞犬躬自屠割內外畏惡
人不自保昱往新安寺夕乃還殿寢於氈幄昱左右楊玉夫楊萬年等見其醉
眠乃於幄斬之左右陳奉伯稱敕開承明門出送首於直閤王敬則夜送昱首
與中領軍蕭道成道成率左右數十人稱昱行還開承明門入殿云其皇太后
令廢昱爲蒼梧王
立昱弟揚州刺史安成王準初或晚年痿疾不能內御諸弟姬人有懷孕者輒
取以入宮及生男皆殺其母而與其宮人所愛者養之準卽桂陽王休範子也
荊州刺史沈攸之與兵討道成準改年爲昇明遣其員外散騎常侍李祖員外
散騎侍郎陶貞寶赴國訃并貢方物準司徒袁粲丹陽尹劉秉中領軍劉韞前
湘州刺史王蘊等以道成專恣潛謀圖之共推粲爲主要引沈攸之以爲外援

丹陽丞王遜告道成並斬之準遣員外散騎常侍何儒員外散騎侍郎孔邉朝貢三年正月準遣其員外散騎常侍殷靈誕員外散騎侍郎苟昭先朝貢準尋禪位於道成居于東邸道成僭立封準汝陰郡王尋死於丹陽

史臣曰桓玄侏張馮劉乃厥凝窮凶極迷爲天下笑其夷楚之常性乎

魏書卷九十七

魏書卷九十七考證

桓玄傳平越中郎將○平監本訛作一今改正

劉裕傳戍茄蘆○茄蘆綱目作葭蘆

魏書卷九十七考證

魏書卷九十八

齊　魏　收　撰

列傳第八十六

島夷蕭道成　島夷蕭衍

島夷蕭道成字紹伯晉陵武進楚也僭晉時以武進之東城爲蘭陵郡縣遂爲蘭陵人父承之常隨宗人蕭思話征伐久乃得爲其横野司馬以軍功仕劉義隆位至右軍將軍道成少好武事初從散冗每充征役前後爲討蠻小帥以堪勤劇見知思話之鎮襄陽啓之自隨任以統戍稍遷左軍中兵參軍每在疆場擾動邊民曾至談堤大敗而走劉駿時閑關爲職至建業令駿死子業以爲後軍將軍直閤子業死劉彧除右軍將軍時子業江州刺史晉安王子勛會稽太守尋陽王子房等並舉兵彧加道成輔國將軍東討平定諸縣晉陵太守袁摽吳郡太守顧琛吳興太守王雲生皆棄郡奔走時徐州刺史薛安都遣從子索兒率銳衆渡淮徼道成拒焉以功封西陽縣開國侯食邑六百戸子勛遣臨川

內史張滃自東嶠入規欲擾動三吳劉或遣道成率三千人統軍主沈思仁拒
滃滃便奔走張永沈攸之大敗於彭城劉或以道成爲冠軍將軍督諸軍事假
節戍淮陰或死子昱以道成爲右衞將軍領衞尉加兵五百人與尚書令袁粲
護軍褚淵領軍劉勔參掌朝事尋解衞尉加侍中戍石頭城劉休範舉兵以討
王道隆等爲名治嚴數日便率大衆席卷而下道成等率衆拒戰事平以道成
爲散騎常侍中領軍都督南兗兗徐青冀五州鎮軍將軍南兗州刺史持節侯
如故後進爵爲公增邑二千戶劉昱凶虐日甚道成與直閤王敬則昱左右楊
玉夫同謀殺昱迎弟準立之改年爲昇明時太和元年也道成移鎮東城以甲
仗五十人入殿進位侍中司空錄尚書事驃騎大將軍持節都督刺史如故封
竟陵郡公五千戶給班劍三十人又進督豫司二州荊州刺史沈攸之舉兵討
道成道成率衆入鎮朝堂司徒袁粲先鎮石頭據城與尚書令劉秉前湘州刺
史王藴謀討道成密信要攸之速下將爲內應不克粲與子最俱死秉父子踰
城走於領檐湖王藴走向鬬場並見擒攸之至于夏口敗走與第三子中書郎

太和單騎南奔華容縣俱自縊死道成又爲太尉增封三千戶班劍四十人甲仗百人入殿道成將有大志準侍中王儉請閒勸之道成曰卿言何我今當依事相啓言辭雖厲而意色甚悅儉諷動在位乃加道成黃鉞都督中外諸軍事太傅領揚州牧劍履上殿入朝不趨贊拜不名置左右長史司馬從事中郎掾屬各四人使持節侍中太尉驃騎大將軍錄尚書南徐州刺史如故道成詐辭殊禮重申前命劍履上殿入朝不趨贊拜不名進位相國總百揆封十郡爲齊公備九錫之禮加璽紱遠遊冠位至諸王上加相國綠綟綬其驃騎大將軍揚州牧南徐州刺史如故於是建齊臺置百官以東府爲齊宮又增封十郡進公爲王尋僭大號封其主劉準爲汝陰王未幾而死於是高祖詔梁郡王嘉督二將出淮陰隴西公元操三將出廣陵河東公薛虎子三將出壽春以討之元操等攻其馬頭戍剋之道成遣其徐州刺史崔文仲攻陷萑眉戍詔遣尚書游明根討之又遣平南將軍郎大檀三將出朐城將軍白吐頭二將出海西將軍元泰二將出漣口將軍封延三將出角城鎮南將軍賀羅出下蔡道成梁州刺史

崔慧景遣長史裴叔保率衆寇武興關城氏帥楊鼠擊破之叔保還南鄭梁郡王嘉破道成將盧紹之玄元度於朐山下蔡戊主棄城遁走又詔昌黎王馮熙爲西道都督與征南將軍桓誕出義陽鎮南將軍賀羅自下蔡東出鍾離道成游擊將軍桓康於淮陽破之道成豫州刺史垣崇祖寇下蔡昌黎王馮熙擊破之梁郡王嘉大破道成將俘獲二萬餘口送京師道成遣後軍參軍車僧朗朝貢先是劉準遣使殷靈誕苟昭先未反而道成僭立及僧朗至朝廷處之靈誕之下僧朗與靈誕競前後降人解奉君遂於朝會刃僧朗詔加殯斂送喪令還道成死

子賾僭立改年爲永明賾遣其驍騎將軍劉纘前將軍張謨朝貢八年又遣兼員外散騎常侍司馬憲兼員外散騎侍郎庾習朝獻九年遣輔國將軍劉纘通直郎裴昭明朝貢十年又遣昭明與冠軍參軍司馬迪之朝貢賾初爲太子時特奢侈道成每欲廢之賴王敬則和諧賾性貪惏常謂人曰唯崔慧景知我貧賾嘗至其益州刺史劉悛宅晝臥覺悛自捧金澡盤面廣三尺愛姬執金澡灌

受四升以充沃盥因以奉獻賾納之其好利若此賾遊獵無度其殿中將軍邯鄲起上表諫賾殺之十三年遣平南參軍顏幼明宂從僕射劉思效朝貢十四年賾巴東王子響殺長史劉寅司馬席恭穆謀殺賾賾遣丹陽尹蕭順之討殺之十五年二月遣員外散騎常侍裴昭明員外散騎侍郎謝竣朝貢九月又遣司徒參軍蕭琛范縝朝貢十六年復遣琛與司徒參軍范雲朝貢又遣車騎功曹庾華南豫州別駕何憲朝貢十七年賾雍州刺史王奐與南蠻長史劉興祖論衆罪賾以興祖付獄令送還建業奐輒於獄殺之而云自死賾怒遣其直閤將軍曹道剛梁州刺史曹虎等收奐奐閉門拒戰司馬黃瑤起於城內起兵攻奐殺之奐子祕書丞肅肅弟秉來降賾子長懋死立其孫南郡王昭業爲太孫賾遇疾暫絕其子竟陵王子良在殿內昭業未入中書郎王融戎服於中書省閤口斷東宮仗不得進欲立子良賾既蘇昭業入殿融知子良不得立乃釋服還省賾死

昭業立十數日收融付廷尉殺之昭業生而爲其叔子良所養而矯情飾詐陰

懷鄙慝與左右無賴羣小二十許人共衣食同臥起妻何氏擇其中美貌者與交通密就富商大賈取錢無數既與子良同居未得肆意子良移西邸昭業獨住西州每至昏夜輒開後閤與諸小人共至諸營署恣淫宴凡諸不逞皆迭加爵位許以南面之日便即施行皆疏官位名號於黃牋紙與之各各囊盛帶之肘後昭業師史仁祖侍書胡天翼聞之相與謀曰若言之二宮則其事未易若於營署爲異人所毆打及爲犬物所傷殘豈直罪止一身亦當盡室及禍年各已七十餘生寧足吝也數日仁祖天翼皆自殺昭業父長懋自患及死昭業侍奉憂哀號毀過禮及還私室與所親愛欣笑酣飲備諸甘滋葬畢立爲皇太孫截壁爲閤於母房內往何氏閤每入輒彌時不出賾至東宮昭業迎拜號慟絕而後蘇賾自下輿抱持之寵愛隆重初昭業在西州令女巫楊氏禱祝速求天位及其父死謂由楊氏之力加倍敬信楊氏子珉亦有美貌何氏尤愛悅之昭業呼楊氏爲婆劉氏以來民間亦作楊婆兒歌蓋爲此也及在東宮賾有疾令楊氏日夕祈禱令賾早死與何氏書於紙中作一大喜字作小喜三十六字遶

之隤謂其必能負荷大業謂曰五年已來一委宰相汝多厝意五年已後勿復委人臨死執昭業手曰阿奴若憶翁當好作如此者再而死子良時在中書省昭業疑畏使虎賁中郎將潘淑領百人屯太極殿西階以防之大歛之始呼隤伎人備舉衆樂諸伎雖畏威從事莫不哽咽流涕及成服悉遣諸王還第子良固乞留過隤葬不許昭業素好狗馬立未十日便毀隤所起招婉殿以殿材乞閹人徐龍駒造宅於其處爲馬埒馳走墜馬面額並傷稱疾不出者數日多聚名鷹快犬以粱肉奉之隤將葬喪車未出端門昭業便稱疾還內裁入閤便於內奏胡伎鞞鐸之聲震響內外時司空王敬則問射聲校尉蕭坦之曰便如此不當怱怱邪坦之曰此政當是內人哭聲響徹耳自隤葬後昭業微服而出遊走里市又多往其父母陵隧中與羣小共作鄙藝擲塗賭跳放鷹走狗諸雜狡獪日日輒往以此爲常朝事大小皆斷於尚書令蕭鸞初蕭隤聚錢上庫至五億萬齋庫亦出三億萬金銀布帛絲綿不可稱計至此歲末所用過半皆賜與左右廝卒之徒及至廢黜府庫空盡昭業在內常著紫綿紅繡雜衣或錦帽改

年爲隆昌以黃門郎周奉叔爲冠軍將軍青州刺史奉叔諂諛爲事昭業甚悅之而專恣跋扈無所忌憚常從單刀二十口出入禁闥門衞莫敢訶止每語人云周郎刀不識君徐龍駒自東宮齋師以便佞見寵搆造姦邪以取容媚凡諸鄙黷雜事皆龍駒所勸誘也昭業爲龍駒置美女伎樂常住含章殿著黃綸帽被貂裘南面向案代昭業畫勑左右侍直與昭業不異蕭鸞固請誅之楊珉及母亦並下獄死珉及母爲昭業所寵恩情特隆賞賜傾府藏珉爲何氏所幸常居中內侍蕭鸞初令衞尉蕭諶征北諮議蕭坦之請誅珉何氏與昭業同席坐流涕覆面謂坦之曰楊郎好年少無罪何可枉殺坦之乃耳語於昭業曰此事別有一意不可令人聞昭業呼何氏曰阿奴暫起去坦之乃曰外閒並云楊珉與皇后有情聞彰遐邇此事自古所無恐必誤官事昭業不得已乃許之俄勑原之已行刑矣益州刺史劉悛罷任還昭業以其饋奉不豐收付廷尉將加大辟悛弟中書郎繪乞以身代得不死禁錮終身昭業與其父寵姬霍氏淫通納之後宮蕭鸞謀廢之率衆而入時昭業裸身與霍氏相對聞兵至拔劍起拒鸞

鸞自殺之左右死者十餘人
鸞立其弟昭文自爲使持節都督揚南徐二州驃騎大將軍開府錄尚書事揚州刺史加班劍三十人封宣城郡公二千戶以兵五千人出鎭東城殺其鄱陽王鏘隨王子隆遣中護軍王玄邈殺昭文南兗州刺史安陸王子敬豫州刺史王廣之殺江州刺史晉安王子懋又殺湘州刺史南平王銳郢州刺史晉熙王銶南豫州刺史宣都王鑑鸞加黃鉞進授都督中外諸軍太傅領大將軍揚州牧增班劍四十人前後部羽葆鼓吹劍履上殿入朝不趨贊拜不名封宣城郡王食邑五千戶使持節中書監錄尚書並如故又殺昭文桂陽王鑠衡陽王鈞江夏王鋒廬陵王子卿建安王子真巴陵王子倫乃廢昭文爲海陵王尋死鸞僭立焉
鸞字景栖其叔父道成寵愛之過於諸子蕭賾末爲尚書左僕射甚親委之賾死遂秉朝政既殺昭業專權酷暴居滅賾等子孫既而自立時太和十八年也號年建武其宣德太僕劉朗之游擊將軍劉瑑之坐不贍給兄子致使隨母他

嫁免官禁錮時論者謂薄義之由實自鸞始鸞雍州刺史曹虎據襄陽請降高祖詔行征南將軍薛眞度督四將出襄陽大將軍劉昶出義陽徐州刺史元衍出鍾離平南將軍劉藻出南鄭車駕南伐十九年鸞龍陽縣開國侯王朗自渦陽來降左將軍元麗大破鸞將擒其寧州刺史董巒車駕濟淮幸八公山巡淮而東發鍾離將臨江水司徒馮誕薨乃詔班師遣使臨江數鸞罪惡鸞殺其西陽王子明南海王子罕邵陵王子眞二十一年車駕討鸞鸞前將軍韓李萬弋陽太守王嗣之後將軍趙祖悅等十五將來降大破鸞軍於江北獲其將軍王伏保等車駕遂巡沔東而還鸞將王曇紛等萬餘人寇南青州黃郭戍主崔僧淵擊破之悉虜其衆又剋新野城斬鸞輔國將軍新野太守劉忌鸞湖陽戍主蔡道福赭陽戍主成公期及軍主胡松舞陰戍主輔國將軍西汝南北義陽二郡太守黃瑤起及直閤將軍軍主鮑舉南鄉太守席謙並委戍走擒瑤起鮑舉鸞又殺其河東王鉉臨賀王子岳西陽王子文衡陽王子珉湘東王子建南郡王子夏巴陵王昭秀桂陽王昭粲車駕幸南陽進攻宛北城拔之冠軍將軍南

陽太守房伯玉以城降又大敗鸞平北將軍崔慧景黄門郎蕭衍於鄧城斬獲首虜二萬有餘鸞憂怖遂疾甚乃大赦改年爲永泰其大司馬王敬則於會稽舉兵將以誅鸞鎮北諮議謝眺敬則女夫也告之敬則敗而死鸞死

子寶卷僭立二十三年春寶卷改元爲永元遣其太尉陳顯達率崔慧景攻馬圈城詔前將軍元英討之寶卷遣將寇順陽詔振威將軍慕容平城率騎討之顯達攻陷馬圈城車駕南伐詔鎮南大將軍廣陽王嘉斷均口顯達戰敗潰圍夜走斬其左軍將軍張子順賊將蔡道福成公期等數萬人棄順陽遁走寶卷昏狂政出羣豎其始安王遙光據東府反不克見殺并殺其右僕射蕭坦之左衛將軍曹虎領軍將軍劉暄尋殺司空徐孝嗣左僕射沈文季前撫軍長史沈昭略其太尉江州刺史陳顯達舉兵襲建業不果而死景明初寶卷豫州刺史裴叔業以壽陽降寶卷遣其衛尉蕭懿爲征虜將軍豫州刺史步道伐壽陽頓軍小峴詔遣軍司李焕及統軍奚康生楊大眼等率衆入壽陽驃騎大將軍彭城王勰車騎將軍王肅率步騎十萬赴之寶卷遣將胡松李居士率衆萬餘屯

死虎陳伯之水軍泝淮而上以逼壽春勰肅大破之斬首萬數陳伯之又寇淮南勰破之肥口豫州刺史田益宗破寶卷將吳子陽劉元超於長風寶卷遣侍中崔慧景率諸軍自廣陵水路欲赴壽陽慧景見寶卷狂虐不復自保及得專征欣然卽路慧景子覺時爲直閤與之密期慧景至廣陵覺遂出奔慧景過廣陵數十里便回軍還時廣陵闕鎮司馬崔恭納之因率衆濟江遂攻建業寶卷嬰城自守寶卷豫州刺史蕭懿擊破慧景擒殺之慧景既死寶卷便自得志無所忌憚日日出遊愛幸茹法珍梅虫兒等及左右應勑捉御刀之徒並專國命民間謂之刀勑寶卷每常輕騎戎服往此諸家與之讌飲此等每有吉凶寶卷輒往弔慶不欲令人見之驅斥百姓惟置空宅而已所往之處既無定所官司常慮得罪東行驅西面人南出驅北面人旦或應出夜便驅遣吏司奔馳叫呼盈路老少震驚啼號塞路處處禁斷不知所適疾患困篤者悉輿去之其有無人輿者匍匐道側主司又加捶打絕命者相繼還宮之時常至半夜左右輒入富室取物蕩盡前魏與太守王敬賓新死未斂家人被驅不得守視及家人還

鼠食敬賓兩眼都盡如此者非一寶卷酷亂逾甚其尚書合蕭懿雖有大勳忌而殺之幷殺其弟衞尉卿蕭暢世宗詔冠軍將軍南豫州刺史席法友三萬人圍寶卷輔國將軍北新安豐二郡太守胡景略於建安城剋之擒景略寶卷雍州刺史蕭衍據襄陽舉兵伐之荆州行事蕭穎胄應衍三月穎胄叛寶卷以南康王寶融爲天子於是寶融僭卽帝位穎胄爲侍中尚書令衍爲左僕射都督征討諸軍征東大將軍使持節如故穎胄請封寶卷爲虞陽縣侯寶融不許又封涪陵王穎胄監八州諸軍事行荆州刺史假衍黃鉞蕭衍軍至沔口郢州嬰城自守寶卷又殺巴陵王昭胄永新侯昭秀黃門郎蕭寅寶卷昏暴日甚內外不堪其前南譙太守王靈秀等於石頭迎寶卷弟寶夤率城內文武向其臺城百姓空手隨從者萬數會日暮城門閉不剋衍兵至建業所在棄寶卷降之衍兵入宮寶卷在含德殿吹笙歌作女兒子臥未及睡聞兵入趨出北戶欲還後宮清曜閤已閉閹人禁防黃泰平刀傷其膝仆地顧曰奴反也直後張齊斬首送衍衍追封東昏侯廢其皇后太子爲庶人衍殺寶卷弟湘東王寶晊衍又殺

邵陵王寶攸晉熙王寶嵩桂陽王寶貞其建安王寶夤來奔尋逼寶融禪位於
己封爲巴陵王宮于姑熟寶融尋暴死
島夷蕭衍字叔達亦晉陵武進楚也父順之蕭賾光祿大夫衍少輕薄有口辯
歷王儉衞軍府戶曹屬累遷爲蕭鸞黃門侍郎太子中庶子太和二十二年高
祖南伐詔諸軍圍襄陽衍時率衆來援爲武衞將軍宇文福所破單騎走免蕭
鸞末出爲輔國將軍雍州刺史鸞死子寶卷立殺衍兄懿遣巴西梓潼二郡太
守劉山陽西上聲云之郡實令襲衍山陽至荆州爲蕭穎胄所殺景明二年衍
乃與穎胄推寶卷弟荆州刺史寶融爲主號年中興舉兵伐寶卷其年十二月
剋建業殺寶卷及其妻子衍爲大司馬錄尙書事揚州刺史建安郡公邑萬戶
三年又自爲相國揚州牧封十郡爲梁王衍尋僭立自稱曰梁號年天監五月
揚州小峴戍主党法宗襲衍大峴戍破之擒其龍驤將軍邾菩薩送京師衍又
遣將張囂寇揚州州軍擊破之斬二千餘級四年三月揚州刺史任城王澄遣
長風戍主奇道顯攻衍陰山戍破之斬其龍驤將軍都亭侯梅興祖仍攻白藁

戍又破之斬其寧朔將軍吳道爽等獲數千級衍又遣其徐州長史潘伯鄰屯軍淮陵徐州刺史司馬明素又據九山澄遣軍並擊破之斬伯鄰擒明素衍將吳子陽寇白沙中山王英大破之擒斬千數衍梁州刺史平陽縣開國侯翟遠徐州刺史永昌縣開國侯陳虎牙來降正始元年正月衍將趙祖悅屯據東關江州刺史陳伯之擊破之二月衍將姜慶真襲陷壽春外郭州軍擊走之中山王英圍衍鍾離衍遣冠軍張惠紹率衆軍送糧於鍾離任城王澄遣統軍王足劉思祖邀擊於邵陽大破之生擒惠紹并其驍騎將軍祁陽縣開國男趙景悅等十將斬獲數千級惠紹衍舅子也衍乃移書求之朝議欲示威懷遂聽惠紹等還三月元英破衍將王僧炳於樊城八月英又攻衍義陽克之破衍將馬仙琕擒其冠軍將軍蔡靈恩等十餘將九月衍霍州刺史田道龍義州刺史張宗之遣使內附十二月衍梁秦二州行事夏侯道遷據漢中內附詔尚書邢巒率衆赴之二年四月巒頻破衍軍遂入劍閣執其輔國將軍范始男送京師巒又遣統軍王足破衍諸將斬其輔國將軍馮文豪等六月衍遣將王超宗寇邊揚

州刺史薛真度大破之俘斬三千級七月王足又大破衍衆斬其秦梁二州刺史魯方達王明達等三十餘將俘虜二千五百人九月衍湘州刺史揚公則率衆寇壽春揚州刺史元嵩擊破之斬獲數千級三年正月衍徐州刺史昌義之寇梁城江州刺史王茂先寇荆州屯河南城平南將軍陳伯之擊義之平南將軍楊大眼擊茂先並大破之斬其輔國將軍王花俘斬二千茂先逃潰追奔至於漢水拔其五城將軍宇文福略衍司州俘獲千餘口而還五月衍將蕭昞寇淮陽張惠紹寇宿豫蕭密寇梁城韋叡寇合肥平南將軍奚康生破惠紹斬其徐州刺史宋黑七月衍徐州刺史王伯敖入寇陰陵中山王英大破之斬將二十五人首虜五千衍又遣將桓和屯孤山冠軍將軍桓方慶屯固城龍驤將軍矯道儀屯蒙山八月安東將軍邢巒擊桓和破之將軍元常攻克固城統軍畢祖朽攻克蒙山斬獲及赴沂水死者四千有餘衍又遣張惠紹屯宿豫蕭昞屯淮陽九月都督邢巒大破之斬其大將藍懷恭等三十餘人惠紹蕭昞並棄戍南去追斬數萬級衍中軍大將軍臨川王蕭密右僕射柳惔徐州刺史昌義之

等屯據梁城中山王英大破之密等棄城泝淮東走追奔至於馬頭衍冠軍將軍馬頭戍主朱思遠棄城走擒衍將三十餘人斬獲五萬有餘十月衍征虜將軍馬仙琕率衆三萬寇義陽郢州刺史婁悅以州軍擊走之永平元年十月懸瓠城民白早生據州反叛衍遣將齊苟仁等四將以助之詔尚書邢巒率騎討之巒攻克懸瓠斬早生擒苟仁俘衍衆三千餘人初早生之反也世宗遣主書董紹銜詔宣慰紹爲早生所執送之於衍衍乃厚資遣紹令奉書朝廷請割宿豫內屬以求和好時朝議或有異同世宗以衍辭雖款順而不稱藩詔有司不許十二月衍寧朔將軍張凝等率衆寇楚城中山王英破擒之衍將馬仙琕據金山郢州刺史婁悅擊走之二年正月中山王英攻克衍長薄戍殺傷數萬仍攻拔武陽關擒衍雲騎將軍松滋縣開國侯馬廣冠軍將軍遷陵縣開國子彭甕驍騎將軍當陽縣開國伯徐元秀等二十六將俘獲七千餘人又進攻黃峴西關衍將軍馬仙琕棄西關李元履棄黃峴遁走四年春三月衍琅邪郡民王萬壽等斬衍輔國將軍琅邪東莞二郡太守帶朐山戍主劉晣并將士四十餘

人以城內屬徐州刺史盧昶遣兼郯城戍副張天惠率衆赴之而衍郁洲已遣
二軍以拒天惠天惠與萬壽等內外齊擊俘斬數百昶乃遣琅邪戍主傅文驥
入城據守衍又遣將張稷馬仙琕等攻圍文驥詔昶率衆赴之而文驥以糧盡
降衍昶遂失利而還延昌二年二月郁洲徐玄明斬送衍鎮北將軍青冀二州
刺史張稷首以州內附三年六月衍遣衆寇九山荆州刺史桓叔與大破之斬
其虎旅將軍蔡令孫冠軍將軍席世與貞義將軍藍次孫四年二月衍寧州刺
史任太洪率衆寇關城益州長史成興與孫擊破之熙平元年正月衍遣其桓農
太守王定世等寇邊都督元志破之斬定世悉俘其衆衍豫州刺史趙祖悅率
衆數萬偷據硤石詔鎮南將軍崔亮鎮軍將軍李平討克之斬祖悅傳首京師
衍衡州刺史張齊寇益州刺史傅豎眼討之斬其將任太洪齊遁走初衍每欲
稱兵境上闚伺邊隙常爲諸將摧破雖懷進趣之計而勢力不從遂於浮山堰
淮規爲壽春之害肅宗詔征南蕭寶夤率諸將討之大破衍衆於淮北秋九月
堰自潰決漂其緣淮城戍居民村落十餘萬口流入於海正光元年衍改稱普

通至三年其弟子西豐侯正德棄衍來奔尋復亡歸衍初忿之改其姓爲背氏既而復焉封爲臨賀王五年九月衍將裴邃虞鴻襲據壽春外郭刺史長孫稚擊走之孝昌元年正月徐州刺史元法僧據城南叛衍遣豫章王綜鎮彭城綜蕭寶卷之遺腹子也初衍平建業因納其母吳氏吳氏先有孕後生綜衍謂爲己子甚寵愛之綜既長母密告綜綜遂潛圖叛衍既鎮彭城及大軍往討綜乃拔身來奔餘將退走國軍追躡所獲萬計衍初聞之慟哭氣絶甚爲慚惋猶云其子言其病風所致時人咸笑之三月衍遣其北梁州長史錫休儒司馬魚和上庸太守姜平洛等入寇直城梁州刺史傅豎眼遣息敬紹率衆大敗之擒斬三千人休儒等遁走四月衍益州刺史蕭淵猷遣將樊文熾等率衆圍小劍戍益州刺史邴虬遣子子達行臺魏子建遣別將淳于誕拒擊之五月誕等大破文熾俘斬二萬擒其次將蕭世隆等十二人文熾走免是歲衍又改年爲大通二年七月衍將元樹湛僧珍等寇壽春又攻逼新野詔都督魏承祖討破之三年二月衍將成景儁寇彭城行臺崔孝芬率諸將擊走之建義元年衍遣其將

曹義宗寇荊州大都督費穆大破之生擒義宗檻送京師初尒朱榮入洛北海王顥奔於衍衍以顥爲魏主資顥士馬令其大將陳慶之部率送顥永安二年夏遂入洛陽車駕還討破走之唯慶之一身走免自餘部衆皆見俘執閏月巴州刺史嚴始欣據州入衍衍遣將蕭玩張鴻等率衆赴援都督元景夏率益梁二州軍討之三年正月斬始欣衍衆敗走又斬蕭玩等首俘獲萬餘人普泰元年春南青州刺史茹懷朗遣部將何寶率步騎三千擊衍守將於琅邪擒其雲麾將軍徐兗二州刺史沈預斬其宣猛將軍齊州刺史劉相如永熙元年夏衍遣其鄴王元樹及譙州刺史朱文開入據譙城東南道行臺樊子鵠率諸軍攻克之擒元樹文開等送於京師天平元年十月衍雄信將軍紀耕率衆入寇嶠嵣都督曹仲尼破走之斬其軍主沈達閔莊等二年正月衍將湛僧珍寇南兗州州軍擊破之行臺元晏又破湛僧珍等於項城虜其闕二字刺史楊瞟二月衍司州刺史陳慶之郢州刺史田朴特等寇邊豫州刺史堯雄擊走之五月衍仁州刺史黃道始寇北濟陰徐州刺史任祥討破之十月衍將梁秉備寇單父祥

又大敗之俘斬萬餘人十一月衍雍州刺史蕭恭遣將柳仲禮寇荆州刺史王元軌破之於牛飲斬其將張殖王世興是年衍又改號爲中大通三年五月豫州刺史堯雄攻衍白茍堆鎮克之擒其北平太守茍元曠十月行臺侯景攻陷衍楚城獲其楚州刺史桓和兄弟四年九月衍青冀二州刺史徐子彥寇圍城南青州刺史陸景元擊走之先是益州刺史傅和以城降衍衍資送和令申意於齊獻武王求通交好王志綏邊遠乃請許之四年冬衍遣其散騎常侍張皐通直常侍劉孝儀通直常侍崔曉朝貢二年夏又遣散騎常侍沈山卿通直常侍劉研朝貢興和二年春又遣散騎常侍柳豹通直常侍劉景彥朝貢其年冬又遣散騎常侍陸晏子通直常侍沈景徽朝貢是年衍改號大同三年夏又遣散騎常侍明少遐通直郎謝藻朝貢四年春又遣散騎常侍袁狎通直常侍賀文發朝貢其年冬又遣散騎常侍劉孝勝通直常侍謝景朝貢武定元年夏又遣散騎常侍沈衆通直常侍殷德卿朝貢其年冬又遣散騎常侍蕭確通直常侍陸緬朝貢三年秋又遣散騎常侍徐君房通直常侍庾信朝貢四年夏又遣

散騎常侍蕭瑳通直常侍賀德瑒朝貢五年春又遣散騎常侍謝蘭通直常侍鮑至朝貢朝廷亦遣使報之十餘年間南境寧息六年衍又改號爲中大同其年又改爲太清是歲司徒侯景反遣使通衍請其拯援衍惑景遊說遂絕貢使衍子綱及朝臣並切諫以爲不可衍不從乃遣其兄子豫州刺史貞陽侯淵明北兗州刺史胡貴孫等寇逼徐州與侯景爲聲援仍堰泗水以灌彭城齊文襄王遣行臺慕容紹宗儀同三司高岳潘相樂等率衆討之紹宗檄衍境內曰夫乾坤交泰明聖興作有冥運行之力俱盡變化之途抱識含靈融然並至呈形賦命混而同往所以玄功潛運至德旁通百姓日用而不知萬國受賜而無迹豈徒鑿其耳目易其心慮悟以風雲一其文軌使夫日月之照不私雨露之施均洽運諸仁壽之域納於福祿之林自晉政多僻金行淪蕩中原作戰鬭之場生民爲鳥獸之餌則我皇魏握玄帝之圖納水靈之祉駕雲車而自北策龍御以圖南致符上帝援溺下土怪物殛死淫水不作運神器於顧眄定寶命於踟蹰恢之以武功振之以文德宇內反可封之俗員首識堯舜之心沙海荒忽之

外瀚漠羈縻之表方志所不傳荒經所不綴莫不繩谷鈞山依風託水共仰中國之聖同欣大道之行唯夫三吳百越獨阻聲教匪民之咎責有由焉自僞晉之後劉蕭作慝擅僭一隅號令自己惟我祖宗馭宇愛民重戰未極謀臣之畫不窮節將之兵聊遣行人降以尺一圓臺已築黃屋輒去賜其几杖置之度外蕭衍輕險有素士操蔑聞睥睨君親自少而長好亂樂禍惡直醜正巧用其短以少爲多誑惑愚淺大言以驚俗驅扇邪僻口兵以作威曲體脅肩搖脣鼓舌候當朝之顧指邀在位之餘論遂汙辱冠帶偷竊藩維及寶卷昏狂下不堪命曾無北面有犯之節遽滅人倫在三之禮憑妖假怪鬼語神言稱兵指闕傾朝鴆主陵虐孤寡韓愚士民天不悔禍姦醜得志內恣彫靡外逞殘賊驅羸國之兵追糊口之衆南出五嶺北防九江屯戍不解役無寧歲死亡矢刃之下夭折霧露之中哭泣者無已傷痍者不絕託身人上忽下如草遂使頑嚚子弟肆行淫虐狡猾羣小縱極貪惏剝割蒼生肌肉略盡刳剔黔首骨髓俱罄猛虎未方其害餓狼詎侔其禍慄慄周餘救死無地至於矯情飾詐事非一緒毒螫滿懷

妄敦戒業躁競盈胸謬治清靜至乃大興寺塔廣繕臺堂昭陽到景垂珠銜璧崢嶸刻削千門萬戶鞭撻疲民盡其筋骨延壤運石悲歌掩途死而可祈甘同仙化智淺謀疏曾不自揆遏桐柏之流翻爲己害子亡齊之亂忽爲戎首書契迄茲罕聞其事至於廢捐冢嫡崇樹愚子朋黨路開彼我側目疾視扼腕十室而九翹足有待艮亦多人二紀於茲王家多故始則車馳之警終有驚墜之哀神祇痛憤寓縣崩震於是故相國齊獻武高王感天壤之慘黷激雲雷以慨然仗高義而率民奮大節以成務爰有匡國定霸之圖非直討賊雪恥之舉於是叡略紛紜靈武冠世盪滌逋孽尊主康邦皇上秉歷受圖天臨日鏡道隨玄運德與神行既而元首懷舞戚之風上宰薄兵車之會遂解縶南冠喻以好睦舟車遵溯川陸光華亭徼相望欣然自泰反肉還童不待羊陸雖嘉謀長算爰自我始罷戰息民兩獲其泰王者之信明如四時豈或爲人君父二三其德書而不法可不惜哉侯景一介役夫出自凡賤身名淪沒無或可紀直以趨馳便習見愛尒朱小人叨竊遂忝名位及中興之際義旗四指元惡不赦實在羣胡景

荷人成拔籍其股肱主人有丹頸之期所天蹈族滅之釁雖不能蔽捍左右以命酬恩猶當慘顔後至義形於色而趣利改圖速如覆手投身麾下甘爲僕隸獻武王棄其瑕穢錄其小誠得廁五命之末預在一隊之後參跡驅馳庶其來効長鞭利鍛術以制之旣關隴逋誅每事經略以河南空虛之地非兵戰之衝薄存犄角聊示旗鼓豈資實效寄以遊聲軍機催勒蓋唯景任總兵統旅別有司存而愚褊有積憍傲遂甚犯違軍紀仍自猜貳禍心潛搆翻爲亂階負恩棄德罔恤天討不義不暱厚而必顛委慈母如脫屣棄少弟如遺土羣子陸陸妻姪成行慕姜兒之爽言蔑伯春之宛轉跳梁猖蹶夫欲誰欺比之梟獍異類同醜欲擬虵鼠顧匪其倫及遠託關右委命寇逆寶炬定君臣之分黑獺結兄弟之親授以名器之尊救其重圍之死憑人繫援假人鼻息俄而忘恩背惠親尋干戈釁暴惡盈側首無託以金陵逋逃之藪江南流禦之地甘辭卑體進熟圖身詭言浮說抑可知矣叛豎救命豈將擇音僞朝大夫幸災忘義主耄於上臣蔽於下逐雀去草曾不是圖竊寶叛邑板蘭比好人而無禮其能國乎夫安危

有大勢成敗有恆兆不假離朱之目不藉子野之聽聊陳刺心之說且吐伐謀之言今帝道休明皇猷允塞四民樂業百靈效祉雖上相云亡而伊陟繼事秉文經武虎視龍驤驅日下之俊雄收一世之英銳擊刺猶雷電合戰如風雨控弦躍馬固敵是求蠕蠕昔遭離亂輻分瓦裂匹馬孤征告困於我國家深敦隣附愍其入懷盡憂人之禮極繼絶之義保衛出於故地資給唯其多少存其已亡之業成其莫大之基深仁厚德鏤其骨髓引領思報義如手足吐谷渾深執忠孝膠漆不渝萬里仰德奏款屬路並申以婚好行李如歸蠕蠕境斜界黃河望通豳夏飛雪千里層冰洞積北風轉勁實筋角之時沍寒方猛正氈裘之利吐谷渾疾彼凶逆彊兵歲舉傾河及鄯塵通隴峽驅龍池之種藉常勝之氣二方候隙企其移踵加以獨孤如願擁衆秦中治兵劫脅黑獺北備西擬內營腹心救首救尾疲於奔命豈暇稱兵東指出師函谷且秋風揚塵國有恆防關河形勝之際山川襟帶之所猛將精兵基跱岳立又寶炬河陰之北黑獺亡山之走衆無一旅僅以身歸就其不顧根本輕懷進趣斯則一勞永逸天贊我也言

之旦日月經天舉世所知義非徒語持此量之理有可見則侯景遊辭莫非虛誕夫景繩樞席牖之子阡陌鄙俚之夫遭風塵之會逢馳騖之日遂位在三吏邑啓千社揣身量分久當止足而乃周章去就離跂不已夫豈徒爾事可推揚度其衆叛親離守死不暇乃聞將棄懸瓠遠赴彭城老賊姦謀復將作矣固揚聲赴助計在圖襲呑淵明之衆招厭虐之民舉長淮以爲斷仍鵄張歲月南面假名死而後已此蓋蜂蠆之禍我承其弊且僞主昏悖不惟善隣賊忍之心老而彌篤納逋叛之詭譎蔑信義以猖狂天喪其神人重其怨將踐瓜圃之蹤且追兒侯之轍今徵發犬羊侵軼徐部築壘擁川覬覦小利此而可忍孰不可懷兵凶戰危出不得已謬奉朝規肅茲九伐扛鼎拔樹之衆超乘投石之旅練甲爭途波聚霧合虎班龍文之逸蘭池蒲梢之駬嘘天陸野躡影追風振旅南轅長驅討蹙非直三吳鼠面一麾魚駭乘此而往青蓋將歸且衍虐網蚩兵權在外持險躁之風俗兼輕薄之子孫蕭綸兇狡之魁豈無商臣之佷蕭譽失志之憤當召專諸之客外崩中潰今也其時幕府師行以禮兵動以義弔民伐罪

理有存焉其有知機審變翻然鵲起立功立事去危就安賞典未忘事必加等若軍威所至敢有拒違尺兒已上咸從梟戮今三禮四義之將豹虎熊羆之士深銜逋僞信納叛亡違卜愎諫實與伐役莫不含怒作色如赴私讎茹肝涉血義不旋踵攻戰之日事若有神莽積麻亂匪旦伊夕以彼曲師危卒望我軍鋒何異蛣蟯被甲蝍蛆舉尾正恐旗鼓一接芝虈俱摧先事喻懷備知翰墨王侯無種禍福由人斯蓋丈夫肉食之秋壯士封侯之會冬冰可折時不再來凡百君子勉求多福檄之所到咸共申省知我國行師之意冬十二月紹宗高岳等大破衍衆寒山擒淵明貴孫等俘斬五萬其凍溺燒之而死不可勝數衍既慚悔六年復遣使羊珍孫款關乞和并修弔書於齊文襄王文襄王欲以威德懷之許其通而不復其書衍於是遣其散騎常侍謝班通直常侍徐陵詣闕朝貢班等未及還而侯景舉兵襲衍密與衍弟子臨賀王正德交通許推爲主景至橫江衍令正德率軍拒景正德因而迎之景濟江立以爲主以趣建業衍好人佞己末年尤甚或有云國家彊盛者卽便忿怒有云朝廷衰弱者因致喜悅是

以其朝臣左右皆承其風旨莫敢正言初景之將渡江也衍沿道軍戍皆有啓列而中領軍朱异恐忤衍意且謂景不能渡遂不爲聞景至蠍湖方大驚駭乃令其太子綱守中書省軍事悉以委之又逼居民入城百姓因相剝掠不可禁止衍令直從監俞景茂赦二冶尚方錢署罪人及建康廷尉諸囚欲押令入城以充防捍諸徒因放火燒冶一時散走衍憂懣無計唯令其王公已下分屯諸門攝諸寺藏錢皆入聚德陽堂以充軍實景既至便圍其城縱火燒爇掘長圍築土山以攻衍衍亦於城內起山以應之衍令文武運土人責二十石於是其王侯朝貴皆自負檐蕭綱亦欲自負僉議以爲太示迫屈乃止衍每募人出戰素無號令初或暫勝後必奔背景宣言曰城中非無菜但無醬耳以戲侮之衍太官及軍人無柴乃發取尚書省武庫左右藏以充用衍州鎮外援雖有至者而景圍柵深固內外斷絕衍數募人出戰常爲景所執獲有一小兒請以飛鵄傳致消息綱乃作數千丈繩綴紙鵄於繩端縛書其背又題鵄口若有得鵄送援軍者賞銀百兩綱出太極殿因西北風而颺之頻放數鵄景令走馬射取之

竟不能達也衍城內大飢人相食米一斗八十萬皆以人肉雜牛馬而賣之軍人共於德陽堂前立市屠一牛得絹三千匹賣一狗得錢二十萬皆燻鼠捕雀而食之至是雀鼠皆盡死者相枕初有盜取其池魚者衍猶大怒勑付廷尉旣而宿昔都盡其不識事宜如此景久攻未拔而衍外援雖多各各乖張無有總制更相妬忌不肯奮擊唯衍子邵陵王綸再於鍾山決戰戰敗而走景糧旣少遂譎衍求和衍信之乃割江西四州授景封爲壽陽王遣其朝貢與部下歃血盟訖景詐引軍還石頭衍乃勑援軍令下諸軍初不受詔後重勑乃從衍又令援軍以船三百艘給景景猶嫌其少又勑付二百衍永安侯蕭確直閤將軍趙威方頗有勇略爲景所憚景乃謂衍曰確與威方頻隔岸見罵云天子自與汝和我終不置汝我今便不敢去若召此二人入城者吾當解圍衍復遣使徵確等確等不從衍又爲手書與諸軍云確若不入者宜以軍法送之確等不得已乃赴衍景復謂衍曰始有西信至北軍已克壽春鍾離我今便無委足處求權借廣陵譙州待征復兩城還以此州相歸衍又許之景外云欲和伺其懈怠衍

君臣上下信景欺詐所有戰具悉皆收去後知非實更狠狽設備有甚於初城
轉危急衍等計窮乃復遣使詣景景又詭云今時既熱便不能得去正當乞留
京師爲朝廷立效耳而悉力大攻七年三月遂拔之景自至建業縱軍士前後
虜掠倉庫所有皆掃地盡矣景乃從數百騎見衍歔欷流涕因請香火爲作義
兒還以衍爲主令正德通啓云前爲景所擒使攝四海辭不獲免權總萬機今
景既入輔乞解僭濫以王還邸自景圍建業城中多有腫病死者相繼無復板
木乃刳柱爲棺自雲龍神虎門外橫屍重沓血汁漂流無復行路及景入城悉
聚尸焚之煙氣張天臭聞數十里初城中男女十餘萬人及陷存者纔二三千
人又皆帶疾病蓋天亡之也衍尋爲景所餓殺自衍爲景攻圍歷百餘日衍子
荆州刺史湘東王繹益州刺史武陵王紀各擁兵自守坐看衍之懸危竟不奔
赴始景渡江至陷城之後江南之民及衍王侯妃主世冑子弟爲景軍人所掠
或自相賣鬻漂流入國者蓋以數十萬口加以饑饉死亡所在塗地江左遂爲
丘墟矣初衍崇信佛道於建業起同泰寺又於故宅立光宅寺於鍾山立大愛

敬寺兼營長干二寺皆窮工極巧殫竭財力百姓苦之曾設齋會自以身施同泰寺爲奴其朝臣三表不許於是內外百官共斂珍寶而贖之衍每禮佛捨其法服著乾陁袈裟令其王侯子弟皆受佛誡有事佛精苦者輒加以菩薩之號其臣下奏表上書亦稱衍爲皇帝菩薩衍所部刺史郡守初至官者皆責其上禮獻物多者便云稱職所貢微少言爲弱懦故其牧守在官皆競事聚斂劫剝細民以自封殖多妓妾粱肉金綺百姓怨苦咸不聊生又發召兵士皆須鏁械不爾便即逃散其王侯貴人奢婬無度弟兄子姪侍妾或及千數至乃回相贈遺其風俗頹喪綱維不舉若此衍自以持戒乃至祭其祖禰不設牢牲時人皆竊云雖僭司王者然其宗廟實不血食矣衍未敗前災其同泰寺衍祖父墓前石麟一旦亡失識者咸知其將滅也景又立衍子綱尋復殺之親屬並見屠害矣

史臣曰二蕭競塗泥之中同蝸角之戰或年纔三紀或身不獲終而偷名江徼自擬王者考之遂古所未前聞昔句踐致貢而延世夫差爭長而後死兩寇方

之吳越不乃劣乎

魏書卷九十八

魏書卷九十八考證

蕭衍傳是歲衍又改年爲大通○歷代甲子圖梁大通元年卽魏孝昌三年此書于孝昌元年之下謂是歲改年大通互異

是年衍又改號爲中大通○歷代甲子圖歲在丁未梁改普通爲大通己酉又改中大通乙卯又改爲大同卽東魏孝靜帝之天平二年也此書則于天平二年之下謂爲中大通

二年夏○二年上脫年號 臣人龍按本書孝靜帝紀號天平者凡四年至次年正月卽改元爲元象又次年十一月卽改元興和今上文云四年冬下文云興和二年春則此年當稱興和元年

是年衍改號大同○歷代甲子圖東魏興和二年爲梁大同六年與書互異

六年衍又改號爲中大同其年又改爲太清○歷代甲子圖梁中大同元年卽東魏武定四年又梁太清元年卽東魏武定五年與此互異

魏書卷九十八考證

魏書卷九十九

齊　魏　收　撰

列傳第八十七

私署涼州牧張寔　鮮卑乞伏國仁　鮮卑禿髮烏孤

私署涼王李暠　盧水胡沮渠蒙遜

張寔字安遜安定烏氏人父軌字士彥散騎常侍以晉室多難陰圖保據河西求爲涼州乃除持節護羌校尉涼州刺史桓帝西略也軌遣使貢其方物晉加號安西將軍封安樂鄉侯邑一千戶永嘉五年晉以軌爲鎭西將軍都督隴右諸軍事封霸城侯尋進車騎大將軍開府儀同三司愍帝卽位進拜司空封西平公邑三千戶後拜侍中太尉涼州牧軌年老多疾拜寔撫軍大將軍副涼州刺史未幾軌風病積年三子代行州事閉絕音問莫能知者軌頗識天文每州內有賊輿疾仰觀曰無能爲害終如其言寔代統任愍帝拜爲使持節都督涼州諸軍事西中郎將涼州刺史領護羌校尉西平公劉曜陷長安寔自稱侍中

司空大都督涼州牧承制行事于時天下喪亂秦雍之民死者十八九唯涼州獨全寔自恃衆彊轉爲驕恣平文皇帝四年寔爲左右閻沙等所殺先是謠曰蛇利砲蛇利砲公頭墜地而不覺寔所住室梁間有人象而無頭久之乃滅寔惡之未幾見殺寔弟茂統任

茂字成遜私署使持節都督涼州諸軍事平西將軍護羌校尉涼州牧西平公誅閻沙等百餘人遣使朝貢茂妻弟賈模兄弟謀害茂茂殺之劉曜上隴茂懼而降曜以爲太師涼王茂卒無子寔子駿統任

駿字公庭自稱使持節大將軍護羌校尉涼州牧西平公遣使朝貢煬帝時隴西人辛晏以枹罕降之駿遂有河南之地至於狄道與石勒分境駿築南城起謙光殿於其中窮珍極巧又四面各起一殿東曰宜陽青殿南曰朱陽赤殿西曰正德白殿北曰玄武黑殿服章器物皆依色隨四時居之其旁有直省寺署一依方色其奢僭如此民以勞怨駿議治石田參軍索孚諫曰凡爲治者動不逆天機作不破地德昔后稷之播百穀不墾磐石禹決江河不逆流勢今欲徙

石爲田運土殖穀計所損用畝盈百石所收不過三石而已竊所未安駿怒出孚爲伊吾都尉有石隕於破胡燋而碎聲如擊鼓聞七百里其處氣上黑如煙煙首如赤飈駿少而淫佚常夜出微行姦亂邑里少年皆化之性又貪惏有圖秦隴意以穀帛付民歲收倍利利不克者簿賣田宅分武威武興西平張掖酒泉建康西海西郡湟河晉興廣武十一郡爲涼州以長子重華爲刺史金興晉城武始南安永晉大夏武城漢中八郡爲河州以其寧戎校尉張瓘爲刺史敦煌晉昌高昌西域都護戊己校尉玉門大護軍三郡三營爲沙州以西胡校尉楊宣爲刺史駿私署大都督大將軍假涼王督攝三州始置諸祭酒郎中大夫舍人謁者之官官號皆擬天朝而微辨其名舞六佾建豹尾車服旌旗一如王者軌保涼州陰澹之力駿以陰氏門宗彊盛忌之乃逼澹弟鑒令自殺由是大失人情駿既病見鑒爲祟遂死時建國九年也子重華統任

重華字太林私署使持節大都督太尉公護羌校尉涼州牧平西公假涼王石虎遣麻秋率衆渡河城於長最涼州震動司馬張耽薦主簿謝艾於重華重華

任之芝擊斬秋將綦毋安等俘斬萬五千人重華遣使朝貢自署丞相涼王領
秦雍涼三州牧重華死子曜靈統任
曜靈年十歲自稱大司馬涼州牧以重華兄祚爲撫軍將軍輔政祚先烝重華
母馬氏密說馬氏以曜靈幼弱須立長君馬從之遂廢曜靈而立祚曜靈尋爲
祚所殺
祚字太伯既統任自稱大將軍涼州牧涼公專爲姦虐騃及重華子女未嫁者
皆婬之涼州人士咸賦牆茨初重華末年有螽斯蟲集安昌門外緣壁逆行都
尉常據諫曰螽斯是祚小字今乃逆行災之大者願出之重華曰子孫繁昌之
徵何爲災也吾昨夢祚攝位方委以周公之事輔翼世子而祚終殺曜靈焉自
署涼王立宗廟置百官號和平元年遣使朝貢又追加軌以下王號謚殺謝艾
於酒泉郎中丁琪諫祚僭竊祚斬琪於闕下廢諸神祀山川枯竭置五都尉司
人姦過禁四品以下不得衣繒帛庶人不得畜奴婢乘車馬百姓怨憤有光狀
如車蓋聲如雷震動城邑仲夏降霜有神降自稱玄冥與人交語祚日夜祈之

神言與其福利祚信焉衆知祚必敗而祚暴虐彌甚明年祚河州刺史張瓘起兵討祚驍騎將軍宋混率衆應瓘混進攻姑臧祚遣侍中索孚伐瓘有王鸞者云師出必敗幷陳祚三不道祚以妖言惑衆斬之鸞臨刑曰我死之後軍敗於外王死於內祚族之宋混至姑臧領軍趙長等開宮門應之入殿稱萬歲祚以長等破混也出勞之長以槊刺祚中額祚奔入爲廚士徐黑所殺暴尸道左城內咸稱萬歲瓘等立重華少子玄靖統任

玄靖字元安自署使持節大都督大將軍涼王以瓘爲尙書令涼州牧秉政宋混爲尙書僕射瓘性猜惡賞罰皆以愛憎無復綱紀郎中殷郇陳損益諫瓘瓘曰虎生三日能食肉不須人教由是莫有言者瓘與玄靖參乘出城城北大橋三梁俱折瓘惡之乃日日散錢帛樹私惠而都街殺人朝朝不絕思爲亂者十室而九東苑大冢上忽有池水城東大澤地忽火然廣數里乃殺宿嫌牛旋等以應水火之變瓘謀誅諸宋廢玄靖自立先是太白守輿鬼占者以爲州分當有暴兵故瓘欲猒之於是宋混率衆誅瓘瓘先殺妻子三十口乃自殺玄靖以

混爲驃騎大將軍尚書令混病死弟玄安代輔政以旱祈帶石山玄安欲登之弟名犯世宗諱曰世人云登此山者破家身亡玄安曰安有此也策馬登之馬倒傷足御史房屋柱自燃樵折或曰柱之爲字也左木右主宋字含木木樵宋破而主存災之大也宜防之又所乘馬五匹一夜中鬣尾禿人曰尾之爲字也尸下毛毛去尸絶滅之徵玄安曰吉凶在天知可如何未幾玄安司馬張邕起兵殺玄安盡誅宋氏先是謠曰滅宋者田土子邕一名野邕刑殺過差內外復思爲亂駿少子天錫因民心起兵殺邕以冠軍大將軍輔政玄靖庶母郭氏以天錫擅權與張氏疎宗謀誅之事發天錫殺玄靖而自立

天錫字純嘏一名公純私署使持節大都督大將軍護羌校尉涼州牧涼王有火然於泥中天錫驕恣婬昏不恤民務元日與嬖人褻飲既闕二字羣臣朝賀又不省其母從事中郎張慮輿櫬切諫且求大覲天錫不納昭成末苻堅遣將苟萇伐涼州破之天錫降於萇初駿時謠曰劉新婦簸米石新婦炊羖羝蕩滌簸張兒張兒食之口正披是時姑臧及諸郡國童兒皆歌之謂劉曜石虎並伐涼

州不克至堅而降之也天錫至長安堅拜爲尙書堅敗於壽春天錫奔建康

鮮卑乞伏國仁出於隴西其先如弗自漠北南出五代祖祐隣幷兼諸部部衆漸盛父司繁擁部落降於苻堅以爲南單于又拜鎭西將軍鎭勇士川司繁死國仁代統任苻堅之伐司馬昌明以國仁爲前將軍領騎先鋒及堅之敗國仁叔步頽叛於隴右堅令國仁討之步頽大悅迎而推之招集部落衆十餘萬太祖時私署大都督大將軍大單于秦州河州牧號年建義署置官屬分部內爲十一郡築勇士城以都之國仁死

弟乾歸統事自署大都督大將軍大單于河南王改年爲太初置百官登國中遷於金城南門自壞乾歸惡之遷於苑川尋爲姚興所破又奔枹罕遂降姚興興拜爲河州刺史封歸義侯尋還苑川乾歸乃背姚興私稱秦王置百官年號更始遣使請援太宗許之後乾歸田於五谿梟集其手尋爲兄子公府所殺子熾磐殺公府代統位

熾磐自稱大將軍河南王改年爲永康後襲禿髮傉檀於樂都滅之乃私署秦

王置百官改年爲建洪後遣其尚書郎莫胡積射將軍乞伏又寅等貢黃金二百斤請伐赫連昌世祖許之及世祖平統萬熾磐乃遣其叔平遠將軍泥頭弟安遠將軍度質於京師又使其中書侍郎王愷丞相從事中郎烏訥闐奉表貢其方物熾磐死子暮末統任

暮末字安石跋既立改年爲永洪其尚書隴西辛進曾隨熾磐遊於後園進彈烏丸誤傷暮末母面至是殺進五族二十七人暮末弟殊羅烝熾磐左夫人禿髮氏暮末知而禁之殊羅懼與叔父什寅謀殺暮末禿髮氏盜門鑰於內鑰誤門者告暮末收其黨與盡殺之欲鞭什寅什寅曰我負汝死不負汝鞭暮末怒刳其腹投屍於河什寅母弟白養及去列頗有怨言又殺之政刑酷濫內外崩離部民多叛人思亂矣後爲赫連定所逼遣王愷烏訥闐請迎於世祖世祖許以安定以西平涼以東封之暮末乃焚城邑毀寶器率戶萬五千至高田谷爲赫連定所拒遂保南安世祖遣使迎之暮末衛將軍吉毗固諫以爲不宜內徙暮末從之赫連定遣其北平公韋代率衆一萬攻南安城內大飢人相食神䴥

四年暮末及宗族五百餘人出降送於上邽
鮮卑禿髮烏孤八世祖匹孤自塞北遷于河西其地東至麥田牽屯西至濕羅南至澆河北接大漠匹孤死子壽闐統任初母孕壽闐因寢產於被中乃名禿髮其俗爲被覆之義五世祖樹機能壯果多謀略晉泰始中殺秦州刺史胡烈於高斛堆敗涼州刺史蘇愉于金山咸寧中又斬涼州刺史楊欣於丹嶺盡有涼州之地後爲部民沒骨所殺從弟務丸統任務丸曾孫思復犍部衆稍盛即烏孤父也思復犍死烏孤統任皇始初呂光拜烏孤益州牧左賢王烏孤私署大都督大將軍大單于西平王年號太初天興初烏孤又稱武威王徙治樂都置車騎將軍已下分立郡縣烏孤因酒走馬馬倒傷脅笑曰幾爲呂光父子所喜既而遂死
弟涼州牧西平公利鹿孤統任徙治西平改年建和使使朝貢遣弟車騎將軍傉檀拒呂纂纂士馬精銳軍人大懼傉檀下馬據胡牀以安衆情乃貫甲交戰破纂軍二千餘級利鹿孤私署百官自丞相以下利鹿孤死

傉檀統任私署涼王還居樂都年號洪昌遣使朝貢天賜中傉檀詐降姚興興以傉檀爲涼州刺史遂據姑臧與沮渠蒙遜戰於均石爲蒙遜所敗傉檀又爲赫連屈丐所破於陽武以數千騎奔南山幾爲追騎所得懼東西寇至乃徙三百里內民於姑臧姚興乘釁遣將姚弼等至於城下傉檀驅牛羊於野弼衆採掠傉檀因分擊大破之弼乃退還傉檀又自署涼王署百官改號嘉平永興中盡衆伐沮渠蒙遜爲蒙遜所敗於窮泉單馬歸姑臧懼蒙遜所滅乃遷于樂都蒙遜以兵圍之築室反耕爲持久之計傉檀以子保周爲質於蒙遜蒙遜乃還神瑞初傉檀率騎擊乙弗虜大有擒獲而乞伏熾磐乘虛襲樂都克之執傉檀子虎臺以下傉檀聞之曰若歸熾磐便爲奴僕豈忍見妻子在他懷中也引衆而西衆皆離散傉檀曰蒙遜熾磐昔皆委質於吾今而歸之不亦鄙哉四海之廣無所容身何其痛乎既乃歎曰吾老矣寧見妻子而死遂降熾磐熾磐待以上賓之禮用爲驃騎大將軍封左南公歲餘鴆殺之傉檀少子賀後來奔自有

傳

李暠字玄盛小字長生隴西狄道人也漢前將軍廣之後曾祖柔晉相國從事中郎北地太守祖太張祚武衞將軍父昶早卒暠遺腹子也皇始中呂光建康太守段業自稱涼州牧以敦煌太守孟敏爲沙州刺史暠爲效穀令敏死敦煌護軍郭謙等推暠爲寧朔將軍敦煌太守業私稱涼王暠詐臣於業業以暠爲鎮西將軍天興中暠私署大都督大將軍護羌校尉秦涼二州牧涼公年號庚子居敦煌遣使朝貢天賜中改年建初還於酒泉歲修職貢暠死子歆統任

歆字士業自稱大都督大將軍護羌校尉涼州牧涼公號年嘉興元年大破沮渠蒙遜於解支澗獲七千餘級遣使朝貢歆聞蒙遜南伐乞伏乃起兵攻張掖其母尹氏謂歆曰汝新造之國地狹民希蒙遜驍武汝非其敵吾觀其數年以來經謀規略有兼幷之志且天時人事似欲歸之度德量力春秋之義先王遺令深慎兵戰保境寧民俟時而動言猶在耳奈何忘之汝必行也非唯師敗國亦亡矣歆不從遂率步騎三萬東伐次于都瀆澗蒙遜自浩亹拒歆戰于懷城爲蒙遜所敗左右勸歆還酒泉歆曰吾違太后明敕遠取敗辱不殺此胡復何

面目見吾母也勒衆復戰敗于蓼泉爲蒙遜所殺蒙遜遂克酒泉歆之未敗有一大蛇從南門而入至歆恭德殿前有雙雉飛出宮內通街大樹上有烏鵲爭巢鵲爲烏所殺敦煌父老令狐熾夢一白頭公帢衣而謂曰南風動吹長木胡桐椎不中轂言訖忽然不見歆小字桐椎至是而亡

歆弟敦煌太守恂復自立于敦煌稱冠軍將軍涼州刺史蒙遜攻恂于敦煌三面起堤以水灌城恂請降不許城陷恂自殺蒙遜克敦煌恂兄翻子寶後入國自有傳

胡沮渠蒙遜本出臨松盧水其先爲匈奴左沮渠遂以官爲氏蒙遜滑稽有權變頗曉天文爲諸胡所歸呂光殺其伯父西平太守羅仇蒙遜聚衆萬餘屯於金山與從兄晉昌太守男成共推建康太守段業爲使持節大都督龍驤大將軍涼州牧建康公稱神璽元年業以蒙遜爲張掖太守封臨池侯男成爲輔國將軍委以軍國之任業自稱涼王以蒙遜爲尙書左丞忌蒙遜威名微疏遠之天與四年蒙遜內不自安請爲安西太守蒙遜欲激怒其衆乃密誣告男成叛

逆業殺之蒙遜泣告衆陳欲復讎之意男成素有恩信衆情怨憤泣而從之蒙遜因舉兵攻殺業私署使持節大都督大將軍涼州牧張掖公號年永安居張掖永興中蒙遜克姑臧遷居之改號玄始元年自稱河西王置百官丞郎以下頻遣使朝貢蒙遜寢於新臺閹人王懷祖斫蒙遜傷足蒙遜妻孟氏擒懷祖斬之蒙遜聞劉裕滅姚泓怒甚有校書郎言事於蒙遜蒙遜曰汝聞劉裕入關敢妍妍然也遂殺之其峻暴如此泰常中蒙遜克李歆尋滅燉煌後改年承玄神䴥中遣尙書郎宗舒左常侍高猛朝貢上表曰伏惟陛下天縱叡聖德超百王陶育齊於二儀洪基隆於三代然鍾運多難九服紛擾神旗暫擁車書未同上靈降祐祚歸有道純風一鼓殊方革面羣生幸甚率土齊欣臣誠弱才效無可錄幸遇重光思竭力命自欣投老得覩威化冀終餘年憑倚皇極前後奉表貢使相望去者杳然寂無旋返未審津塗寇險竟不仰達爲天朝高遠未蒙齒錄屛營戰灼無地自措往年侍郎郭祗等還奉被詔書三接之恩始隆萬里之心有賴今極難之餘開泰唯始誘勸既加引納彌篤老臣見存遐外無棄仰荷愷

悌之仁俯蹈康哉之詠然商胡後至奉公卿書援引歷數安危之機厲以竇融知命之美顧惟情願實深悚惕何者臣不自揆遠託大蔭庶微誠上宣天鑒下降若萬國來庭百辟陛賀高蹈先至之端獨步知機之首但世難尙殷情願未遂章表頻修滯懷不暢許身於國款誠莫表致慼羣后貽慮公卿辭旨紛紜抑引重沓不在同獎之例未達拱辰之心延首一隅低回四極臣歷觀符瑞候察天時未有過於皇魏踰於陛下加以靈啓聖姿幼登天位美詠侔於成康道化踰於文景方將振神綱以掩六合灑玄澤以潤八荒況在秦隴荼炭之餘直是老臣盡效之會後蒙遜遣子安周內侍世祖遣兼太常李順持節拜蒙遜爲假節加侍中都督涼州西域羌戎諸軍事太傅行征西大將軍涼州牧涼王冊曰昔我皇祖胄自黃軒總御羣才攝服戎夏疊曜重光不殞其舊逮于太祖應期協運大業唯新奄有區宇受命作魏降及太宗廣闢崇基政和民阜朕承天緒思廓宇縣然時運或否雰霧四張赫連跋扈於關西大檀陸梁於漠北戎夷負阻江淮未賓是用自東徂西戎軒屢駕賴宗廟靈長將士宣力克翦兇渠震服

彊獷四方漸泰表裏無塵王先識機運經略深遠與朕協同厥功洪茂當今運鍾時季僭逆憑陵有土者莫不跨峙一隅有民者莫不榮其私號不遵衆星拱極之道不慕細流歸海之義而王深悟大體率由典章任土貢珍愛子入侍勳義著焉道業存焉惟王乃祖乃父有土有民論功德則無二於當時言氏族則始因於世爵古先帝王襃賢賞德莫不胙土分民建爲藩輔是以周成命太公以表東海襄王錫晉文大啓南陽是用割涼州之武威張掖敦煌酒泉西海金城西平七郡封王爲涼王受茲素土苴以白茅用建冢社爲魏室藩輔盛衰存亡與魏升降夫功高則爵尊德厚則任重又加命王入贊百揆謀謨帷幄出征不懷登攝侯伯其以太傅行征西大將軍仗鉞秉旄鷹揚河右遠祛王略懷柔荒隅北盡于窮髮南極於庸岷西被于崐嶺東至于河曲王實征之以夾輔皇室又命王建國署將相羣卿百官承制假授除文官刺史以還武官撫軍以下建天子旌旗出入警蹕如漢初諸侯王故事欽哉惟時往踐乃職祗服朕命協亮天工俾九德咸事無忝庶官用終爾顯德對揚我皇祖之休烈崔浩之辭也

蒙遜又改稱義和元年延和二年四月蒙遜死遣使監護喪事謚曰武宣王蒙
遜性婬忌忍於刑戮閨庭之中略無風禮
第三子牧犍統任自稱河西王遣使請朝命先是世祖遣李順迎蒙遜女爲夫
人會蒙遜死牧犍受蒙遜遺意送妹於京師拜右昭儀改稱承和元年世祖又
遣李順拜牧犍使持節侍中都督涼沙河三州西域羌戎諸軍事車騎將軍開
府儀同三司領護西戎校尉涼州刺史河西王牧犍以無功授賞乃留順上表
乞安平一號優詔不許牧犍尙世祖妹武威公主遣其相宋繇表謝獻馬五百
匹黃金五百斤繇又表請公主及牧犍母妃后定號朝議謂禮母以子貴妻從
夫爵牧犍母宜稱河西國太后公主於其國內可稱王后於京師則稱公主詔
從之牧犍遣其將軍沮渠旁周朝京師世祖遣侍中古弼尙書李順賜其侍臣
衣服有差幷徵世子封壇入侍牧犍乃遣封壇朝於京師太延五年世祖遣尙
書賀多羅使涼州且觀虛實以牧犍雖稱蕃致貢而內多乖悖於是親征之詔
公卿爲書讓之曰王外從正朔內不捨僭罪一也民籍地圖不登公府任土作

貢不入司農罪二也既荷王爵又授僞官取兩端之榮邀不二之寵罪三也知朝廷志在懷遠固違聖略切稅商胡以斷行旅罪四也揚言西戎高自驕大罪五也坐自封殖不欲入朝罪六也北託叛虜南引仇池憑援谷軍提挈爲姦罪七也承勑過限輒假征鎮罪八也欣敵之全幸我之敗侮慢王人供不以禮罪九也既婚帝室寵踰功舊方恣慾情蒸淫其嫂罪十也既違伉儷之體不篤婚姻之義公行酖毒規害公主罪十一也備防王人候守關要有如寇讎罪十二也爲臣如是其可恕乎先令後誅王者之典也若親率羣臣委贄郊迎謁拜馬首上策也六軍既臨面縛輿櫬又其次也如其守迷窮城不時悛悟身死族滅爲世大戮宜思厥中自求多福也官軍濟河牧犍曰何故爾也用其左丞姚定國計不肯出迎求救於蠕蠕又遣弟董來率兵萬餘人拒官軍於城南戰退車駕至姑臧遣使喻牧犍令出牧犍聞蠕蠕內侵於善無幸車駕返旆遂嬰城自守牧犍兄子祖踰城出降具知其情世祖乃引諸軍進攻牧犍兄子萬年率麾下又來降城拔牧犍與左右文武面縛請罪詔釋其縛徙涼州民三萬餘家于

京師初太延中有一父老投書於敦煌城東門忽然不見其書一紙八字文曰涼王三十年若七年又於震電之所得石丹書曰河西河西三十年破帶石樂七年帶石山名在姑臧南山祀傍泥陷不通牧犍征南大將軍董來曰祀豈有知乎遂毀祀伐木通道而行牧犍立果七年而滅如其言牧犍婬嫂李氏兄弟三人傳嬖之李與牧犍姊共毒公主上遣解毒醫乘傳救公主得愈上徵李氏牧犍不遣厚送居於酒泉上大怒既克猶以妹壻待之其母死以王太妃禮葬焉又爲蒙遜置守墓三十家改授牧犍征西大將軍王如故初官軍未入之間牧犍使人斫開府庫取金銀珠玉及珍奇器物不更封閉小民因之入盜巨細蕩盡有司求賊不得真君八年其所親人及守藏者告之上乃窮竟其事搜其家中悉得所藏器物又告牧犍父子多畜毒藥前後隱竊殺人乃有百數姊妹皆爲左道朋行婬佚曾無愧顏始罽賓沙門曰曇無讖東入鄯善自云能使鬼治病令婦人多子與鄯善王妹曼頭陁林私通發覺亡奔涼州蒙遜寵之號曰聖人曇無讖以男女交接之術教授婦人蒙遜諸女子婦皆往受法世祖聞諸

行人言曇無讖之術乃召曇無讖蒙遜不遣遂發露其事拷訊殺之至此帝知之於是賜昭儀沮渠氏死誅其宗族唯萬年及祖以前先降得免是年人又告牧犍猶與故臣民交通謀反詔司徒崔浩就公主第賜牧犍死牧犍與主訣良久乃自裁葬以王禮諡曰哀王及公主薨詔與牧犍合葬公主無男有女以國甥親寵得襲母爵爲武威公主

蒙遜子秉字季義世祖以其父故拜東雍州刺史險詖多端眞君中遂與河東蜀薛安都謀逆至京師付其兄弟扼而殺之

萬年祖並以先降萬年拜安西將軍張掖王祖爲廣武公萬年後爲冀定二州刺史復坐謀逆與祖俱死初牧犍之敗也弟樂都太守安周南奔吐谷渾世祖遣鎭南將軍奚眷討之牧犍弟酒泉太守無諱奔晉昌乃使弋陽公元絜守酒泉眞君初無諱圍酒泉絜輕之出城與語爲無諱所執絜所部相率固守無諱仍圍之糧盡爲無諱所陷無諱又圍張掖不能克退保臨松遂還世祖下詔喻之時永昌王健鎭涼州無諱使其中尉梁偉詣健求奉酒泉又送絜及統帥兵

士于健軍二年春世祖遣兼鴻臚持節策拜無諱爲征西大將軍涼州牧酒泉王尋以無諱復規叛逆復遣鎮南將軍南陽公奚眷討酒泉克之無諱遂謀渡流沙遣安周西擊鄯善鄯善王恐懼欲降會魏使者勸令拒守安周遂與連戰不能克退保東城三年春鄯善王比龍西奔且末其世子乃從安周鄯善大亂無諱遂渡流沙士卒渴死者大半仍據鄯善先是高昌太守闞爽爲李寶舅唐契所攻聞無諱至鄯善遣使詐降欲令無諱與唐契相擊無諱留安周住鄯善從焉耆東北趣高昌會蠕蠕殺唐契爽拒無諱無諱將衞興奴詐誘爽遂屠其城爽奔蠕蠕無諱因留高昌五年夏無諱病死安周代立後爲蠕蠕國所幷

史臣曰周德之衰七雄競時咸分割神州睥睨尊極至是張寔等介在人外地實戎墟大爭鷄張潛懷不遜其不知量固爲甚矣蚍蜉相噬終爲擒滅宜哉

魏書卷九十九

魏書卷九十九考證

張寔傳茂妻弟賈模○臣人龍按晉書張茂傳云涼州大姓賈摹寔之妻弟也此以爲茂之妻弟與晉書異又按茂傳有手莫頭圖涼州之謠則字當從手上莫

軌保涼州陰澹之力○臣人龍按本傳不載陰澹事晉書張軌傳云治中楊澹馳詣長安訴軌被誣此云陰澹又云駿以陰氏門宗强盛忌之未知孰誤

禿髮烏孤傳殺秦州刺史胡烈於高斛堆○高斛堆晉書載記作萬斛堆

李暠傳祖太張祚武衞將軍○晉書載記李暠祖弇仕張軌爲武衞將軍後追尊爲涼景公義熙元年奉表稱亡祖武衞守將軍天水太守安世亭侯弇則此太字乃弇字之訛也

魏書卷九十九考證

魏書卷一百

齊　魏收　撰

列傳第八十八

高句麗　百濟　勿吉　失韋　豆莫婁

地豆于　庫莫奚　契丹　烏洛侯

高句麗者出於夫餘自言先祖朱蒙朱蒙母河伯女爲夫餘王閉於室中爲日所照引身避之日影又逐旣而有孕生一卵大如五升夫餘王棄之與犬犬不食棄之與豕豕又不食棄之於路牛馬避之後棄之野衆鳥以毛茹之夫餘王割剖之不能破遂還其母其母以物裹之置於暖處有一男破殼而出及其長也字之曰朱蒙其俗言朱蒙者善射也夫餘人以朱蒙非人所生將有異志請除之王不聽命之養馬朱蒙每私試知有善惡駿者減食令瘦駑者善養令肥夫餘王以肥者自乘以瘦者給朱蒙後狩于田以朱蒙善射限之一矢朱蒙雖矢少殪獸甚多夫餘之臣又謀殺之朱蒙母陰知告朱蒙曰國將害汝以汝才

略宜遠適四方朱蒙乃與烏引烏違等二人棄夫餘東南走中道遇一大水欲濟無梁夫餘人追之甚急朱蒙告水曰我是日子河伯外孫今日逃走追兵垂及如何得濟於是魚鼈並浮爲之成橋朱蒙得渡魚鼈乃解追騎不得渡朱蒙遂至普述水遇見三人其一人著麻衣一人著衲衣一人著水藻衣與朱蒙至紇升骨城遂居焉號曰高句麗因以爲氏焉初朱蒙在夫餘時妻懷孕朱蒙逃後生一子字始閭諧及長知朱蒙爲國主卽與母亡而歸之名之曰閭達委之國事朱蒙死閭達代立閭達死子如栗代立如栗死子莫來代立乃征夫餘夫餘大敗遂統屬焉莫來子孫相傳至裔孫宮生而開目能視國人惡之及長凶虐國以殘破宮曾孫位宮亦生而視人以其似曾祖宮故名爲位宮高句麗呼相似爲位位宮亦有勇力便弓馬魏正始中入寇遼西安平爲幽州刺史毋丘儉所破其玄孫乙弗利利子釗烈帝時與慕容氏相攻擊建國四年慕容元真率衆伐之入自南陝戰於木底大破釗軍乘勝長驅遂入丸都釗單馬奔竄元真掘釗父墓載其屍幷掠其母妻珍寶男女五萬餘口焚其宮室毀丸都城而

還自後釗遣使來朝阻隔寇讎不能自達釗後爲百濟所殺世祖時釗曾孫璉始遣使者安東奉表貢方物幷請國諱世祖嘉其誠款詔下帝系名諱於其國遣員外散騎侍郎李敖拜璉爲都督遼海諸軍事征東將軍領護東夷中郎將遼東郡開國公高句麗王敖至其所居平壤城訪其方事云遼東南一千餘里東至柵城南至小海北至舊夫餘民戶參倍於前魏時其地東西二千里南北一千餘里民皆土著隨山谷而居衣布帛及皮土田薄塉蠶農不足以自供故其人節飲食其俗婬好歌舞夜則男女羣聚而戲無貴賤之節然潔淨自喜其王好治宮室其官名有謁奢太奢大兄小兄之號頭著折風其形如弁旁插鳥羽貴賤有差立則反拱跪拜曳一脚行步如走常以十月祭天國中大會其公會衣服皆錦繡金銀以爲飾好蹲踞食用俎几出三尺馬云本朱蒙所乘馬種即果下也後貢使相尋歲致黃金二百斤白銀四百斤時馮文通率衆奔之世祖遣散騎常侍封撥詔璉令送文通璉上書稱當與文通俱奉王化竟不送世祖怒欲往討之樂平王丕等議待後舉世祖乃止而文通亦尋爲璉所殺後文

明太后以顯祖六宮未備勑璉令薦其女璉奉表云女已出嫁求以弟女應旨朝廷許焉乃遣安樂王真尚書李敷等至境送幣璉惑其左右之說云朝廷昔與馮氏婚姻未幾而滅其國殷鑒不遠宜以方便辭之璉遂上書妄稱女死朝廷疑其矯詐又遣假散騎常侍程駿切責之若女審死者聽更選宗淑璉云若天子恕其前愆謹當奉詔會顯祖崩乃止至高祖時璉貢獻倍前其報賜亦稍加焉時光州於海中得璉所遣詣蕭道成使餘奴等送闕高祖詔責璉曰道成親殺其君竊號江左朕方欲興滅國於舊邦繼絕世於劉氏而卿越境外交遠通篡賊豈是藩臣守節之義今不以一過掩卿舊款即送還藩其感恕思愆祗承明憲輯寧所部動靜以聞太和十五年璉死年百餘歲高祖舉哀於東郊遣謁者僕射李安上策贈車騎大將軍太傅遼東郡開國公高句麗王謚曰康又遣大鴻臚拜璉孫雲使持節都督遼海諸軍事征東將軍領護東夷中郎將遼東郡開國公高句麗王賜衣冠服物車旗之飾又詔雲遣世子入朝令及郊丘之禮雲上書辭疾惟遣其從叔升干隨使詣闕嚴責之自此歲常貢獻正始中

世祖於東堂引見其使芮悉弗悉弗進曰高麗係誠天極累葉純誠地產土毛無愆王貢但黃金出自夫餘珂則涉羅所產今夫餘爲勿吉所逐涉羅爲百濟所幷國王臣雲惟繼絕之義悉遷于境內二品所以不登王府實兩賊是爲世宗曰高麗世荷上將專制海外九夷黠虜實得征之瓶罄罍恥誰之咎也昔方貢之愆責在連率卿宜宣朕旨於卿主務盡威懷之略揃披害羣輯寧東裔使二邑還復舊墟土毛無失常貢也神龜中雲死靈太后爲舉哀於東堂遣使策贈車騎大將軍領護東夷校尉遼東郡開國公高句麗王又拜其世子安爲安東將軍領護東夷校尉遼東郡開國公高句麗王正光初光州又於海中執得蕭衍所授安寧東將軍衣冠劍佩及使人江法盛等送於京師安死子延立出帝初詔加延使持節散騎常侍車騎大將軍領護東夷校尉遼東郡開國公高句麗王賜衣冠服物車旗之飾天平中詔加延侍中驃騎大將軍餘悉如故延死子成立訖於武定末其貢使無歲不至

百濟國其先出自夫餘其國北去高句麗千餘里處小海之南其民土著地多

下濕率皆山居有五穀其衣服飲食與高句麗同延興二年其王餘慶始遣使上表曰臣建國東極豺狼隔路雖世承靈化莫由奉藩瞻望雲闕馳情罔極涼風微應伏惟皇帝陛下協和天休不勝係仰之情謹遣私署冠軍將軍駙馬都尉弗斯侯長史餘禮龍驤將軍帶方太守司馬張茂等投舫波阻搜徑玄津託命自然之運遣進萬一之誠冀神祇垂感皇靈洪覆克達天庭宣暢臣志雖旦聞夕沒永無餘恨又云臣與高句麗源出夫餘先世之時篤崇舊款其祖釗輕廢鄰好親率士衆陵踐臣境臣祖須整旅電邁應機馳擊矢石暫交梟斬釗首自爾已來莫敢南顧自馮氏數終餘燼奔竄醜類漸盛遂見陵逼構怨連禍三十餘載財殫力竭轉自孱踧若天慈曲矜遠及無外速遣一將來救臣國當奉送鄙女執掃後宮并遣子弟牧圉外廄尺壤匹夫不敢自有又云今璉有罪國自魚肉大臣彊族戮殺無已罪盈惡積民庶崩離是滅亡之期假手之秋也且馮族士馬有鳥畜之戀樂浪諸郡懷首丘之心天威一舉有征無戰臣雖不敏志效畢力當率所統承風響應且高麗不義逆詐非一外慕隗囂藩卑之辭內

懷兇禍豕突之行或南通劉氏或北約蠕蠕共相脣齒謀陵王略昔唐堯至聖致罰丹水孟嘗稱仁不捨塗菅涓流之水宜早壅塞今若不取將貽後悔去庚辰年後臣西界小石山北國海中見屍十餘幷得衣器鞍勒視之非高麗之物後聞乃是王人來降臣國長蛇隔路以沉于海雖未委當深懷憤恚昔宋戮申舟楚莊徒跣鷂撮放鳩信陵不食克敵建名美隆無已夫以區區偏鄙猶慕萬代之信況陛下合氣天地勢傾山海豈令小豎跨塞天逵今上所得鞍一以爲實驗顯祖以其僻遠冒險朝獻禮遇優厚遣使者邵安與其使俱還詔曰得表聞之無恙甚喜卿在東隅處五服之外不遠山海歸誠魏闕欣嘉至意用戢于懷朕承萬世之業君臨四海統御羣生今宇內清一八表歸義襁負而至者不可稱數風俗之和士馬之盛皆餘禮等親所聞見卿與高麗不穆屢致陵犯苟能順義守之以仁亦何憂於寇讎也前所遣使浮海以撫荒外之國從來積年往而不返存亡達否未能審悉卿所送鞍比校舊乘非中國之物不可以疑似之事以生必然之過經略權要已具別旨又詔曰知高麗阻疆侵軼卿土修先

君之舊怨棄息民之大德兵交累載難結荒邊使兼申胥之誠國有楚越之急
乃應展義扶微乘機電舉但以高麗稱藩先朝供職日久於彼雖有自昔之釁
於國未有犯令之愆卿使命始通便求致伐尋討事會理亦未周故往年遣禮
等至平壤欲驗其由狀然高麗奏請頻煩辭理俱詣行人不能抑其請司法無
以成其責故聽其所啓詔禮等還若今復違旨則過咎益露後雖自陳無所逃
罪然後與師討之於義爲得九夷之國世居海外道暢則奉藩惠戢則保境故
羈縻著於前典楛貢曠於歲時卿備陳彊弱之形具列往代之迹俗殊事異擬
旣乖衷洪規大略其致猶在今中夏平一宇內無虞每欲陵威東極懸旌域表
拯荒黎於偏方舒皇風於遠服身由高麗卽敘未及卜征今若不從詔旨則卿
之來謀載協朕意元戎啓行將不云遠便可豫率同與具以待事時遣報使速
究彼情師舉之日卿爲鄉導之首大捷之後又受元功之賞不亦善乎所獻錦
布海物雖不悉達明卿至心今賜雜物如別又詔璉護送安等安等至高句麗
璉稱昔與餘慶有讎不令東過安等於是皆還乃下詔切責之五年使安等從

東萊浮海賜餘慶璽書褒其誠節安等至海濱遇風飄蕩竟不達而還
勿吉國在高句麗北舊肅慎國也邑落各自有長不相總一其人勁悍於東夷最彊言語獨異常輕豆莫婁等國諸國亦患之去洛五千里自和龍北二百餘里有善玉山山北行十三日至祁黎山又北行七日至如洛瓌水水廣里餘又北行十五日至太魯水又東北行十八日到其國國有大水闊三里餘名速末水其地下濕築城穴居屋形似塚開口於上以梯出入其國無牛有車馬佃則偶耕車則步推有粟及麥穄菜則有葵水氣鹹凝鹽生樹上亦有鹽池多豬無羊嚼米醞酒飲能至醉婦人則布裙男子豬犬皮裘初婚之夕男就女家執女乳而罷便以爲定仍爲夫婦俗以人溺洗手面頭插虎豹尾善射獵弓長三尺箭長尺二寸以石爲鏃其父母春夏死立埋之冢上作屋不令雨濕若秋冬以其屍捕貂貂食其肉多得之常七八月造毒藥傅箭鏃射禽獸中者便死煮藥毒氣亦能殺人國南有徙太山魏言太皇有虎豹羆狼不害人人不得山上溲汙行逕山者皆以物盛去延興中遣使乙力支朝獻太和初又貢馬五百匹乙

力支稱初發其國乘船泝難河西上至太沵河沉船於水南出陸行渡洛孤水從契丹西界達和龍自云其國先破高句麗十落密共百濟謀從水道幷力取高句麗遣乙力支奉使大國請其可否詔勅三國同是藩附宜共和順勿相侵擾乙力支乃還從其來道取得本船汎達其國九年復遣使侯尼支朝獻明年復入貢其傍有大莫盧國覆鍾國莫多回國庫婁國素和國具弗伏國匹黎尒國拔大何國郁羽陵國庫伏真國魯婁國羽真侯國前後各遣使朝獻太和十二年勿吉復遣使貢楛矢方物於京師十七年又遣使人婆非等五百餘人朝獻景明四年復遣使俟力歸等朝貢自此迄于正光貢使相尋爾後中國紛擾頗或不致與和二年六月遣使石久云等貢方物至於武定不絕

失韋國在勿吉北千里去洛六千里路出和龍北千餘里入契丹國又北行十日至啜水又北行三日有蓋水又北行三日有犢了山其山高大周回三百餘里又北行三日有大水名屈利又北行三日至刃水又北行五日到其國有大水從北而來廣四里餘名㮈水國土下濕語與庫莫奚契丹豆莫婁國同頗有

粟麥及穄唯食猪魚養牛馬俗又無羊夏則城居冬逐水草亦多貂皮丈夫索髮用角弓其箭尤長女婦束髮作叉手髻其國少竊盜盜一徵三殺人者責馬三百匹男女悉衣白鹿皮襦袴有麴釀酒俗愛赤珠爲婦人飾穿挂於頸以多爲貴女不得此乃至不嫁父母死男女聚哭三年屍則置於林樹之上武定二年四月始遣使張焉豆伐等獻其方物迄武定末貢使相尋

豆莫婁國在勿吉國北千里去洛六千里舊北扶餘也在失韋之東東至於海方二千里其人土著有宮室倉庫多山陵廣澤於東夷之域最爲平敞地宜五穀不生五果其人長大性彊勇謹厚不寇抄其君長皆以六畜名官邑落有豪帥飲食亦用俎豆有麻布衣制類高麗而幅大其國大人以金銀飾之用刑嚴急殺人者死沒其家人爲奴婢俗婬尤惡妬婦妬者殺之尸其國南山上至腐女家欲得輸牛馬乃與之或言本穢貊之地也

地豆于國在失韋西千餘里多牛羊出名馬皮爲衣服無五穀惟食肉酪延興二年八月遣使朝貢至于太和六年貢使不絕十四年頻來犯塞高祖詔征西

大將軍陽平王頤擊走之自後時朝京師迄武定末貢使不絕

庫莫奚國之先東部宇文之別種也初爲慕容元真所破遺落者竄匿松漠之間其民不潔淨而善射獵好爲寇鈔登國三年太祖親自出討至弱洛水南大破之獲其四部落馬牛羊豕十餘萬帝曰此羣狄諸種不識德義互相侵盜有犯王略故往征之且鼠竊狗盜何足爲患今中州大亂吾先平之然後張其威懷則無所不服矣既而車駕南還雲中懷服燕趙十數年間諸種與庫莫奚亦皆滋盛乃開遼海置戍和龍諸夷震懼各獻方物高宗顯祖世庫莫奚歲致名馬文皮高祖初遣使朝貢太和四年輒入塞內辭以畏地豆于鈔掠詔書切責之二十二年入寇安州營燕幽三州兵數千人擊走之後復款附每求入塞與交易詔曰庫莫奚去太和二十一年以前與安營二州邊民參居交易往來並無疑貳至二十二年叛逆以來遂爾遠竄今雖款附猶在塞表每請入塞與民交易若抑而不許乖其歸向之心聽而不虞或有萬一之警不容依先任其交易事宜限節交市之日州遣上佐監之自是已後歲常朝獻至於武定末不絕

契丹國在庫莫奚東異種同類俱竄於松漠之間登國中國軍大破之遂逃迸與庫莫奚分背經數十年稍滋蔓有部落於和龍之北數百里多爲寇盜真君以來求朝獻歲貢名馬顯祖時使莫弗紇何辰奉獻得班饗於諸國之末歸而相謂言國家之美心皆忻慕於是東北羣狄聞之莫不思服悉萬丹部何大何部伏弗郁部羽陵部日連部匹絜部黎部吐六于部等各以其名馬文皮入獻天府遂求爲常皆得交市於和龍密雲之間貢獻不絕太和三年高句麗竊與蠕蠕謀欲取地豆于以分之契丹懼其侵軼其莫弗賀勿于率其部落車三千乘衆萬餘口驅徙雜畜求入內附止於白狼水東自此歲常朝貢後告饑高祖矜之聽其入關市糴及世宗肅宗時恆遣使貢方物熙平中契丹使人祖真等三十人還靈太后以其俗嫁娶之際以青氈爲上服人給青氈兩匹賞其誠款之心餘依舊式朝貢至齊受禪常不絕

烏洛侯國在地豆于之北去代都四千五百餘里其土下濕多霧氣而寒民冬則穿地爲室夏則隨原阜畜牧多豕有穀麥無大君長部落莫弗皆世爲之其

俗繩髮皮服以珠爲飾民尚勇不爲姦竊故慢藏野積而無寇盜好獵射樂有
箜篌木槽革面而施九弦其國西北有完水東北流合于難水其地小水皆注
於難東入于海又西北二十日行有于巳尼大水所謂北海也世祖真君四年
來朝稱其國西北有國家先帝舊墟石室南北九十步東西四十步高七十尺
室有神靈民多祈請世祖遣中書侍郎李敞告祭焉刊祝文於室之壁而還
史臣曰夷狄之於中國羈縻而已高麗歲修貢職東藩之冠榮哀之禮致自天
朝亦爲優矣其他碌碌咸知款貢豈牛馬內向東風入律者也

魏書卷一百

魏書卷一百考證

地豆于傳二十二年入寇安州○寇監本誤作塞今改正又二十二年北史作二十年

烏洛侯傳無大君長部落莫弗皆世爲之○臣人龍按北史室韋國傳云南室韋分爲二十五部每部有餘莫弗瞞咄猶酋長也北室韋分爲九部落其部落渠帥號乞引莫賀咄每部有莫何弗三人以貳之則此云莫弗亦酋長名也

魏書卷一百考證

魏書卷一百一

齊　魏收　撰

列傳第八十九

氐　吐谷渾　宕昌　高昌　鄧至　蠻　獠

氐者西夷之別種號曰白馬三代之際蓋自有君長而世一朝見故詩稱自彼氐羌莫敢不來王也秦漢以來世居岐隴以南漢川以西自立豪帥漢武帝遣中郎將郭昌衞廣滅之以其地爲武都郡自汧渭抵於巴蜀種類實繁或謂之白氐或謂之故氐各有侯王受中國封拜漢建安中有楊騰者爲部落大帥騰勇健多計略始徙居仇池仇池方百頃因以爲號四面斗絕高七里餘羊腸蟠道三十六回其上有豐水泉煑土成鹽騰後有名千萬者魏拜爲百頃氐王千萬孫名飛龍漸彊盛晉武帝假平西將軍無子養外甥令狐茂搜爲子惠帝元康中茂搜自號輔國將軍右賢王羣氐推以爲主關中人士流移者多依之愍帝以爲驃騎將軍左賢王茂搜死子難敵統位與弟堅頭分部曲難敵自號左

賢王屯下辨堅頭號右賢王屯河池難敵死子毅立自號使持節龍驤將軍左賢王下辨公以堅頭子盤爲使持節冠軍將軍右賢王河池公臣晉晉以毅爲征南將軍三年毅族兄初襲殺毅并有其衆自立爲仇池公臣於石虎後稱藩於晉永和十年改初爲天水公十一年毅小弟宋奴使姑子梁三王因侍直手刃殺初初子國率左右誅三王及宋奴復自立爲仇池公桓温表國爲秦州刺史國子安爲武都太守十二年國從叔俊復殺國自立國子安叛苻生殺俊復稱藩於晉安死子世自立爲仇池公晉太和三年以世爲秦州刺史弟統爲武都太守世死統廢世子纂自立統一名德纂聚黨襲殺統自立爲仇池公遣使詣餉文帝以纂爲秦州刺史晉咸安元年苻堅遣楊安伐纂剋之徙其民於關中空百頃之地宋奴之死二子佛奴佛狗逃奔苻堅堅以妻佛奴子定拜爲尚書領軍苻堅之敗關右擾亂定盡力於堅堅死乃率衆奔隴右徙治歷城去仇池百二十里置倉儲於百頃招夷夏得千餘家自稱龍驤將軍仇池公稱藩於晉孝武即以其自號假之後以爲秦州刺史登國四年遂有秦州之地自號隴

西王後爲乞伏乾歸所殺無子佛狗子盛先爲監國守仇池乃統事自號征西將軍秦州刺史仇池公諡定爲武王分諸氏羌爲二十部護軍各爲鎭戍不置郡縣遂有漢中之地仍稱藩于晉天與初遣使朝貢詔以盛爲征南大將軍仇池王隔礙姚興不得歲通貢使盛以兄子撫爲平南將軍梁州刺史守漢中劉裕永初中封盛爲武都王盛死私諡曰惠文王子玄統位玄字黃眉號征西大將軍開府儀同三司秦州刺史武都王雖稱藩於劉義隆仍奉晉永熙之號後始用義隆元嘉正朔初盛謂玄曰吾年已老當終爲晉臣汝善事宋帝故玄奉焉玄善於待士爲流舊所懷始光四年世祖遣大鴻臚公孫軌拜玄爲征南大將軍都督梁州刺史南秦王玄上表請比內藩許之玄死私諡孝昭王子保宗統位初玄臨終謂弟難當曰今境候未寧方須撫慰保宗沖昧吾授卿國事其無墜先勳難當固辭請立保宗以輔之保宗既立難當妻姚氏謂難當曰國險宜立長君反事孺子非久計難當從之廢保宗而自立稱藩于劉義隆難當拜保宗爲鎭南將軍鎭石昌以次子順爲鎭東將軍秦州刺史守上邽保宗謀襲

難當事泄被繫先是四方流人以仇池豐實多往依附流人有許穆之郝惔之二人投難當並改姓爲司馬穆之自云名飛龍惔之自云名康之云是晉室近戚康之尋爲人所殺時劉義隆梁州刺史甄法護刑政不理義隆遣刺史蕭思話代任難當以思話未至遣將舉兵襲梁州破白馬遂有漢中之地尋而思話使其司馬蕭承之先驅進討所向剋捷遂平梁州因又附義隆難當後釋保宗遣鎮董亭保宗與兄保顯歸京師世祖拜保宗征南大將軍秦州牧武都王尚公主保顯爲鎮西將軍晉壽公後遣大鴻臚崔頤拜難當爲征南大將軍儀同三司領護西羌校尉秦梁二州牧南秦王難當後自立爲大秦王號年曰建義立妻爲王后世子爲太子置百官具擬天朝然猶貢獻于劉義隆不絕尋而其國大旱多災異降大秦王復爲武都王太延初難當立鎮上邽世祖遣車騎大將軍樂平王丕等督河西高平諸軍取上邽又詔諭難當難當奉詔攝守尋而傾國南寇規有蜀土襲義隆益州攻涪城又伐巴西獲維州流人七千餘家還于仇池義隆怒遣將裴方明等伐之難當爲方明所敗棄仇池與千餘騎奔上

邽世祖遣中山王辰迎之赴行宮方明既剋仇池以保宗弟保熾守之河間公齊擊走之先是詔保宗鎭上邽又詔鎭駱谷復其本國保宗弟文德先逃氐中乃說保宗令叛事泄齊執保宗送京師詔難當殺之氐羌立文德屯于濁水文德自號征西將軍秦河梁三州牧仇池公求援於義隆義隆封文德爲武都王遣偏將房亮之等助之齊逆擊禽亮之文德奔守葭蘆武都陰平氐多歸之詔淮陽公皮豹子等率諸軍討之文德走漢中收其妻子僚屬資糧及保宗妻公主送京師賜死初公主勸保宗反人問曰背父母之邦若何公主曰禮婦人外成因夫而榮事立據守一方我亦一國之母豈比小縣之主以此得罪高宗時拜難當營州刺史還爲外都大官卒諡曰忠子和隨父歸國別賜爵仇池公子德襲難當爵早卒子小眼襲例降爲公拜天水太守卒子大眼別有傳小眼子公熙襲爵正光中尙書右丞張普惠爲行臺送租於南秦東益普惠啓公熙俱行至南秦以氐反不得進遣公熙先慰氐東益州刺史魏子建以公熙險薄密令訪察公熙果有潛謀將爲叛亂子建仍報普惠令其攝錄普惠急追公熙竟

不肯赴東出漢中普惠表列其事公熙大行賄賂終得免罪後爲假節別將與都督元志同守岐州爲秦賊莫折天生所虜死於秦州文德後自漢中入統汧隴遂有陰平武興之地後爲劉義隆荆州刺史劉義宣所殺保宗之執也子元和奔義隆以爲武都白水太守元和據城歸順高宗嘉之拜征南大將軍武都王內徙京師元和從叔僧嗣復自稱武都王於葭蘆僧嗣死從弟文度自立爲武興王遣使歸順顯祖授文度武興鎮將旣而復叛高祖初征西將軍皮歡喜攻葭蘆破之斬文度首文度弟弘小名鼠犯顯祖廟諱以小名稱鼠自爲武興王遣使奉表謝罪貢其方物高祖納之鼠遣子苟奴入侍拜鼠都督南秦州刺史征西將軍西戎校尉武都王鼠死從子後起統任高祖復以鼠爵授之鼠子集始爲白水太守後起死以集始爲征西將軍武都王集始後朝于京師拜都督南秦州刺史安南大將軍領護南蠻校尉漢中郡侯武興王賜以車旗戎馬錦綵繒纊等尋還武興進號鎮南將軍加督寧湘等五州諸軍事後仇池鎮將楊靈珍襲破武興集始遂入蕭賾景明初集始來降還授爵位歸守武興死子

紹先立拜都督南秦州刺史征虜將軍漢中郡公武興王贈集始車騎大將軍開府儀同三司謚安王紹先年幼委事二叔集起集義夏侯道遷以漢中歸順也蕭衍白馬戍主尹天保率衆圍之道遷求援於集起集義二人貪保邊藩不欲救之唯集始弟集朗心願立功率衆破天保全漢川集朗之力也集義見梁益既定恐武興不得久爲外藩遂扇動諸氐推紹先僭稱大號集起集義並稱王外引蕭衍爲援安西將軍邢巒遣建武將軍傅豎眼攻武興剋之執紹先送于京師遂滅其國以爲武興鎮復改鎮爲東益州前後鎮將唐法樂刺史杜纂邢豹以威惠失衆氐豪仇石柱等相率反叛朝廷以西南爲憂正光中詔魏子建爲刺史以恩信招撫風化大行遠近款附如內地焉後唐永代子建爲州未幾氏人悉反永棄城東走自此復爲氐地其後紹先奔還武興復自立爲王

吐谷渾本遼東鮮卑徒河涉歸子也涉歸一名奕洛韓有二子庶長曰吐谷渾少曰若洛廆涉歸死若洛廆代統部落別爲慕容氏涉歸之存也分戶七百以給吐谷渾吐谷渾與若洛廆二部馬鬪相傷若洛廆怒遣人謂吐谷渾曰先公

處分與兄異部何不相遠而馬鬬相傷吐谷渾曰馬是畜耳食草飲水春氣發動所以鬬鬬在馬而怒及人乖別甚易今當去汝萬里之外若洛廆悔遣舊老及長史七那樓追謝留之吐谷渾曰我乃祖以來樹德遼右先公之世卜筮之言云有二子當享福祚並流子孫我是卑庶理無並大今以馬致乖殆天所啓諸君試驅馬令東馬若還東我當隨去即令從騎擁馬令回數百步欻然悲鳴突走而西聲若頽山如是者十餘輩一回一迷樓力屈乃跪曰可汗此非復人事渾謂其部落曰我兄弟子孫並應昌盛廆當傳子及曾玄孫其間可百餘年我及玄孫閒始當顯耳於是遂西附陰山後假道上隴若洛廆追思吐谷渾作阿于歌徒河以兄爲阿于也子孫僭號以此歌爲輦後鼓吹大曲吐谷渾遂徙上隴止於枹罕暨甘松南界昂城龍涸從洮水西南極白蘭數千里中逐水草廬帳而居以肉酪爲糧西北諸種謂之阿柴虜吐谷渾死有子六十人長子吐延身長七尺八寸勇力過人性刻暴爲昂城羌酋姜聰所刺劍猶在體呼子葉延語其大將紇拔埿曰吾氣絕棺斂訖便速去保白蘭地旣險遠又土俗懦弱

易控御葉延小兒欲授餘人恐倉卒終不能相制今以葉延付汝竭股肱之力以輔之孺子得立吾無恨也抽劍而死有子十二人葉延少而勇果年十歲縛草爲人號曰姜聰每旦輒射之射中則嗥叫泣涕其母曰讎賊諸將已屠膾之汝年小何煩朝朝自苦葉延嗚咽若不自勝答母曰誠知無益然罔極之心不勝其痛性至孝母病三日不食葉延亦不食頗視書傳自謂曾祖奕洛韓始封昌黎公吾爲公孫之子案禮公孫之子得以王父字爲氏遂以吐谷渾爲氏焉葉延死子碎奚立性淳謹三弟專權碎奚不能制諸大將共誅之奚憂哀不復攝事遂立子視連爲世子委之事號曰莫賀郎華言父也碎奚遂以憂死視連立以父憂思不遊娛酣宴十五年死弟視羆立死子樹洛干等並幼弟烏紇提立而妻樹洛干母生二子慕璝利延烏紇提一名大孩死樹洛干立自號車騎將軍是歲晉義熙初也樹洛干死弟阿豺立自號驃騎將軍沙州刺史部內有黃沙周回數百里不生草木因號沙州阿豺兼幷羌氐地方數千里號爲彊國田于西彊山觀墊江源問於羣臣曰此水東流有何名由何郡國入何水也其

長史曾和曰此水經仇池過晉壽出宕渠號墊江至巴郡入江度廣陵會於海
阿豺曰水尚知有歸吾雖塞表小國而獨無所歸乎遣使通劉義符獻其方物
義符封爲澆河公未及拜受劉義隆元嘉三年又加除命又將遣使朝貢會暴
病臨死召諸子弟告之曰先公車騎捨其子虔以大業屬吾吾豈敢忘先公之
舉而私於緯代其以慕璝繼事阿豺有子二十人緯代長子也阿豺又謂曰汝
等各奉吾一隻箭折之地下俄而命母弟慕利延曰汝取一隻箭折之慕利延
折之又曰汝取十九隻箭折之延不能折阿豺曰汝曹知否單者易折衆則難
摧戮力一心然後社稷可固言終而死兄子慕璝立先是阿豺時劉義隆命竟
未至而死慕璝又奉表通義隆義隆又授隴西公慕璝招集秦涼亡業之人及
羌戎雜夷衆至五六百落南通蜀漢北交涼州赫連部衆轉盛世祖時慕璝始
遣其侍郎謝大寧奉表歸國尋討禽赫連定送之京師世祖嘉之遣使者策拜
慕璝爲大將軍西秦王慕璝表曰臣誠庸弱敢竭情款俘禽僭逆獻捷王府爵
秩雖崇而土不增廓車旗既飾而財不周賞願垂鑒察亮其單款臣頃接寇逆

疆境之人爲賊所抄流轉東下今皇化混一求還鄉土乞拂曰連窟略寒張華等三人家弱在此分乖可愍願并勑遣使恩洽遐荒存亡感戴世祖詔公卿朝會議答施行太尉長孫嵩及議郎博士二百七十九人議曰前者有司處以爲秦王荒外之君本非政教所及來則受之去則不禁皇威遠被西秦王慕義畏威稱臣納貢求受爵號議者以爲古者要荒之君雖人土衆廣而爵不擬華夏陛下加寵王官乃越常分容飾車旗班同上國至於繒絮多少舊典所無皆當臨時以制豐寡自漢魏以來撫接荒遐頗有故事呂后遺單于御車二乘馬二駟單于答馬千匹其後匈奴和親敵國遺繒絮不過數百呼韓邪稱臣身自入朝始至萬匹今西秦王若以土無桑蠶便當上請不得言財不周賞昔周室衰微齊侯小白一匡天下有賜胙之命無益土之賞晉侯重耳破楚城濮唯受南陽之田爲朝宿之邑西秦所致唯定而已塞外之人因時乘便侵入秦涼未有經略拓境之勳爵登上國統秦涼河沙四州之地而云土不增廓比聖朝於弱周而自同於五霸無厭之情其可極乎西秦王忠款於朝廷原其本情必不至

此或左右不敏因致斯累檢西秦流人賊時所抄悉在蒲坂今既稱藩四海咸
泰天下一家可勑秦州送詣京師隨後遣還所請乞佛三人昔爲賓國之使來
在王庭國破家遷卽爲臣妾可勿聽許制曰公卿之議未爲失體西秦王所收
金城枹罕隴西之地彼自取之朕卽與之便是裂土何須復廓西秦款至綿絹
隨使疎數增益之非一匹而已自是慕璝貢獻頗簡又通于劉義隆義隆封爲
隴西王太延二年慕璝死弟慕利延立詔遣使者策諡慕璝曰惠王後拜慕利
延鎮西大將軍儀同三司改封西平王以慕璝子元緒爲撫軍將軍時慕利延
又通劉義隆義隆封爲河南王世祖征涼州慕利延懼遂率其部人西遁沙漠
世祖以慕利延兄有禽赫連定之功遣使宣喻之乃還後慕利延遣使表謝書
奏乃下詔褒獎之慕利延兄子緯代懼慕利延害己與使者謀欲歸國慕利延
覺而殺之緯代弟叱力延等八人逃歸京師請兵討慕利延世祖拜叱力延歸
義王詔晉王伏羅率諸將討之軍至大母橋慕利延兄子拾寅走河西伏羅遣
將追擊之斬首五千餘級慕利延走白蘭慕利延從弟伏念長史鶉鳩黎部大

崇娥等率衆一萬三千落歸降後復遣征西將軍高涼王那等討之於白蘭慕
利延遂入于闐國殺其王死者數萬人南征罽賓遣使通劉義隆求援獻烏丸
帽女國金酒器胡王金釧等物義隆賜以牽車七年遂還舊土慕利延死樹洛
干子拾寅立始邑於伏羅川其居止出入竊擬王者拾寅奉修貢職受朝廷正
朔又受劉義隆封爵號河南王世祖遣使拜爲鎮西大將軍沙州刺史西平王
後拾寅自恃險遠頗不恭命通使于劉彧獻善馬四角羊彧加之官號高宗時
定陽侯曹安表拾寅今保白蘭多有金銀牛馬若擊之可以大獲議者咸以先
帝忿拾寅兄弟不穆使晉王伏羅高涼王那再征之竟不能克拾寅雖復遠遁
軍亦疲勞今在白蘭不犯王塞不爲人患非國家之所急也若遣使招慰必求
爲臣妾可不勞而定也王者之於四荒羈縻而已何必屠其國有其地安曰臣
昔爲澆河戍將與之相近明其意勢若分軍出其左右拾寅必走保南山不過
十日牛馬草盡人無所食衆必潰叛可一舉而定也從之詔陽平王新城建安
王穆六頭等出南道南郡公李惠給事中公孫拔及安出北道以討之拾寅走

南山諸軍濟河追之時軍多病諸將議賊已遠遁軍容已振今驅疲病之卒要難冀之功不亦過乎衆以爲然乃引還獲駝馬二十餘萬顯祖復詔上黨王長孫觀等率州郡兵討拾寅軍至曼頭山拾寅來逆戰觀等縱兵擊敗之拾寅宵遁於是思悔復修藩職遣別駕康盤龍奉表朝貢顯祖幽之不報其使拾寅部落大饑屢寇澆河詔平西將軍廣川公皮歡喜率敦煌枹罕高平諸軍爲前鋒司空上黨王長孫觀爲大都督以討之觀等軍入拾寅境芻其秋稼拾寅窘怖遣子詣軍表求改過觀等以聞顯祖以重勞將士乃下詔切責之徵其任子拾寅遣子斤入侍顯祖尋遣斤還拾寅後復擾掠邊人遣其將良利守洮陽枹罕所統枹罕鎮將西郡公楊鍾葵貽拾寅書以責之拾寅表曰奉詔聽臣還舊土故遣良利守洮陽若不追前恩求令洮陽貢其土物辭旨懇切顯祖許之自是歲脩職貢太和五年拾寅死子度易侯立遣其侍郎時真貢方物提上表稱嗣事後度易侯伐宕昌詔讓之賜錦綵一百二十匹喻令悛改所掠宕昌口累部送時還易侯並奉詔死子伏連籌立高祖欲令入朝表稱疾病輒脩洮陽泥和

城而置戍焉文明太后崩使人告凶伏連籌拜命不恭有司請伐之高祖不許羣臣以其受詔不敬不宜納所獻高祖曰拜受失禮乃可加以告責所獻土毛乃是臣之常道杜棄所獻便是絕之縱欲改悔其路無由矣詔曰朕在哀疚之中未有征討而去春枹罕表取其洮陽泥和二戍時以此既邊將之常即便聽許及偏師致討二戍望風請降執訊二千餘人又得婦女九百口子婦可悉還之伏連籌乃遣世子賀魯頭朝于京師禮錫有加拜伏連籌使持節都督西垂諸軍事征西將軍領護西戎中郎將西海郡開國公吐谷渾王麾旗章綬之飾皆備給之後遣兼員外散騎常侍張禮使於伏連籌伏連籌謂禮曰昔與宕昌通和恆見稱大王己則自名今忽名僕而拘執此使將命偏師往問其意禮曰君與宕昌並爲魏藩而比輒有興動殊違臣節當發之日宰輔以爲君若反迷知罪則克保藩業脫守愚不改則禍難將至伏連籌遂嘿然及高祖崩遣使赴哀盡其誠敬伏連籌內修職貢外并戎狄塞表之中號爲彊富準擬天朝樹置官司稱制諸國以自誇大世宗初詔責之曰梁州表送卿報宕昌書梁彌邕與

卿並爲邊附語其國則隣藩論其位則同列而稱書爲表名報爲旨有司以國有常刑殷勤請討朕慮險遠多虞輕相搆惑故先宣此意善自三思伏連籌上表自申辭誠懇至終世宗世至于正光犛牛蜀馬及西南之珍無歲不至後秦州城人莫折念生反河西路絶涼州城人萬于菩提等東應念生因刺史宋穎穎密遣求援於伏連籌伏連籌親率大衆救之遂獲保全自爾以後關徼不通貢獻路絶伏連籌死子夸呂立始自號爲可汗居伏俟城在青海西十五里雖有城廓而不居恆處穹廬隨水草畜牧其地東西三千里南北千餘里官有王公僕射尚書及郎將將軍之號夸呂推髻毦珠以皂爲帽坐金師子牀號其妻爲恪尊衣織成裙披錦大袍辮髮於後首戴金花冠其俗丈夫衣服略同於華夏多以羅羃爲冠亦以繒爲帽婦人皆貫珠貝束髮以多爲貴兵器有弓刀甲矟國無常賦須則稅富室商人以充用焉其刑罰殺人及盜馬者死餘則徵物以贖罪亦量事決杖刑人必以氈蒙頭持石從高擊之父兄死妻後母及嫂等與突厥俗同至于婚貧不能備財者輒盜女去死者亦皆埋殯其服制葬訖則

除之性貪婪忍於殺害好射獵以肉酪爲糧亦知種田有大麥粟豆然其北界
氣候多寒唯得蕪菁大麥故其俗貧多富少青海周回千餘里海內有小山每
冬冰合後以良牝馬置此山至來春收之馬皆有孕所生得駒號爲龍種必多
駿異吐谷渾嘗得波斯草馬放入海因生驄駒能日行千里世傳青海驄者是
也土出犛牛馬多鸚鵡饒銅鐵朱砂地兼鄯善且末與和中齊獻武王作相招
懷荒遠蠕蠕既附於國夸呂遣使致敬獻武王喻以大義徵其朝貢夸呂乃遣
使人趙吐骨真假道蠕蠕頻來又薦其從妹靜帝納以爲嬪遣員外散騎常侍
傅靈檦使於其國夸呂又請婚乃以濟南王匡孫女爲廣樂公主以妻之此後
朝貢不絕吐谷渾北有乙弗勿敵國風俗與吐谷渾同不識五穀唯食魚及蘇
子蘇子狀若中國枸杞子北又有阿蘭國與鳥獸同不知鬭戰忽見異人舉國
便走土無所出大養羣畜體輕工走逐之不可得北又有女王國以女爲主人
所不知其傳云然

宕昌羌者其先蓋三苗之胤周時與庸蜀微盧等八國從武王滅商漢有先零

燒當等世爲邊患其地東接中華西通西域南北數千里姓別自爲部落酋帥皆有地分不相統攝宕昌卽其一也俗皆土著居有屋宇其屋織犛牛尾及羖羊毛覆之國無法令又無徭賦惟戰伐之時乃相屯聚不然則各事生業不相往來皆衣裘褐收養犛牛羊豕以供其食父子伯叔兄弟死者卽以繼母叔母及嫂弟婦等爲妻俗無文字但候草木榮落記其歲時三年一相聚殺牛羊以祭天有梁懃者世爲酋帥得羌豪心乃自稱王焉懃孫彌忽世祖初遣子彌黃奉表求內附世祖嘉之遣使拜彌忽爲宕昌王賜彌黃爵甘松侯彌忽死孫虎子立其地自仇池以西東西千里席水以南南北八百里地多山阜人二萬餘落世脩職貢頗爲吐谷渾所斷絕虎子死彌治立虎子弟羊子先奔吐谷渾吐谷渾遣兵送羊子欲奪彌治位彌治遣使請救顯祖詔武都鎮將宇文生救之羊子退走彌治死子彌機立遣其司馬利住奉表貢方物楊文度之叛圍武都彌機遣其二兄率衆救武都破走文度高祖時遣使子橋表貢朱砂雌黃白石膽各一百斤自此後歲以爲常朝貢相繼後高祖遣鴻臚劉歸謁者張察拜彌

機征南大將軍西戎校尉梁益二州牧河南公宕昌王後朝于京師殊無風禮朝罷高祖顧謂左右曰夷狄之有君不如諸夏之亡也宕昌王雖爲邊方之主乃不如中國一吏於是改授領護西戎校尉靈州刺史王如故賜以車騎戎馬錦綵等遣還國

高昌者車師前王之故地漢之前部地也東西二千里南北五百里四面多大山或云昔漢武遣兵西討師旅頓敝其中尤困者因住焉地勢高敞人庶昌盛因云高昌亦云其地有漢時高昌壘故以爲國號東去長安四千九百里漢西域長史戊己校尉並居於此晉以其地爲高昌郡張軌呂光沮渠蒙遜據河西皆置太守以統之去敦煌十三日行國有八城皆有華人地多石磧氣候溫暖厥土良沃穀麥一歲再熟宜蠶多五果又饒漆有草名羊刺其上生蜜而味甚佳引水溉田出赤鹽其味甚美復有白鹽其形如玉高昌人取以爲枕貢之中國多蒲萄酒俗事天神兼信佛法國中羊馬牧在隱僻處以避寇非貴人不知其處北有赤石山七十里有貪汗山夏有積雪此山北鐵勒界也世祖時有闞

爽者自為高昌太守太延中遣散騎侍郎王恩生等使高昌為蠕蠕所執真君中爽為沮渠無諱所襲奪據之無諱死弟安周代立和平元年為蠕蠕所幷蠕蠕以闞伯周為高昌王其稱王自此始也太和初伯周死子義成立歲餘為其兄首歸所殺自立為高昌王五年高車王可至羅殺首歸兄弟以敦煌人張孟明為王後為國人所殺立馬儒為王以鞏顧禮麴嘉為左右長史二十一年遣司馬王體玄奉表朝貢請師迎接求舉國內徙高祖納之遣明威將軍韓安保率騎千餘赴之割伊吾五百里以儒居之至羊榛水儒遣禮嘉率步騎一千五百迎安保去高昌四百里而安保不至禮等還高昌安保亦還伊吾安保遣使韓興安等十二人使高昌儒復遣顧禮將其世子義舒迎安保至白棘城去高昌百六十里而高昌舊人情戀本土不願東遷相與殺儒而立麴嘉為王嘉字靈鳳金城榆中人既立又臣于蠕蠕那蓋顧禮與義舒隨安保至洛陽及蠕蠕主伏圖為高車所殺嘉又臣高車初前部胡人悉為高車所徙入於焉耆焉耆又為嚈噠所破滅國人分散衆不自立請王於嘉嘉遣第二子為焉耆王以主

之熙平元年嘉遣兄子私署左衞將軍田地太守孝亮朝京師仍求內徙乞軍迎援於是遣龍驤將軍孟威發涼州兵三千人迎之至伊吾失期而反於後十餘遣使獻珠像白黑貂裘名馬鹽枕等款誠備至惟賜優旨卒不重迎三年嘉遣使朝貢世宗又遣孟威使詔勞之延昌中以嘉爲持節平西將軍瓜州刺史泰臨縣開國伯私署王如故熙平初遣使朝獻詔曰卿地隔關山境接荒漠頻請朝援徙國內遷雖來誠可嘉卽於理未帖何者彼之甿庶是漢魏遺黎自晉氏不綱因難播越成家立國世積已久惡徙重遷人懷戀舊今若動之恐異同之變爰在肘腋不得便如來表神龜元年冬孝亮復表求援內徙朝廷不許正光元年肅宗遣假員外將軍趙義等使於嘉嘉朝貢不絕又遣使奉表自以邊遐不習典誥求借五經諸史幷請國子助教劉燮以爲博士肅宗許之嘉死贈鎭西將軍涼州刺史子堅立於後關中賊亂使命遂絕普泰初堅遣使朝貢除平西將軍瓜州刺史泰臨縣伯王如故又加衞將軍至永熙中特除儀同三司進爲郡公後遂隔絕

鄧至者白水羌也世爲羌豪因地名號自稱鄧至其地自亭街以東平武以西汶嶺以北宕昌以南土風習俗亦與宕昌同其王像舒治遣使內附高祖拜龍驤將軍鄧至王遣貢不絕鄧至之西有赫羊等二十國時遣使朝貢朝廷皆授以雜號將軍子男渠帥之名

蠻之種類蓋盤瓠之後其來自久習俗叛服前史具之在江淮之間依託險阻部落滋蔓布於數州東連壽春西通上洛北接汝穎往往有焉其於魏氏之時不甚爲患至晉之末稍以繁昌漸爲寇暴矣自劉石亂後諸蠻無所忌憚故其族類漸得北遷陸渾以南滿於山谷宛洛蕭條略爲丘墟矣太祖既定中山聲教被於河表泰常八年蠻王梅安率渠帥數千朝京師求留質子以表忠款始光中拜安侍子豹爲安遠將軍江州刺史順陽公與光中蠻王文武龍請降詔褒慰之拜南雍州刺史魯陽侯延興中大陽蠻酋桓誕擁沔水以北滍葉以南八萬餘落遣使內屬高祖嘉之拜誕征南將軍東荊州刺史襄陽王聽自選郡縣誕字天生桓玄之子也初玄西奔至枚回洲被殺誕時年數歲流竄大陽蠻

中遂習其俗及長多智謀爲羣蠻所歸誕旣內屬治於朗陵太和四年王師南伐誕請爲前驅乃授使持節南征西道大都督討義陽不果而還十年移居潁陽十六年依例降王爲公十七年加征南將軍中道大都督征竟陵遇遷洛師停是時蕭賾征虜將軍直閣將軍蠻酋田益宗率部曲四千餘戶內屬襄陽酋雷婆思等十一人率戶千餘內徙求居大和川詔給廩食後開南陽令有沔北之地蠻人安堵不爲寇賊十八年誕入朝賞遇隆厚卒謚曰剛子暉字道進位龍驤將軍東荊州刺史襲爵景明初太陽蠻酋田育丘等二萬八千戶內附詔置四郡十八縣暉卒贈冠軍將軍三年魯陽蠻魯北鷰等聚衆攻逼潁川詔左衞將軍李崇討平之徙萬餘家於河北諸州及六鎮尋叛南走所在追討比及河殺之皆盡四年東荊州蠻樊素安反僭帝號正始元年素安弟秀安復反李崇楊大眼悉討平之二年蕭衍沔東太守田清喜擁七郡三十一縣戶萬九千遣使內附乞師討衍其雍州以東石城以西五百餘里水陸援路請率部曲斷之四年蕭衍永寧太守文雲生六部自漢東遣使歸附永平初東荊州表闕二字

太守桓叔興前後招慰大陽蠻歸附者一萬七百戶請置郡十六縣五十詔前鎮東府長史酈道元檢行置之叔興卽暉弟也延昌元年拜南荊州刺史居安昌隸於東荊三年蕭衍遣兵討江沔破掠諸蠻百姓擾動蠻自相督率二萬餘人頻請統帥爲聲勢叔興給一統幷威儀爲之節度蠻人遂安其年蕭衍雍州刺史蕭藻遣其將蔡令孫等三將寇南荊之西南沿襄沔上下破掠諸蠻蠻酋衍龍驤將軍楚石廉叛衍來請援叔興與石廉督集蠻夏二萬餘人擊走之斬令孫等三將藻又遣其新陽太守邵道林於沔水之南石城東北立清水戍爲抄掠之基叔興遣諸蠻擊破之四年叔興上表請不隸東荊許之蕭衍每有寇抄叔與必摧破之正光中叔興擁所部南叛蠻首成龍強率戶數千內附拜爲刺史蠻師田午生率戶二千內徙揚州拜爲郡守蕭衍義州刺史邊城王文僧明鐵騎將軍邊城太守田官德等率戶萬餘舉州內屬拜僧明平南將軍西豫州刺史封開封侯官德龍驤將軍義州刺史自餘封授各有差僧明官德並入朝蠻出山至邊城建安者八九千戶義州尋爲蕭衍將裴邃所陷衍定州刺史

田超秀亦遣使求附請援歷年朝廷恐輕致邊役未之許會超秀死其部曲相率內附徙之六鎮秦隴所在反叛二荊西郢蠻大擾動斷三鵶路殺都督寇盜至於襄城汝水百姓多被其害蕭衍遣將圍廣陵樊城諸蠻並爲前驅自汝水以南處處鈔劫恣其暴掠連年攻討散而復合其暴滋甚又有冉氏向氏者陬落尤盛餘則大者萬家小者千戶更相崇僭稱王侯屯據三峽斷遏水路荊蜀行人至有假道者

獠者蓋南蠻之別種自漢中達于邛笮川洞之間所在皆有種類甚多散居山谷略無氏族之別又無名字所生男女唯以長幼次第呼之其丈夫稱阿謩阿段婦人阿夷阿等之類皆語之次第稱謂也依樹積木以居其上名曰干蘭干蘭大小隨其家口之數往往推一長者爲王亦不能遠相統攝父死則子繼若中國之貴族也獠王各有鼓角一雙使其子弟自吹擊之好相殺害多不敢遠行能臥水底持刀刺魚其口嚼食並鼻飲死者豎棺而埋之性同禽獸至於忿怒父子不相避惟手有兵刃者先殺之若殺其父走避求得一狗以謝其母母

得狗謝不復嫌恨若報怨相攻擊必殺而食之平常劫掠賣取猪狗而已親戚比隣指授相賣被賣者號哭不服逃竄避之乃將買人捕逐指若亡叛獲便縛之但經被縛者卽服爲賤隸不敢稱良矣亡失兒女一哭便止不復追思惟執楯持矛不識弓矢用竹爲簧羣聚鼓之以爲音節能爲細布色至鮮淨大狗一頭買一生口其俗畏鬼神尤尚淫祀所殺之人美鬢髯者必剝其面皮籠之於竹及燥號之曰鬼鼓舞祀之以求福利至有賣其昆季妻奴盡者乃自賣以供祭焉鑄銅爲器大口寬腹名曰銅爨既薄且輕易於熟食建國中李勢在蜀諸獠始出巴西渠川廣漢陽安資中攻破郡縣爲益州大患勢內外受敵所以亡也自桓溫破蜀之後力不能制又蜀人東流山險之地多空獠遂挾山傍谷與夏人參居者頗輸租賦在深山者仍不爲編戶蕭衍梁益二州歲歲伐獠以自裨潤公私頗藉爲利正始中夏侯道遷舉漢中內附世宗遣尚書邢巒爲梁益二州刺史以鎭之近夏人者安堵樂業在山谷者不敢爲寇後以羊祉爲梁州傅豎眼爲益州祉性酷虐不得物情蕭衍輔國將軍范季旭與獠王趙清荆率

衆屯孝子谷祉遣統軍魏胡擊走之後蕭衍寧朔將軍姜白復擁夷獠入屯南
城梁州人王法慶與之通謀衆屯於固門川祉遣征虜將軍闕二字討破之豎眼
施恩布信大得獠和後以元法僧代傅豎眼爲益州法僧在任貪殘獠遂反叛
勾引蕭衍軍圍逼晉壽朝廷憂之以豎眼先得物情復令乘傳往撫獠聞豎眼
至莫不欣然拜迎道路於是而定及元恆元子真相繼爲梁州並無德績諸獠
苦之其後朝廷以梁益二州控攝險遠乃立巴州以統諸獠後以巴酋嚴始欣
爲刺史又立隆城鎮所綰獠二十萬戶彼謂北獠歲輸租布又與外人交通貿
易巴州生獠並皆不順其諸頭王每於時節謁見刺史而已孝昌初諸獠以始
欣貪暴相率反叛攻圍巴州山南行臺勉諭卽時散罷自是獠諸頭王相率詣
行臺者相繼子建厚勞賚之始欣見中國多事又失彼心慮獲罪譴時蕭衍南
梁州刺史陰子春扇惑邊陲始欣謀將南叛始欣族子愷時爲隆城鎮將密知
之嚴設邏候遂禽蕭衍使人并封始欣詔書鐵券刀劍衣冠之屬表送行臺子
建乃啓以鎮爲南梁州愷爲刺史發使執始欣囚於南鄭遇子建見代梁州刺

史傳暨眼仍爲行臺暨眼久病其子敬紹納始欣重賂使得還州始欣乃起衆攻愷屠滅之據城南叛蕭衍將蕭玩率衆援接時梁益二州並遣將討之攻陷巴州執始欣遂大破玩軍及斬玩以傳疊表爲刺史後元羅在梁州爲使陷自此遂絶

史臣曰氐羌蠻獠風俗各異嗜欲不同言語不通聖人因時設教所以達其志而通其俗也然而外寧必有內憂覽之者不可不誡慎也

魏書卷一百一

魏書卷一百一考證

列傳第八十九○魏收書亡史臣論蓋略取北史

吐谷渾傳作阿于歌徒河以兄爲阿于也○于應作干晉書鮮卑謂兄爲阿干是也

通使於劉彧獻善馬四角羊彧加之官號○兩彧字監本俱誤作或北史云通使於宋獻善馬四角羊宋文帝加之官號彧文帝諱也今改正

魏書卷一百一考證

魏書卷一百二

齊　魏收　撰

列傳第九十

西域

夏書稱西戎即序班固云就而序之非盛威武致其貢物也漢氏初開西域有三十六國其後分立五十五王置校尉都護以撫納之王莽篡位西域遂絕至於後漢班超所通者五十餘國西至西海東西萬里皆來朝貢復置都護校尉以相統攝其後或絕或通漢朝以爲勞弊中國其官時置時廢暨魏晉之後互相吞滅不可復詳記焉太祖初經營中原未暇及於四表既而西戎之貢不至有司奏依漢氏故事請通西域可以振威德於荒外又可致奇貨於天府太祖曰漢氏不保境安人乃遠開西域使海內虛耗何利之有今若通之前弊復加百姓矣遂不從歷太宗世竟不招納太延中魏德益以遠聞西域龜茲疏勒烏孫悅般渴槃陁鄯善焉耆車師粟特諸國王始遣使來獻世祖以西域漢世雖

通有求則卑辭而來無欲則驕慢王命此其自知絕遠大兵不可至故也若報使往來終無所益欲不遣使有司奏九國不憚遐嶮遠貢方物當與其進安可豫抑後來乃從之於是始遣行人王恩生許綱等西使恩生出流沙爲蠕蠕所執竟不果達又遣散騎侍郎董琬高明等多齎錦帛出鄯善招撫九國厚賜之初琬等受詔便道之國可往赴之琬過九國北行至烏孫國其王得朝廷所賜拜受甚悅謂琬曰傳聞破洛那者舌皆思魏德欲稱臣致貢但患其路無由耳今使君等既到此可往二國副其慕仰之誠琬於是自向破洛那遣明使者舌烏孫王爲發導譯達二國琬等宣詔慰賜之已而琬明東還烏孫破洛那之屬遣使與琬俱來貢獻者十有六國自後相繼而來不閒于歲國使亦數十輩矣初世祖每遣使西域常詔河西王沮渠牧犍令護送至姑臧牧犍恆發使導路出於流沙後使者自西域還至武威牧犍左右謂使者曰我君承蠕蠕吳提妄說云去歲魏天子自來伐我士馬疫死大敗而還我禽其長弟樂平王丕我君大喜宣言國中又聞吳提遣使告西域諸國稱魏已削弱今天下唯我爲彊若

更有魏使勿復恭奉西域諸國亦有貳者牧犍事主稍以慢惰使還具以狀聞世祖遂議討牧犍涼州既平鄯善國以爲脣亡齒寒自然之道也今武威爲魏所滅次及我也若通其使人知我國事取亡必近不如絕之可以支久乃斷塞行路西域貢獻歷年不入後平鄯善行人復通始琬等使還京師具言凡所經見及傳聞傍國云西域自漢武時五十餘國後稍相幷至太延中爲十六國分其地爲四域自葱嶺以東流沙以西爲一域葱嶺以西海曲以東爲一域者舌以南月氏以北爲一域兩海之間水澤以南爲一域內諸小渠長蓋以百數其出西域本有二道後更爲四出自玉門渡流沙西行二千里至鄯善爲一道自玉門渡流沙北行一千二百里至車師爲一道從莎車西行百里至葱嶺葱嶺西一千三百里至伽倍爲一道自莎車西南五百里葱嶺西南一千三百里至波路爲一道焉自琬所不傳而更有朝貢者紀其名不能具國俗也其與前使所異者錄之

鄯善國都扜泥城古樓蘭國也去代七千六百里所都城方一里地多沙鹵少

水草北卽白龍堆路至太延初始遣使來獻四年遣其弟素延耆入侍及世祖
平涼州沮渠牧犍弟無諱走保敦煌無諱後謀渡流沙遣其弟安周擊鄯善王
比龍恐懼欲降會魏使者自天竺罽賓還俱會鄯善勸比龍拒之遂與連戰安
周不能剋退保東城後比龍懼率衆西奔且末其世子乃應安周鄯善人頗剽
劫之令不得通世祖詔散騎常侍成周公萬度歸乘傳發涼州兵討之度歸到
敦煌留輜重以輕騎五千渡流沙至其境時鄯善人衆布野度歸勅吏卒不得
有所侵掠邊守感之皆望旗稽服其王真達面縛出降度歸釋其縛留軍屯守
與真達詣京都世祖大悅厚待之是歲拜交趾公韓牧爲假節征西將軍領護
西戎校尉鄯善王以鎭之賦役其人比之郡縣
且末國都且末城在鄯善西去代八千三百二十里真君三年鄯善王比龍避
沮渠安周之難率國人之半奔且末後役屬鄯善且末西北有流沙數百里夏
日有熱風爲行旅之患風之所至唯老駝豫知之卽鳴而聚立埋其口鼻於沙
中人每以爲候亦卽將氈擁蔽鼻口其風迅駛斯須過盡若不防者必至危斃

于闐國在且末西北葱嶺之北二百餘里東去鄯善千五百里南去女國二千里去朱俱波千里北去龜茲千四百里去代九千八百里其地方亘千里連山相次所都城方八九里部內有大城五小城數十于闐城東三十里有首拔河中出玉石土宜五穀并桑麻山多美玉有好馬駝騾其刑法殺人者死餘罪各隨輕重懲罰之自外風俗物產與龜茲略同俗重佛法寺塔僧尼甚衆王尤信尙每設齋日必親自灑掃饋食焉城南五十里有贊摩寺即昔羅漢比丘盧旃爲其王造覆盆浮圖之所石上有辟支佛跣處雙跡猶存于闐西五里有比摩寺云是老子化胡成佛之所俗無禮義多盜賊淫縱自高昌以西諸國人等深目高鼻唯此一國貌不甚胡頗類華夏城東二十里有大水北流號樹枝水即黃河也一名計式水城西五十五里亦有大水名達利水與樹枝水會俱北流

真君中世祖詔高涼王那擊吐谷渾慕利延慕利延懼驅其部落渡流沙那進軍急追之慕利延遂西入于闐殺其王死者甚衆顯祖末蠕蠕寇于闐于闐患之遣使素目伽上表曰西方諸國今皆已屬蠕蠕奴世奉大國至今無異今蠕

蠕軍馬到城下奴聚兵自固故遣使奉獻延望救援顯祖詔公卿議之公卿奏曰于闐去京師幾萬里蠕蠕之性惟習野掠不能攻城若爲所拒當已旋矣雖欲遣師勢無所及顯祖以公卿議示其使者亦以爲然於是詔之曰朕承天理物欲令萬方各安其所應勑諸軍以拯汝難但去汝遐阻雖復遣援不救當時之急已停師不行汝宜知之朕今練甲養卒一二歲間當躬率猛將爲汝除患汝其謹警候以待大舉先是朝廷遣使者韓羊皮使波斯波斯王遣使獻馴象及珍物經于闐于闐中于王秋仁輒留之假言慮有寇不達羊皮言狀顯祖怒又遣羊皮奉詔責讓之自後每使朝獻

蒲山國故皮山國也居皮城在于闐南去代一萬二千里其國西南三里有凍凌山後役屬于闐

悉居半國故西夜國也一名子合其王號子治呼犍在于闐西去代萬二千九百七十里太延初遣使來獻自後貢使不絕

權於摩國故烏秅國也其王居烏秅城在悉居半西南去代一萬二千九百七

十里

渠莎國居故莎車城在子合西北去代一萬二千九百八十里

車師國一名前部其王居交河城去代萬五十里其地北接蠕蠕本通使交易世祖初始遣使朝獻詔行人王恩生許綱等出使恩生等始渡流沙爲蠕蠕所執恩生見蠕蠕吳提持魏節不爲之屈後世祖切讓吳提吳提懼乃遣恩生等歸許綱到敦煌病死朝廷壯其節賜諡曰貞初沮渠無諱兄弟之渡流沙也鳩集遺人破車師國真君十一年車師王車夷落遣使琢進薛直上書曰臣亡父僻處塞外仰慕天子威德遣使表獻不空於歲天子降念賜遺甚厚及臣繼立亦不闕常貢天子垂矜亦不異前世敢緣至恩輒陳私艱臣國自無諱所攻擊經今八歲人民饑荒無以存活賊今攻臣甚急臣不能自全遂捨國東奔三分免一即日已到焉耆東界思歸天闕幸垂賑救於是下詔撫慰之開焉耆倉給之正平初遣子入侍自後每使朝貢

且彌國都天山東于大谷在車師北去代一萬五百七十里本役屬車師

焉耆國在車師南都員渠城白山南七十里漢時舊國也去代一萬二百里其王姓龍名鳩尸卑那卽前涼張軌所討龍熙之胤所都城方二里國內凡有九城國小人貧無綱紀法令兵有弓刀甲矟婚姻略同華夏死亡者皆焚而後葬其服制滿七日則除之丈夫並剪髮以爲首飾文字與婆羅門同俗事天神並崇信佛法尤重二月八日四月八日是日也其國咸依釋教齋戒行道焉氣候寒土田良沃穀有稻粟菽麥畜有駝馬養蠶不以爲絲唯充綿纊俗尚蒲萄酒兼愛音樂南去海十餘里有魚鹽蒲葦之饒東去高昌九百里西去龜茲九百里皆沙磧東南去瓜州二千二百里恃地多險頗剽劫中國使世祖怒之詔成周公萬度歸討之約齎輕糧取食路次度歸入焉耆東界擊其邊守左回尉犁二城拔之進軍向員渠鳩尸卑那以四五萬人出城守險以拒度歸募壯勇短兵直往衝鳩尸卑那衆大潰盡虜之單騎走入山中度歸進屠其城四鄙諸戎皆降服焉耆爲國斗絕一隅不亂日久獲其珍奇異翫殊方譎詭不識之物橐駝馬牛雜畜巨萬時世祖幸陰山北宮度歸破焉耆露板至世祖省訖賜司徒

崔浩書曰萬度歸以五千騎經萬餘里拔焉耆三城獲其珍奇異物及諸委積不可勝數自古帝王雖云卽序西戎有如指注不能控引也朕今手把而有之如何浩上書稱美遂命度歸鎮撫其人初鳩尸卑那走山中猶覬城不拔得還其國既見盡爲度歸所剋乃奔龜茲龜茲以其壻厚待之

龜茲國在尉犂西北白山之南一百七十里都延城漢時舊國也去代一萬二百八十里其王姓白卽後涼呂光所立白震之後其王頭繫綵帶垂之於後坐金師子牀所居城方五六里其刑法殺人者死劫賊則斷其一臂幷刖一足稅賦準地徵租無田者則稅銀錢風俗婚姻喪葬物產與焉耆略同唯氣候少溫爲異又出細氈饒銅鐵鉛麖皮氍毹沙鹽綠雌黃胡粉安息香良馬犎牛等東有輪臺卽漢貳師將軍李廣利所屠者其南三百里有大河東流號計式水卽黃河也東去焉耆九百里南去于闐一千四百里西去疏勒一千五百里北去突厥牙帳六百餘里東南去瓜州三百里其東闕城戍寇竊非一世祖詔萬度歸率騎一千以擊之龜茲遣烏羯目提等領兵三千距戰度歸擊走之斬二百

餘級大獲駝馬而還俗性多淫置女市收男子錢入官土多孔雀羣飛山谷閒人取養而食之孳乳如鷄鶩其王家恆有千餘隻云其國西北大山中有如膏者流出成川行數里入地如餅餬甚臭服之髮齒已落者能令更生病人服之皆愈自後每使朝貢

姑默國居南城在龜茲西去代一萬五百里役屬龜茲

温宿國居温宿城在姑默西北去代一萬五百五十里役屬龜茲

尉頭國居尉頭城在温宿北去代一萬六百五十里役屬龜茲

烏孫國居赤谷城在龜茲西北去代一萬八百里其國數爲蠕蠕所侵西徙葱嶺山中無城郭隨畜牧逐水草太延三年遣使者董琬等使其國後每使朝貢

疏勒國在姑默西白山南百餘里漢時舊國也去代一萬一千二百五十里高宗末其王遣使送釋迦牟尼佛袈裟一長二丈餘高宗以審是佛衣應有靈異遂燒之以驗虛實置於猛火之上經日不然觀者莫不悚駭心形俱肅其王戴金師子冠土多稻粟麻麥銅鐵錫雌黄錦綿每歲常供送於突厥其都城方五

里國內有大城十二小城數十人手足皆六指產子非六指者卽不育勝兵二千人南有黃河西帶葱嶺東去龜茲千五百里西去鏺汗國千里南去朱俱波八九百里東北至突厥牙帳千餘里東南去瓜州四千六百里

悅般國在烏孫西北去代一萬九百三十里其先匈奴北單于之部落也爲漢車騎將軍竇憲所逐北單于度金微山西走康居其羸弱不能去者住龜茲北地方數千里衆可二十餘萬涼州人猶謂之單于王其風俗言語與高車同而其人清潔於胡俗剪髮齊眉以醍醐塗之昱昱然光澤日三澡漱然後飲食其國南界有火山山傍石皆燋鎔流地數十里乃凝堅人取爲藥卽石流黃也與蠕蠕結好其王嘗將數千人入蠕蠕國欲與大檀相見入其界百餘里見其部人不浣衣不絆髮不洗手婦人舌舐器物王謂其從臣曰汝曹誑我入此狗國中乃馳還大檀遣騎追之不及自是相仇讎數相征討眞君九年遣使朝獻并送幻人稱能割人喉脉令斷擊人頭令骨陷皆血出或數升或盈斗以草藥內其口中令嚼咽之須臾血止養瘡一月復常又無痕瘢世祖疑其虛乃取死罪

因試之皆驗云中國諸名山皆有此草乃使人受其術而厚遇之又言其國有大術者蠕蠕來抄掠術人能作霖雨狂風大雪及行潦蠕蠕凍死漂亡者十二三是歲再遣使朝貢求與官軍東西齊契討蠕蠕世祖嘉其意命中外諸軍戒嚴以淮南王他爲前鋒襲蠕蠕仍詔有司以其鼓舞之節施於樂府自後每使貢獻

者至拔國都者至拔城在疏勒西去代一萬一千六百二十里其國東有潘賀那山出美鐵及師子

迷密國都迷密城在者至拔西去代一萬二千六百里正平元年遣使獻一峯黑橐駝其國東有山名郁悉滿山出金玉亦多鐵

悉萬斤國都悉萬斤城在悉密西去代一萬二千七百二十里其國南有山名伽色那山出師子每使朝貢

忸密國都忸密城在悉萬斤西去代二萬二千八百二十八里

洛那國故大宛國也都貴山城在疏勒西北去代萬四千四百五十里太和三

年遣使獻汗血馬自此每使朝貢

粟特國在葱嶺之西古之奄蔡一名温那沙居於大澤在康居西北去代一萬六千里先是匈奴殺其王而有其國至王忽倪已三世矣其國商人先多詣涼土販貨及克姑臧悉見虜高宗初粟特王遣使請贖之詔聽焉自後每使朝獻

波斯國都宿利城在忸密西古條支國也去代二萬四千二百二十八里城方十里戶十餘萬河經其城中南流土地平正出金銀鍮石珊瑚琥珀車渠馬腦多大真珠頗梨瑠璃水精瑟瑟金剛火齊鑌鐵銅錫朱砂水銀綾錦疊毼氍毹毾㲪赤麞皮及薰陸鬱金蘇合青木等香胡椒蓽撥石蜜千年棗香附子訶梨勒無食子鹽綠雌黃等物氣候暑熱家自藏冰地多沙磧引水溉灌其五穀及鳥獸等與中夏略同唯無稻及黍稷土出名馬大驢及駝往往有日行七百里者富室至有數千頭又出白象師子大鳥卵有鳥形如橐駝有兩翼飛而不能高食草與肉亦能噉火其王姓波氏名斯坐金羊牀戴金花冠衣錦袍織成帔飾以真珠寶物其俗丈夫剪髮戴白皮帽貫頭衫兩廂近下開之亦有巾帔緣

以織成婦女服大衫披大帔其髮前爲髻後披之飾以金銀花仍貫五色珠落
之於膊王於其國內別有小牙十餘所猶中國之離宮也每年四月出遊處之
十月乃還王卽位以後擇諸子內賢者密書其名封之於庫諸子及大臣皆莫
之知也王死衆乃發書視之其封內有名者卽立以爲王餘子出各就邊任兄
弟更不相見也國人號王曰醫囋妃曰防步率王之諸子曰殺野大官有摸胡
壇掌國內獄訟泥忽汗掌庫藏開禁地早掌文書及衆務次有遏羅訶地掌王
之內事薛波勃掌四方兵馬其下皆有屬官分統其事兵有甲矟圓排劍弩弓
箭戰兼乘象百人隨之其刑法重罪懸諸竿上射殺之次則繫獄新王立乃釋
之輕罪則劓刖若髡或剪半鬢及繫牌於項以爲恥辱犯彊盜者繫之終身姦
貴人妻者男子流婦人割其耳鼻賦稅則準地輸銀錢俗事火神天神文字與
胡書異多以姊妹爲妻妾自餘婚合亦不擇尊卑諸夷之中最爲醜穢矣百姓
女年十歲以上有姿貌者王收養之有功勳人卽以分賜死者多棄屍於山一
月著服城外有人別居唯知喪葬之事號爲不淨人若入城市搖鈴自別以六

月爲歲首尤重七月七日十二月一日其日人庶以上各相命召設會作樂以極懽娛又每年正月二十日各祭其先死者神龜中其國遣使上書貢物云大國天子天之所生願日出處常爲漢中天子波斯國王居和多千萬敬拜朝廷嘉納之自此每使朝獻

伏盧尼國都伏盧尼城在波斯國北去代二萬七千三百二十里累石爲城東有大河南流中有鳥其形似人亦有如橐駝馬者皆有翼常居水中出水便死城北有云尼山出銀珊瑚琥珀多師子

色知顯國都色知顯城在悉萬斤西北去代一萬二千九百四十里土平多五果

伽色尼國都伽色尼城在悉萬斤南去代一萬二千九百里出赤鹽多五果

薄知國都薄知城在伽色尼南去代一萬三千三百二十里多五果

牟知國都牟知城在忸密西南去代二萬二千九百二十里土平禽獸草木類中國

阿弗太汗國都阿弗太汗城在怛密西去代二萬三千七百二十里土平多五果

呼似密國都呼似密城在阿弗太汗西去代二萬四千七百里土平出銀琥珀

有師子多五果

諾色波羅國都波羅城在怛密南去代二萬三千四百二十八里土平宜稻麥

多五果

早伽至國都早伽至城在怛密西去代二萬三千七百二十八里土平少田植

取稻麥於隣國有五果

伽不單國都伽不單城在悉萬斤西北去代一萬二千七百八十里土平宜稻

麥有五果

者舌國故康居國在破洛那西北去代一萬五千四百五十里太延三年遣使

朝貢自是不絶

伽倍國故休密翕侯都和墨城在莎車西去代一萬三千里人居山谷閒

折薛莫孫國故雙靡翕侯都雙靡城在伽倍西去代一萬三千五百里人居山谷間
鉗敦國故貴霜翕侯都護澡城在折薛莫孫西去代一萬三千五百六十里人居山谷間
弗敵沙國故肸頓翕侯都薄茅城在鉗敦西去代一萬三千六百六十里居山谷間
閻浮謁國故高附翕侯都高附城在弗敵沙南去代一萬三千七百六十里居山谷間
大月氏國都盧監氏城在弗敵沙西去代一萬四千五百里北與蠕蠕接數爲所侵遂西徙都薄羅城去弗敵沙二千一百里其王寄多羅勇武遂興師越大山南侵北天竺自乾陁羅以北五國盡役屬之世祖時其國人商販京師自云能鑄石爲五色瑠璃於是採礦山中於京師鑄之既成光澤乃美於西方來者乃詔爲行殿容百餘人光色映徹觀者見之莫不驚駭以爲神明所作自此中

國瑠璃遂賤人不復珍之
安息國在葱嶺西都蔚搜城北與康居西與波斯相接在大月氏西北去代二萬一千五百里
大秦國一名黎軒都安都城從條支西渡海曲一萬里去代三萬九千四百里其海傍出猶渤海也而東西與渤海相望蓋自然之理地方六千里居兩海之間其地平正人居星布其王都城分爲五城各方五里周六十里王居中城城置八臣以主四方而王城亦置八臣分主四城若謀國事及四方有不決者則四城之臣集議王所王自聽之然後施行王三年一出觀風化人有冤枉詣王訴訟者當方之臣小則讓責大則黜退令其舉賢人以代之其人端正長大衣服車旗擬儀中國故外域謂之大秦其土宜五穀桑麻人務蠶田多璆琳琅玕神龜白馬朱鬣明珠夜光璧東南通交趾又水道通益州永昌郡多出異物大秦西海水之西有河河西南流河西有南北山山西有赤水西有白玉山玉山西有西王母山玉爲堂云從安息西界循海曲亦至大秦四萬餘里於彼國觀

日月星辰無異中國而前史云條支西行百里日入處失之遠矣
阿鉤羌國在莎車西南去代一萬三千里國西有縣度山其間四百里中往往有棧道下臨不測之淵人行以繩索相持而度因以名之土有五穀諸果市用錢爲貨居止立宮室有兵器土出金珠
波路國在阿鉤羌西北去代一萬三千九百里其地濕熱有蜀馬土平物產國俗與阿鉤羌同
小月氏國都富樓沙城其王本大月氏王寄多羅子也寄多羅爲匈奴所逐西徙後令其子守此城因號小月氏焉在波路西南去代一萬六千六百里先居西平張掖之閒被服頗與羌同其俗以金銀錢爲貨隨畜牧移徙亦類匈奴其城東十里有佛塔周三百五十步高八十丈自佛塔初建計至武定八年八百四十二年所謂百丈佛圖也
罽賓國都善見城在波路西南去代一萬四千二百里居在四山中其地東西八百里南北三百里地平溫和有苜蓿雜草奇木檀槐梓竹種五穀糞園田地

下濕生稻冬食生菜其人工巧雕文刻鏤織罽有金銀銅錫以爲器物市用錢
他畜與諸國同每使朝獻
吐呼羅國去代一萬二千里東至范陽國西至悉萬斤國中間相去二千里南至連山不知名北至波斯國中間相去一萬里國中有薄提城周帀六十里城南有西流大水名漢樓河土宜五穀有好馬駝騾其王曾遣使朝貢
副貨國去代一萬七千里東至阿副使且國西至沒誰國中間相去一千里南有連山不知名北至奇沙國相去一千五百里國中有副貨城周帀七十里宜五穀蒲桃唯有馬駝騾國王有黃金殿殿下金駝七頭各高三尺其王遣使朝貢
南天竺國去代三萬一千五百里有伏醜城周帀十里城中出摩尼珠珊瑚城東三百里有拔賴城城中出黃金白真檀石蜜蒲萄土宜五穀世宗時其國王婆羅化遣使獻駿馬金銀自此每使朝貢
疊伏羅國去代三萬一千里國中有勿悉城城北有鹽奇水西流有白象并有

阿末黎木皮中織作布土宜五穀世宗時其國王伏陁末多遣使獻方物自是每使朝貢

拔豆國去代五萬一千里東至多勿當國西至旃那國中間相去七百五十里南至罽陵伽國北至弗那伏且國中間相去九百里國中出金銀雜寶白象水牛氂牛蒲萄五果土宜五穀

嚈噠國大月氏之種類也亦曰高車之別種其原出於塞北自金山而南在于闐之西都馬許水南二百餘里去長安一萬一百里其王都拔底延城蓋王舍城也其城方十里餘多寺塔皆飾以金風俗與突厥略同其俗兄弟共一妻夫無兄弟者其妻戴一角帽若有兄弟者依其多少之數更加角焉衣服類加以纓絡頭皆剪髮其語與蠕蠕高車及諸胡不同衆可十萬無城邑依隨水草以氈爲屋夏遷涼土冬逐煖處分其諸妻各在別所相去或二百三百里其王巡歷而行每月一處冬寒之時三月不徙王位不必傳子子弟堪任死便授之其國無車有輿多駝馬用刑嚴急偸盜無多少皆腰斬盜一責十死者富者累石

爲藏貧者掘地而埋隨身諸物皆置冢內其人凶悍能鬭戰西域康居于闐沙勒安息及諸小國三十許皆役屬之號爲大國與蠕蠕婚姻自太安以後每遣使朝貢正光末遣使貢師子一至高平遇万俟醜奴反因留之醜奴平送京師永熙以後朝獻遂絕初熙平中肅宗遣王伏子統宋雲沙門法力等使西域訪求佛經時有沙門慧生者亦與俱行正光中還慧生所經諸國不能知其本末及山川里數蓋舉其略云其國去漕國千五百里去瓜州六千五百里

朱居國在于闐西其人山居有麥多林果咸事佛語與于闐相類役屬嚈噠

渴槃陁國在葱嶺東朱駒波西河經其國東北流有高山夏積霜雪亦事佛道附於嚈噠

鉢和國在渴槃陁西其土尤寒人畜同居穴地而處又有大雪山望若銀峯其人唯食餅麨飲麥酒服氈裘有二道一道西行向嚈噠一道西南趣烏萇亦爲嚈噠所統

波知國在鉢和西南土狹人貧依託山谷其王不能總攝有三池傳云大池有

龍王次者有龍婦小者有龍子行人經之設祭乃得過不祭多遇風雪之困

賒彌國在波知之南山居不信佛法專事諸神亦附嚈噠東有鉢盧勒國路嶮緣鐵鎖而度下不見底熙平中宋雲等竟不能達

烏萇國在賒彌南北有葱嶺南至天竺婆羅門胡爲其上族婆羅門多解天文吉凶之數其王動則訪決焉土多林果引水灌田豐稻麥事佛多諸寺塔事極華麗人有爭訴服之以藥曲者發狂直者無恙爲法不殺犯死罪唯徙於靈山西南有檀特山山上立寺以驢數頭運食山下無人控御自知往來也

乾陁國在烏萇西本名業波爲嚈噠所破因改焉其王本是勅勤臨國民二世矣好征戰與罽賓鬬三年不罷人怨苦之有鬬象七百頭十人乘一象皆執兵仗象鼻縛刀以戰所都城東南七里有佛塔高七十丈周三百步即所謂雀離佛圖也

康國者康居之後也遷徙無常不恆故地自漢以來相承不絕其王本姓溫月氏人也舊居祁連山北昭武城因被匈奴所破西踰葱嶺遂有其國枝庶各分

王故康國左右諸國並以昭武爲姓示不忘本也王字世夫畢爲人寬厚甚得衆心其妻突厥達度可汗女也都於薩寶水上阿祿迪城多人居大臣三人共掌國事其王索髮冠七寶金花衣綾羅錦繡白疊其妻有髻幪以皂巾丈夫翦髮錦袍名爲彊國西域諸國多歸之米國史國曹國何國安國小安國那色波國烏那曷國穆國皆歸附之有胡律置於祆祠將決罰則取而斷之重者族次罪者死賊盜截其足人皆深目高鼻多髯善商賈諸夷交易多湊其國有大小鼓琵琶五弦箜篌婚姻喪制與突厥同國立祖廟以六月祭之諸國皆助祭奉佛爲胡書氣候温宜五穀勤修園蔬樹木滋茂出馬駝驢犎牛黄金硇沙䞘香阿薛那香瑟瑟麞皮氍毹錦疊多蒲萄酒富家或致千石連年不敗太延中始遣使貢方物後遂絕焉

史臣曰西域雖通魏氏而中原始平天子方以混一爲心未遑征伐其信使往來深得羇縻勿絕之道耳

魏書卷一百二

魏書卷一百二考證

西域○魏收書亡此卷全寫北史西域傳而不錄安國以後又隋書西域云康國大業中始遣使貢方物後遂絕焉此改大業字爲太延蓋後人妄改

罽賓國傳都善見城○本書孝靜帝紀帝名善見固應諱之而此不避者以文固北史也

乾陁國傳臨國民二世矣○民北史作已

康國傳太延中○太延北史作大業

魏書卷一百二考證

魏書卷一百三

齊　魏　收　撰

列傳第九十一

蠕蠕　匈奴宇文莫槐　徒何段就六眷　高車

蠕蠕東胡之苗裔也姓郁久閭氏始神元之末掠騎有得一奴髮始齊眉忘本姓名其主字之曰木骨閭木骨閭者首禿也木骨閭與郁久閭聲相近故後子孫因以爲氏木骨閭既壯免奴爲騎卒穆帝時坐後期當斬亡匿廣漠谿谷間收合逋逃得百餘人依純突隣部木骨閭死子車鹿會雄健始有部衆自號柔然而役屬於國後世祖以其無知狀類於蟲故改其號爲蠕蠕車鹿會既爲部帥歲貢馬畜貂豽皮冬則徙度漠南夏則還居漠北車鹿會死子吐奴傀立吐奴傀死子跋提立跋提死子地粟袁立地粟袁死其部分爲二地粟袁長子匹候跋繼父居東邊次子縕紇提別居西邊及昭成崩縕紇提附衞辰而貳於我登國中討之蠕蠕移部遁走追之及於大磧南牀山下大破之虜其半部匹候

跋及部帥屋擊各收餘落遁走遣長孫蒿及長孫肥追之渡磧蒿至平望川大
破屋擊禽之斬以徇肥至涿邪山及匹候跋跋舉落請降獲緼紇提子曷多汗
及曷多汗兄詰歸之社崙斛律等幷宗黨數百人分配諸部緼紇提西遁將歸
衞辰太祖追之至跋那山緼紇提復降太祖撫慰如舊九年曷多汗與社崙率
部衆棄其父西走長孫肥輕騎追之至上郡跋那山斬曷多汗盡殪其衆社崙
與數百人奔匹候跋匹候跋處之南鄙去其庭五百里令其子四人監之既而
社崙率其私屬執匹候跋四子而叛襲匹候跋諸子收餘衆亡依高車斛律部
社崙兇狡有權變月餘乃釋匹候跋歸其諸子欲聚而殲之密舉兵襲匹候跋
殺匹候跋子啓拔吳頡等十五人歸于太祖社崙既殺匹候跋懼王師討之乃
掠五原以西諸部北度大漠太祖以拔頡爲安遠將軍平棘侯社崙與姚興和
親太祖遣材官將軍和突襲黜弗素古延諸部社崙遣騎救素古延突逆擊破
之社崙遠遁漠北侵高車深入其地遂幷諸部凶勢益振北徙弱洛水始立軍
法千人爲軍軍置將一人百人爲幢幢置帥一人先登者賜以虜獲退懦者以

石擊首殺之或臨時捶撻無文記將帥以羊屎粗計兵數後頗知刻木爲記其西北有匈奴餘種國尤富彊部帥曰拔也稽舉兵擊社崙社崙逆戰於頞根河大破之後盡爲社崙所幷號爲彊盛隨水草畜牧其西則焉耆之地東則朝鮮之地北則渡沙漠窮瀚海南則臨大磧其常所會庭則敦煌張掖之北小國皆苦其寇抄羈縻附之於是自號丘豆伐可汗丘豆伐猶魏言駕馭開張也可汗猶魏言皇帝也蠕蠕之俗君及大臣因其行能卽爲稱號若中國立諡既死之後不復追稱太祖謂尚書崔玄伯曰蠕蠕之人昔來號爲頑嚚每來抄掠駕牸牛奔遁驅犍牛隨之牸牛伏不能前異部人有教其以犍牛易之者蠕蠕曰其母尙不能行而況其子終於不易遂爲敵所虜今社崙學中國立法置戰陳卒成邊害道家言聖人生大盜起信矣天興五年社崙聞太祖征姚興遂犯塞入參合陂南至豺山及善無北澤時遣常山王遵以萬騎追之不及天賜中社崙從弟悅代大那等謀殺社崙而立大那發覺大那等來奔以大那爲冠軍將軍西平侯悅代爲越騎校尉易陽子三年夏社崙寇邊永興元年冬又犯塞二年

太宗討之社崙遁走道死其子度拔年少未能御衆部落立社崙弟斛律號藹苦蓋可汗魏言姿質美好也斛律北幷賀術也骨國東破譬曆辰部落三年斛律宗人悅侯咄觝干等數百人來降斛律畏威自守不敢南侵北邊安靜神瑞元年與馮跋和親跋聘斛律女爲妻將爲交婚斛律長兄子步鹿真謂斛律曰女小遠適憂思生疾可遣大臣樹黎勿地延等女爲媵斛律不許步鹿真出謂樹黎等曰斛律欲令汝女爲媵遠至他國黎遂共結謀令勇士夜就斛律穹廬候其出執之與女俱嬪于和龍乃立步鹿真步鹿真立委政樹黎初高車叱洛侯者叛其渠帥導社崙破諸部落社崙德之以爲大人步鹿真與社崙子社拔共至叱洛侯家婬其少妻少妻告步鹿真叱洛侯欲舉大檀爲主遺大檀金馬勒爲信步鹿真聞之歸發八千騎往圍叱洛侯叱洛侯焚其珍寶自刎而死步鹿真遂掩大檀大檀發軍執步鹿真及社拔絞殺之乃自立大檀者社崙季父僕渾之子先統別部鎮於西界能得衆心國人推戴之號牟汗紇升蓋可汗魏言制勝也斛律父子既至和龍馮跋封爲上谷侯大檀率衆南徙犯塞太宗親

討之大檀懼而遁走遣山陽侯奚斤等追之遇寒雪士衆凍死墮指者十二三
及太宗崩世祖卽位大檀聞而大喜始光元年秋乃寇雲中世祖親討之三日
二夜至雲中大檀騎圍世祖五十餘重騎逼馬首相次如堵焉士卒大懼世祖
顏色自若衆情乃安先是大檀弟大那與社崙爭國敗而來奔大檀以大那子
於陟斤爲部帥軍士射於陟斤殺之大檀恐乃還二年世祖大舉征之東西五
道並進平陽王長孫翰等從黑漠汝陰公長孫道生從白黑兩漠閒車駕從中
道東平公娥清次西從栗園宜城王奚斤將軍安原等西道從爾寒山諸軍至
漠南舍輜重輕騎齎十五日糧絕漠討之大檀部落駭驚北走神䴥元年八月
大檀遣子將騎萬餘人入塞殺掠邊人而走附國高車追擊破之自廣寧還追
之不及二年四月世祖練兵于南郊將襲大檀公卿大臣皆不願行術士張淵
徐辯以天文說止世祖世祖從崔浩計而行會江南使還稱劉義隆欲犯河南
謂行人曰汝疾還告魏主歸我河南地卽當罷兵不然盡我將士之力世祖聞
而大笑告公卿曰龜鼈小豎自救不暇何能爲也就使能來若不先滅蠕蠕便

是坐待寇至腹背受敵非上策也吾行決矣於是車駕出東道向黑山平陽王長孫翰從西道向大娥山同會賊庭五月次于沙漠南舍輜重輕襲之至栗水大檀衆西奔弟匹黎先典東落將赴大檀遇翰軍翰縱騎擊之殺其大人數百大檀聞之震怖將其族黨焚燒廬舍絕跡西走莫知所至於是國落四散竄伏山谷畜產布野無人收視世祖緣栗水西行過漢將竇憲故壘六月車駕次於兎園水去平城三千七百里分軍搜討東至瀚海西接張掖水北渡燕然山東西五千餘里南北三千里高車諸部殺大檀種類前後歸降三十餘萬俘獲首虜及戎馬百餘萬匹八月世祖聞東部高車屯已尼陂人畜甚衆去官軍千餘里遂遣左僕射安原等往討之暨已尼陂高車諸部望軍降者數十萬大檀部落衰弱因發疾而死子吳提立號勑連可汗魏言神聖也四年遣使朝獻先是北鄙候騎獲吳提南偏邏者二十餘人世祖賜之衣服遣歸吳提上下感德故朝貢焉世祖厚賓其使而遣之延和三年二月以吳提尙西海公主又遣使人納吳提妹爲夫人又進爲左昭儀吳提遣其兄秃鹿傀及左右數百人來朝獻

馬二千匹世祖大悅班賜甚厚至太延二年乃絕和犯塞四年車駕幸五原遂征之樂平王丕河東公賀多羅督十五將出東道永昌王健宜都王穆壽督十五將出西道車駕出中道至浚稽山分中道復爲二道陳留王崇從大澤向涿邪山車駕從浚稽北向天山西登白阜刻石記行不見蠕蠕而還時漠北大旱無水草軍馬多死五年車駕西伐沮渠牧犍宜都王穆壽輔景穆居守長樂王嵇敬建寧王崇二萬人鎮漠南以備蠕蠕吳提果犯塞壽素不設備賊至七介山京邑大駭爭奔中城司空長孫道生拒之於吐頹山吳提之寇也留其兄乞列歸與北鎮諸軍相守敬崇等破乞列歸於陰山之北獲之乞列歸歎曰沮渠陷我也獲其伯父他吾無鹿胡及其將帥五百人斬首萬餘級吳提聞而遁走道生追之至于漠南而還真君四年車駕幸漠南分四道樂安王範建寧王崇各統十五將出東道樂平王督十五將出西道車駕出中道中山王辰領十五將爲中軍後繼車駕至鹿渾谷與賊相遇吳提遁走追至頞根河擊破之車駕至石水而還五年復幸漠南欲襲吳提吳提遠遁乃還吳提死子吐賀真立號

處可汗魏言唯也十年正月車駕北伐高昌王那出東道略陽王羯兒出西道
車駕與景穆自中道出涿邪山吐賀真别部帥介綿他拔等率千餘家來降是
時軍行數千里吐賀真新立恐懼遠遁九月車駕北伐高昌王那出東道略陽
王羯兒出中道與諸軍期會於地弗池吐賀真悉國精鋭軍資甚盛圍那數十
重那掘長圍堅守相持數日吐賀真數挑戰輒不利以那衆少而固疑大軍將
至解圍夜遁那引軍追之九日九夜吐賀真益懼棄輜重踰穹隆嶺遠遁那收
其輜重引軍還與車駕會於廣澤略陽王羯兒盡收其人戸畜產百餘萬自是
吐賀真遂單弱遠竄邊疆息警矣太安四年車駕北征騎十萬車十五萬兩旌
旗千里遂渡大漠吐賀真遠遁其莫弗烏朱駕頹率衆數千落來降乃刊石記
功而還世祖征伐之後意存休息蠕蠕亦怖威北竄不敢復南和平五年吐賀
真死子予成立號受羅部真可汗魏言惠也自稱永康元年率部侵塞北鎮遊
軍大破其衆皇興四年予成犯塞車駕北討京兆王子推東陽公元丕督諸軍
出西道任城王雲等督軍出東道汝陰王賜濟南公羅烏拔督軍爲前鋒隴西

王源賀督諸軍爲後繼諸將會車駕于女水之濱顯祖親誓衆詔諸將曰用兵在奇不在衆也卿等爲朕力戰方略已在朕心乃選精兵五千人挑戰多設奇兵以惑之虜衆奔潰逐北三十餘里斬首五萬級降者萬餘人戎馬器械不可稱計旬有九日往返六千餘里改女水曰武川遂作北征頌刊石紀功延興五年予成求通婚娉有司以予成數犯邊塞請絕其使發兵討之顯祖曰蠕蠕譬若禽獸貪而亡義朕要當以信誠待物不可抑絕也予成知悔前非遣使請和求結姻援安可孤其款意乃詔報曰所論婚事今始一反尋覽事理未允厥中夫男而下女爻象所明初婚之吉敦崇禮娉君子所以重人倫之本不敬其初令終難矣予成每懷譎詐終顯祖世更不求婚太和元年四月遣莫河去汾比拔等來獻良馬貂裘比拔等稱伏承天朝珍寶華麗甚積求一觀之乃勑有司出御府珍玩金玉文繡器物御廐文馬奇禽異獸及人間所宜用者列之京肆令其歷觀焉比拔見之自相謂曰大國富麗一生所未見也二年二月又遣比拔等朝貢尋復請婚焉高祖志存招納許之予成雖歲貢不絕而款約不著婚

事亦停九年予成死子豆崙立號伏古敦可汗魏言恆也自稱太平元年豆崙性殘暴好殺其臣侯醫亜石洛候數以忠言諫之又勸與國通和勿侵中國豆崙怒誣石洛候謀反殺之夷其三族十六年八月高祖遣陽平王頤左僕射陸叡並爲都督領軍斛律桓等十二將七萬騎討豆崙部內高車阿伏至羅率衆十餘萬落西走自立爲主豆崙與叔父那蓋爲二道追之豆崙出自浚稽山北而西那蓋出自金山豆崙頻爲阿伏至羅所敗那蓋累有勝捷國人咸以那蓋爲天所助欲推那蓋爲主那蓋不從衆彊之那蓋曰我爲臣不可焉能爲主衆乃殺豆崙母子以屍示那蓋那蓋乃襲位那蓋號候其伏代庫者可汗魏言悅樂也自稱太安元年那蓋死子伏圖立號他汗可汗魏言緒也自稱始平元年正始三年伏圖遣使紇奚勿六跋朝獻請求通和世宗不報其使詔有司勑勿六跋曰蠕蠕遠祖社崙是大魏叛臣往者包容暫時通使今蠕蠕衰微有損疇日大魏之德方隆周漢跨據中原指清八表正以江南未平權寬北掠通和之事未容相許若修藩禮款誠昭著者當不孤爾也永平元年伏圖又遣勿六跋

奉函書一封并獻貂裘世宗不納依前喻遣伏圖西征高車爲高車王彌俄突所殺子醜奴立號豆羅伏跋豆伐可汗魏言彰制也自稱建昌元年永平四年九月醜奴遣沙門洪宣奉獻珠像延昌三年冬世宗遣驍騎將軍馬義舒使於醜奴未發而崩事遂停寢醜奴壯健善用兵四年遣使俟斤尉比建朝貢熙平元年西征高車大破之禽其王彌俄突殺之盡并叛者國遂彊盛二年又遣俟斤尉比建紇奚勿六跋鞏顧禮等朝貢神龜元年二月肅宗臨顯陽殿引顧禮等二十人於殿下遣中書舍人徐紇宣詔讓以蠕蠕藩禮不備之意初豆崙之死也那蓋爲主伏圖納豆崙之妻候呂陵氏生醜奴阿那瓌等六人醜奴立後忽亡一子字祖惠求募不能得有尼引副升牟妻是豆渾地萬年二十許爲醫巫假託神鬼先常爲醜奴所信出入去來乃言此兒今在天上我能呼得醜奴母子欣悅後歲仲秋在大澤中施帳屋齋潔七日祈請天神經一宿祖惠忽在帳中自云恆在天上醜奴母子抱之悲喜大會國人號地萬爲聖女納爲可賀敦授夫副升牟爵位賜牛馬羊三千頭地萬既挾左道亦有姿色醜奴甚加重

愛信用其言亂其國政如是積歲祖惠年長其母問之祖惠言我恆在地萬家
不嘗上天上天者地萬教也其母具以狀告醜奴醜奴言地萬懸鑒遠事不可
不信勿用讒言也既而地萬恐懼譖祖惠於醜奴醜奴陰殺之正光初醜奴母
遣莫何去汾李具列等絞殺地萬醜奴怒欲誅具列等又阿至羅侵醜奴醜奴
擊之軍敗還爲母與其大臣所殺立醜奴弟阿那瓌立經十日其族兄俟力發
示發率衆數萬以伐阿那瓌阿那瓌戰敗將弟乙居伐輕騎南走歸國阿那瓌
母候呂陵氏及其二弟尋爲示發所殺而阿那瓌未之知也九月阿那瓌將至
肅宗遣兼侍中陸希道爲使主兼散騎常侍孟威爲使副迎勞近畿使司空公
京兆王繼至北中侍中崔光黄門郎元纂在近郊並申宴勞引至門闕下十月
肅宗臨顯陽殿引從五品以上清官皇宗藩國使客等列於殿庭王公以下及
阿那瓌等入就庭中北面位定謁者引王公以下升殿阿那瓌位於藩王之下
又引將命之官及阿那瓌弟并二叔位於羣官之下遣中書舍人曹道宣詔勞
問阿那瓌啓云陛下優隆命臣弟叔等升殿預會但臣有從兄在北之日官高

於二叔乞命升殿詔聽之乃位於阿那瓌弟之下二叔之上宴將罷阿那瓌執啓立於座後詔遣舍人常景問所欲言阿那瓌求詣殿前詔引之阿那瓌再拜跽曰臣先世源由出於大魏詔曰朕已具知阿那瓌起而言曰臣之先逐草放牧遂居漠北詔曰卿言未盡可具陳之阿那瓌又言曰臣先祖以來世居北土雖復隔越山津而乃恭心慕化未能時宣者正以高車悖逆臣國擾攘不暇遣使以宣遠誠自頃年以前漸定高車及臣兄爲主故遣鞏顧禮等使來大魏實欲虔修藩禮是以曹道芝北使之日臣與主兄卽遣大臣五人拜受詔命臣兄弟本心未及上徹但高車從而侵暴中有姦臣因亂作逆殺臣兄立臣爲主裁過旬日臣以陛下恩慈如天是故倉卒輕身投國歸命陛下詔曰具卿所陳理猶未盡可更言之阿那瓌再拜受詔起而言曰臣以家難輕來投闕老母在彼萬里分張本國臣民皆已迸散陛下隆恩有過天地求乞兵馬還向本國誅翦叛逆收集亡散陛下慈念賜借兵馬老母若在得生相見以申母子之恩如其死也卽得報讎以雪大恥臣當統臨餘人奉事陛下四時之貢不敢闕絕陛下

聖顏難覩敢有披陳但所欲言者口不能盡言別有辭啓謹以仰呈願垂昭覽
仍以啓付舍人常景具以奏聞尋封阿那瓌朔方郡公蠕蠕主賜以衣冕加之
軺蓋祿從儀衞同于戚藩十二月肅宗以阿那瓌國無定主思還綏集啓請切
至詔議之時朝臣意有同異或言聽還或言不可領軍元乂爲宰相阿那瓌私
以金百斤貨之遂歸北二年正月阿那瓌等五十四人請辭肅宗臨西堂引見
阿那瓌及其伯叔兄弟五人升階賜坐遣中書舍人穆弼宣勞阿那瓌等拜辭
詔賜阿那瓌細明光人馬鎧二具鐵人馬鎧六具露絲銀纏槊二張幷白毦赤
漆槊十張幷白毦黑漆槊十張幷幡露絲弓二張幷箭朱漆柘弓六張幷箭黑
漆弓十張幷箭赤漆楯六幡幷刀黑漆楯六幡幷刀赤漆鼓角二十具五色錦
被二領黃紬被褥三十具私府繡袍一領幷帽內者緋納襖一領緋袍二十領
幷帽內者雜綵千段緋納小口袴褶一具內中宛具紫納大口袴褶一具內中
宛具百子帳十八具黃布幕六張新乾飯一百石麥䴬八石榛䴬五石銅烏錥
四枚柔鐵烏錥二枚各受二斛黑漆竹榼四枚各受五升婢二口父草馬五百

匹駝百二十頭牸牛一百頭羊五千口朱畫盤器十合粟二十萬石至鎮給之
詔侍中崔光黃門元纂郭外勞遣阿那瓌來奔之後其從父兄俟力發婆羅門
率數萬人入討示發破之示發走奔地豆于爲其所殺推婆羅門爲主號彌偶
可社句可汗魏言安靜也時安北將軍懷朔鎮將楊鈞表傳聞彼人已立主是
阿那瓌同堂兄弟夷人獸心已相君長恐未肯以殺兄之人郊迎其弟輕往虛
反徒損國威自非廣加兵衆無以送其入北二月肅宗詔舊經蠕蠕使者牒云
具仁往喻婆羅門迎阿那瓌復藩之意婆羅門殊自驕慢無遜避之心責具仁
禮敬具仁執節不屈婆羅門遣大官莫何去汾俟斤丘升頭六人將兵一千隨
具仁迎阿那瓌五月具仁還鎮論彼事勢阿那瓌慮不敢入表求還京會婆羅
門爲高車所逐率十部落詣涼州歸降於是蠕蠕數萬相率迎阿那瓌七月阿
那瓌啓云投化蠕蠕元退社渾河旃等二人以今月二十六日到鎮云國土大
亂姓姓別住迭相抄掠當今北人鵠望待拯今乞依前恩賜給精兵一萬還令
督率送臣磧北撫定荒人脫蒙所請事必克濟詔付尚書門下博議八月詔兼

散騎常侍王遵業馳驛宣旨慰阿那瓌幷申賜賚九月蠕蠕後主俟匿伐來奔懷朔鎮阿那瓌兄也列稱規望乞軍幷請阿那瓌十月錄尚書事高陽王雍尚書令李崇侍中侯剛尚書左僕射元欽侍中元乂侍中安豐王延明吏部尚書元修義尚書李彥給事黃門侍郎元纂給事黃門侍郎張烈給事黃門侍郎盧同等奏曰竊聞漢立南北單于晉有東西之稱皆所以相維禦難爲國藩籬今臣等參議以爲懷朔鎮北土名無結山吐若奚泉敦煌北西海郡卽漢晉舊障二處寬平原野彌沃阿那瓌宜置西吐若奚泉婆羅門宜置西海郡各令總率部落收離聚散其爵號及資給所須唯恩裁處彼臣下之官任其舊俗阿那瓌所居既是境外宜少優遣以示威刑請沃野懷朔武川鎮各差二百人令當鎮軍主監率給其糧仗送至前所仍於彼爲其造構功就聽還諸於北來在婆羅門前投化者令州鎮上佐準程給糧送詣懷朔阿那瓌鎮與使人量給食稟在京館者任其去留阿那瓌草創先無儲積請給朔州麻子乾飯二千斛官駝運送婆羅門居於西海既是境內資衞不得同之阿那瓌等新造藩屛宜各遣使

持節馳驛先詣慰喻幷委經略肅宗從之十二月詔安西將軍廷尉元洪超兼
尙書行臺詣敦煌安置婆羅門婆羅門尋與部衆謀叛投嚈噠嚈噠三妻皆婆
羅門姊妹也仍爲州軍所討禽之三年十二月阿那瓌上表乞粟以爲田種詔
給萬石四年阿那瓌衆大饑入塞寇抄肅宗詔尙書左丞元孚兼行臺尙書持
節喻之孚見阿那瓌爲其所執以孚自隨驅掠良口二千公私驛馬牛羊數十
萬北遁謝孚放還詔驃騎大將軍尙書令李崇等率騎十萬討之出塞三千餘
里至瀚海不及而還俟匿伐至洛陽肅宗臨西堂引見之五年婆羅門死於洛
南之館詔贈使持節鎭西將軍秦州刺史廣牧公是歲沃野鎭人破六韓拔陵
反諸鎭相應孝昌元年春阿那瓌率衆討之詔遣牒云具仁齎雜物勞賜阿那
瓌阿那瓌拜受詔命勒衆十萬從武川鎭西向沃野頻戰克捷四月肅宗又遣
兼通直散騎常侍中書舍人馮儁使阿那瓌宣勞班賜有差阿那瓌部落既和
士馬稍盛乃號敕連頭兵豆伐可汗魏言把攬也十月阿那瓌復遣郁久閭彌
娥等朝貢三年四月阿那瓌遣使人鞏鳳景等朝貢及還肅宗詔之曰北鎭羣

狄爲逆不息蠕蠕主爲國立忠助加誅討言念誠心無忘寢食今知停在朔垂與尒朱榮隣接其嚴勒部曲勿相暴掠又近得蠕蠕主啓更欲爲國東討但蠕蠕主世居北漠不宜炎夏今可且停聽待後勑蓋朝廷慮其反覆也此後頻使朝貢建義初孝莊詔曰夫勳高者賞重德厚者名隆蠕蠕主阿那瓌鎭衞北藩禦侮朔表遂使陰山息警弱水無塵刊跡狼山銘功瀚海至誠既篤勳緒莫酬故宜摽以殊禮何容格以常式自今以後讚拜不言名上書不稱臣太昌元年六月阿那瓌遣烏句蘭樹什伐等朝貢并爲長子請尚公主永熙二年四月出帝詔以范陽王誨之長女琅邪公主許之未及婚帝入關齊獻武王遣使說之阿那瓌遣使朝貢求婚獻武王方招四遠以常山王妹樂安公主許之改爲蘭陵公主瓌遣奉馬千匹爲娉禮迎公主詔宗正元壽送公主往北自是朝貢相尋瓌以齊獻武王威德日盛請致愛女於王靜帝詔王納之自此塞外無塵矣

匈奴宇文莫槐出於遼東塞外其先南單于遠屬也世爲東部大人其語與鮮卑頗異人皆翦髮而留其頂上以爲首飾長過數寸則截短之婦女披長襦及

足而無賞焉秋收烏頭爲毒藥以射禽獸莫槐虐用其民爲部人所殺更立其弟普撥爲大人普撥死子丘不勤立尚平文女丘不勤死子莫廆立本名犯太祖諱莫廆遣弟屈雲攻慕容廆廆擊破之又遣别部素延伐慕容廆於棘城復爲慕容廆所破時莫廆部衆彊盛自稱單于塞外諸部咸畏憚之莫廆死子遜昵延立率衆攻慕容廆於棘城廆子翰先戍於外遜昵延謂其衆曰翰素果勇必爲人患宜先取之城不足憂也乃分騎數千襲翰翰聞之使人詐爲段末波使者逆謂遜昵延曰翰數爲吾患久思除之今聞來討甚善戒嚴相待宜兼路早赴翰設伏待之遜昵延以爲信然長驅不備至於伏所爲翰所虜翰馳使告廆乘勝遂進及晨而至廆亦盡銳應之遜昵延見而方嚴率衆逆戰前鋒始交而翰已入其營縱火燎之衆乃大潰遜昵延單馬奔還悉俘其衆遜昵延父子世雄漠北又先得玉璽三紐自言爲天所相每自誇大及此敗也乃卑辭厚幣遣使朝獻于昭帝帝嘉之以女妻焉遜昵延死子乞得龜立復伐慕容廆廆拒之惠帝三年乞得龜屯保澆水固壘不戰遣其兄悉跋堆襲廆子仁于柏林仁逆

擊斬悉跋堆虎又攻乞得龜克之乞得龜單騎夜奔悉虜其衆乘勝長驅入其國城收資財億計徙部民數萬戶以歸先是海出大龜枯死於平郭至是而乞得龜敗別部人逸豆歸殺乞得龜而自立與慕容晃相攻擊遣其國相莫渾伐晃而莫渾荒酒縱獵爲晃所破死者萬餘人建國八年晃伐逸豆歸逸豆歸拒之爲晃所敗殺其驍將涉亦干逸豆歸遠遁漠北遂奔高麗晃徙其部衆五千餘落於昌黎自此散滅矣

徒何段就六眷本出於遼西其伯祖日陸眷因亂被賣爲漁陽烏丸太庫辱官家奴諸大人集會幽州皆持唾壺唯庫辱官獨無乃唾日陸眷口中日陸眷因咽之西向拜天曰願使主君之智慧祿相盡移入我腹中其後漁陽大饑庫辱官以日陸眷爲健使將之詣遼西逐食招誘亡叛遂至彊盛日陸眷死弟乞珍代立乞珍死子務目塵代立卽就六眷父也據有遼西之地而臣於晉其所統三萬餘家控弦上馬四五萬騎穆帝時幽州刺史王浚以段氏數爲己用深德之乃表封務目塵爲遼西公假大單于印綬浚使務目塵率萬餘騎伐石勒於

常山封龍山下大破之務目塵死就陸眷立就陸眷與弟匹磾從弟末波等率五萬餘騎圍石勒於襄國勒登城望之見將士皆釋仗寢卧無警備之意勒因其懈怠選募勇健穿城突出直衝末波生禽之置之座上與飲宴盡歡約爲父子盟誓而遣之末波既得免就陸眷等遂攝軍而還不復報浚歸于遼西自此以後末波常不敢南向溲焉人問其故末波曰吾父在南其感勒不害己也如此就陸眷死其子幼弱匹磾與劉琨世子羣奔喪匹磾陰卷甲而往欲殺其從叔羽鱗及末波而奪其國末波等知之遣軍逆擊匹磾劉羣爲末波所獲匹磾走還薊懼琨禽己請琨宴會因執而害之匹磾既殺劉琨與羽鱗末波自相攻擊部衆乖離欲擁其衆徙保上谷阻軍都之險以拒末波等平文帝聞之陰嚴精騎將擊之匹磾恐懼南奔樂陵後石勒遣石虎擊段文鴦于樂陵破之生擒文鴦匹磾遂率其屬及諸塢壁降于石勒末波自稱幽州刺史屯遼西末波死國人立日陸眷弟護遼爲主烈帝時假護遼驃騎大將軍幽州刺史大單于北平公弟鬱蘭撫軍將軍冀州刺史渤海公建國元年石虎征護遼於遼西護遼

奔平岡山遂投慕容晃晃殺之鬱蘭奔石虎以所徙鮮卑五千人配之使屯令支鬱蘭死子龕代之及冉閔之亂龕率衆南移遂據齊地慕容儁使弟玄恭帥衆伐龕於廣固執龕送之薊儁毒其目而殺之坑其徒三千餘人

高車蓋古赤狄之餘種也初號爲狄歷北方以爲勑勒諸夏以爲高車丁零其語略與匈奴同而時有小異或云其先匈奴之甥也其種有狄氏袁紇氏斛律氏解批氏護骨氏異奇斤氏俗云匈奴單于生二女姿容甚美國人皆以爲神單于曰吾有此女安可配人將以與天乃於國北無人之地築高臺置二女其上曰請天自迎之經三年其母欲迎之單于曰不可未徹之間耳復一年乃有一老狼晝夜守臺嘷呼因穿臺下爲空穴經時不去其小女曰吾父處我於此欲以與天而今狼來或是神物天使之然將下就之其姊大驚曰此是畜生無乃辱父母也妹不從下爲狼妻而產子後遂滋繁成國故其人好引聲長歌又似狼嘷無都統大帥當種各有君長爲性麤猛黨類同心至於寇難翕然相依鬭無行陳頭別衝突乍出乍入不能堅戰其俗蹲踞褻黷無所忌避婚姻用牛

馬納聘以爲榮結言既定男黨營車闌馬令女黨恣取上馬袒乘出闌馬主立
於闌外振手驚馬不墜者卽取之墜則更取數滿乃止俗無穀不作酒迎婦之
日男女相將持馬酪熟肉節解主人延賓亦無行位穹廬前叢坐飲宴終日復
留共宿明日將婦歸既而將夫黨還入其家馬羣極取良馬父母兄弟雖惜終
無言者頗諱取寡婦而優憐之其畜產自有記識雖闌縱在野終無妄取俗不
清潔喜致震霆每震則叫呼射天而棄之移去至來歲秋馬肥復相率候於震
所埋羖羊然火拔刀女巫祝說似如中國祓除而羣隊馳馬旋繞百帀乃止人
持一束柳桋回豎之以乳酪灌焉婦人則以皮裹羊骸戴之首上縈屈髮鬢而
綴之有似軒冕其死亡葬送掘地作坎坐屍於中張臂引弓佩刀挾矟無異於
生而露坎不掩時有震死及疫癘則爲之祈福若安全無佗則爲報賽多殺雜
畜燒骨以燎走馬遶旋多者數百帀男女無小大皆集會平吉之人則歌舞作
樂死喪之家則悲吟哭泣其遷徙隨水草衣皮食肉牛羊畜產盡與蠕蠕同唯
車輪高大輻數至多後徙於鹿渾海西北百餘里部落彊大常與蠕蠕爲敵亦

每侵盜于國家太祖親襲之大破其諸部後太祖復度弱洛水西行至鹿渾海停駕簡輕騎西北行百餘里襲破之虜獲生口馬牛羊二十餘萬復討其餘種於狼山大破之車駕巡幸分命諸將爲東西二道太祖親勒六軍從中道自駮髯水西北徇略其部諸軍同時雲合破其雜種三十餘落衛王儀別督將從西北絶漠千餘里復破其遺迸七部於是高車大懼諸部震駭太祖自牛川南引大校獵以高車爲圍騎徒遮列周七百餘里聚雜獸於其中因驅至平城即以高車衆起鹿苑南因臺陰北距長城東包白登屬之西山尋而高車姪利曷莫弗敕力犍率其九百餘落内附拜敕力犍爲揚威將軍置司馬參軍賜穀二萬斛後高車解批莫弗幡豆建復率其部三十餘落内附亦拜爲威遠將軍置司馬參軍賜衣服歲給廩食蠕蠕社崙破敗之後收拾部落轉徙廣漠之北侵入高車之地斛律部部帥倍侯利患之曰社崙新集兵貧馬少易與耳乃舉衆掩擊入其國落高車昧利不顧後患分其廬室妻其婦女安息寢臥不起社崙登高望見乃招集亡散得千人晨掩殺之走而脱者十二三倍侯利遂來奔賜爵

孟都公倍侯利質直勇健過人奮戈陷陳有異於衆北方之人畏嬰兒啼者語曰倍侯利來便止處女歌謠云求良夫當如倍侯其服衆如此善用五十蓍筮吉凶每中故得親幸賞賜豐厚命其少子曷堂內侍及倍侯利卒太祖悼惜葬以國禮謚曰忠壯王後詔將軍伊謂帥二萬騎北襲高車餘種袁紇烏頻破之太祖時分散諸部唯高車以類麤獷不任使役故得別爲部落後世祖征蠕蠕破之而還至漠南聞高車東部在已尼陂人畜甚衆去官軍千餘里將遣左僕射安原等討之司徒長孫翰尚書令劉潔等諫世祖不聽乃遣原等幷發新附高車合萬騎至于已尼陂高車諸部望軍而降者數十萬落獲馬牛羊亦百餘萬皆徙置漠南千里之地乘高車逐水草畜牧蕃息數年之後漸知粒食歲致獻貢由是國家馬及牛羊遂至于賤氈皮委積高宗時五部高車合聚祭天衆至數萬大會走馬殺牲遊遶歌吟忻忻其俗稱自前世以來無盛於此會車駕臨幸莫不忻悅後高祖召高車之衆隨車駕南討高車不願南行遂推表紇樹者爲主相率北叛遊踐金陵都督宇文福追討大敗而還又詔平北將軍江陽

王繼爲都督討之繼先遣人慰勞樹者樹者入蠕蠕尋悔相率而降高車之族又有十二姓一曰泣伏利氏二曰吐盧氏三曰乙旃氏四曰大連氏五曰窟賀氏六曰達簿干氏七曰阿崙氏八曰莫允氏九曰俟分氏十曰副伏羅氏十一曰乞袁氏十二曰右叔沛氏先是副伏羅部爲蠕蠕所役屬豆崙之世蠕蠕亂離國部分散副伏羅阿伏至羅與從弟窮奇俱統領高車之衆十餘萬落太和十一年豆崙犯塞阿伏至羅等固諫不從怒率所部之衆西叛至前部西北自立爲王國人號之曰候婁匐勒猶魏言大天子也窮奇號候倍猶魏言儲主也二人和穆分部而立阿伏至羅居北窮奇在南豆崙追討之頻爲阿伏至羅所敗乃引衆東徙十四年阿伏至羅遣商胡越者至京師以二箭奉貢云蠕蠕爲天子之賊臣諫之不從遂叛來至此而自豎立當爲天子討除蠕蠕高祖未之信也遣使者于提往觀虛實阿伏至羅與窮奇遣使者簿頡隨于提來朝貢其方物詔員外散騎侍郎可足渾長生復與于提使高車各賜繡袴褶一具雜綵百疋窮奇後爲嚈噠所殺虜其子彌俄突等其衆分散或來奔附或投蠕蠕詔

遣宣威將軍羽林監孟威撫納降人置之高平鎮阿伏至羅長子蒸阿伏至羅餘妻謀害阿伏至羅阿伏至羅殺之阿伏至羅又殘暴大失衆心衆共殺之立其宗人跋利延爲主歲餘嚈噠伐高車將納彌俄突國人殺跋利延迎彌俄突而立之彌俄突既立復遣朝貢又奉表獻金方一銀方一金杖二馬七匹駝十頭詔使者慕容坦賜彌俄突雜綵六十匹世祖詔之曰卿遠據沙外頻申誠款覽揖忠志特所欽嘉蠕蠕嚈噠吐谷渾所以交通者皆路由高昌掎角相接今高昌內附遣使迎引蠕蠕往來路絕姦勢不得妄令羣小敢有陵犯擁塞王人罪在不赦彌俄突尋與蠕蠕主伏圖戰於蒲類海北爲伏圖所敗西走三百餘里伏圖次於伊吾北山先是高昌王麴嘉表求內徙世宗遣孟威迎之至伊吾蠕蠕見威軍怖而遁走彌俄突聞其離駭追擊大破之殺伏圖於蒲類海北割其髮送於孟威又遣使獻龍馬五匹金銀貂皮及諸方物詔東城子于亮報之賜樂器一部樂工八十人赤紬十四雜綵六十匹彌俄突遣其莫何去汾屋引叱賀真貢其方物肅宗初彌俄突與蠕蠕主醜奴戰敗被禽醜奴繫其兩脚於

駕馬之上頓曳殺之漆其頭爲飲器其部衆悉入嚈噠經數年嚈噠聽彌俄突
弟伊匐還國伊匐既復國遣使奉表於是詔遣使者谷楷等拜爲鎮西將軍西
海郡開國公高車王伊匐復大破蠕蠕蠕蠕王婆羅門走投涼州正光中伊匐
遣使朝貢因乞朱畫步挽一乘幷幔褥鞦韆一副纖扇各一枚青曲蓋五枚赤
漆扇五枚鼓角十枚詔給之伊匐後與蠕蠕戰敗歸其弟越居殺伊匐自立天
平中越居復爲蠕蠕所破伊匐子比適復殺越居而自立與和中比適又爲蠕
蠕所破越居子去賓自蠕蠕來奔齊獻武王欲招納遠人上言封去賓爲高車
王拜安北將軍肆州刺史既而病死初太祖時有吐突隣部在女水上常與解
如部相爲脣齒不供職事登國三年太祖親西征度弱洛水復西行趣其國至
女水上討解如部落破之明年春盡略徙其部落畜產而還又有紇突隣與紇
奚世同部落而各有大人長帥擁集種類常爲寇於意辛山登國五年太祖勒
衆親討焉慕容驎率師來會大破之紇突隣大人屋地鞬紇奚大人庫寒等皆
舉部歸降皇始二年車駕伐中山軍於柏肆慕容寶夜來攻營軍人驚走還於

國路由并州遂反將攻晉陽并州刺史元延討平之紇突隣部帥匿物尼紇奚部帥叱奴根等復聚黨反於陰館南安公元順討之不克死者數千人太祖聞之遣安遠將軍庾岳還討匿物尼等皆殄之又有侯呂隣部衆萬餘口常依險畜牧登國中其大人叱伐爲寇於苦水河八年夏太祖大破之并禽其別帥焉古延等

薛干部常屯聚於三城之間及滅衞辰後其部帥太悉伏望軍歸順太祖撫安之車駕還衞辰子屈丏奔其部太祖聞之使使詔太悉伏執送之太悉伏出屈丏以示使者曰今窮而見投寧與俱亡何忍送之遂不遣太祖大怒車駕親討之會太悉伏先出擊曹覆寅官軍乘虛遂屠其城獲太悉伏妻子珍寶徙其人而還太悉伏來赴不及遂奔姚興未幾亡歸嶺北上郡以西諸鮮卑雜胡聞而皆應之天賜五年屈丏盡劫掠總服之及平統萬薛干種類皆得爲編戶矣而

率屯山鮮卑別種破多蘭部世傳主部落至木易干有武力壯勇劫掠左右西及金城東侵安定數年間諸種患之天與四年遣常山王遵討之於高平木易

干將數千騎棄國遁走盡徙其人於京師餘種分迸其後爲赫連屈丏所滅又
黜弗素古延等諸部富而不恭天興五年材官將軍和突率六千騎襲而獲之
又越勤倍泥部永興五年轉牧跋那山西七月遣奚斤討破之徙其人而還
史臣曰周之獫狁漢之匈奴其作害中國固亦久矣魏晉之世種族瓜分去來
沙漠之陲窺擾鄣塞之際猶皆東胡之餘緒冒頓之枝葉至如蠕蠕者匈奴之
裔根本莫尋逃形集醜自小爲大風馳鳥赴倏來忽往代京由之屢駭戎車所
以不寧是故魏氏祖宗揚威曜武驅其畜產收其部落翦之窮髮之野逐之無
人之鄉豈好肆兵極銳凶器不戢蓋亦急病除惡事不得已而然也

魏書卷一百三

魏書卷一百三考證

魏書卷一百三〇魏收書亡後人所補

蠕蠕傳及昭成崩〇昭成下應有帝字此葢用北史補亡而未及改正者

樂平王督十五將出西道〇臣人龍按上云樂安王範建寧王崇下云中山王辰則樂平王亦應書名本書樂平王丕傳云丕薨於真君五年二月則此樂平王當是丕也

孝莊詔曰〇孝莊下亦應加帝字

匈奴宇文莫槐傳與慕容晃相攻擊〇本書以晃字係恭宗廟諱故改稱其字此與就六眷傳仍稱爲晃亦以其文係北史也

魏書卷一百三考證

魏書卷一百四

齊　魏收　撰

列傳第九十二

自序

漢初魏無知封高良侯子均均子恢恢子彥彥子歆字子胡幼孤有志操博洽經史成帝世位終鉅鹿太守仍家焉歆子悅字處德性沉厚有度量宣城公趙國李孝伯見而重之以女妻焉位濟陰太守以善政稱悅子子建字敬忠釋褐奉朝請累遷太尉從事中郎初世祖時平氐遂於武興立鎮尋改爲東益州其後鎮將刺史乖失人和羣氐作梗遂爲邊患乃除子建爲東益州刺史子建布以恩信風化大行遠近清靜正光五年南北二秦城人莫折念生韓祖香張長命相繼構逆僉以州城之人莫不勁勇同類悉反宜先收其器械子建以爲城人數當行陳盡皆驍果安之足以爲用急之腹背爲憂乃悉召居城老壯曉示之幷上言諸城人本非罪坐而來者悉求聽免肅宗優詔從之子建漸分其父

兄子弟外居郡戍內外相顧終獲保全及秦賊乘勝屯營黑水子建乃潛使掩襲前後斬獲甚衆威名赫然先反者及此悉降乃間使上聞肅宗甚嘉之詔子建兼尚書爲行臺刺史如故於是威震蜀土其梁巴二益兩秦之事皆所節度梁州刺史傅豎眼子敬和中心以爲愧在洛大行貨賄以圖行臺先是子建亦屢求歸京師至此乃遣刺史唐永代焉豎眼因爲行臺子建將還羣氐慕戀相率斷道主簿楊僧覆先行曉喻諸氐忿曰我留刺史爾送出也斫之數創幾死子建徐加慰譬旬日方得前行吏人贈遺一無所受而東益氐蜀尋反攻逼唐永永棄城而走乃喪一藩矣初永之走子建客有沙門曇璨及鉅鹿人耿顯皆沒落氐手及知子建之客垂泣追衣物還之送出白馬遺愛所被如此自國家開華陽等郡梁州邢巒益州傅豎眼及子建爲最初子建爲前軍將軍十年不徙在洛閑暇與吏部尚書李韶韶從弟延寔頗爲奕棊時人謂爲耽好子建每曰棊於機權廉勇之際得之深矣且吾未爲時用博奕可也及一臨邊事凡經五年未曾對局還洛後俄拜常侍衞尉卿初元顥內逼莊帝北幸子建謂所親

盧義僖曰北海自絕社稷稱藩蕭衍吾老矣豈能爲陪臣遂攜家口居洛南顯平乃歸先苦風痹及此遂甚以卿任有務屢上書乞身特除右光祿大夫邢杲之平太傅李延寔子侍中彧爲大使撫慰東土時外戚貴盛送客塡門子建亦往候別延寔曰小兒今行何以相勖子建曰益以盈滿爲誡延寔悵然久之及莊帝殺尒朱榮遇禍於河陰者其家率相弔賀太尉李虔第二子仁曜子建之女壻往亦見害子建謂姨弟盧道虔曰朝廷誅翦權彊凶徒尙梗未聞有奇謀異略恐不可濟此乃李門禍始弔賀無乃怱怱及永安之後李氏宗族流離或遇誅夷如其所慮後歷左光祿大夫加散騎常侍驃騎大將軍子建自出爲藩牧董司山南居脂膏之中遇天下多事正身潔己不以財利經懷及歸京師家人衣食常不周贍淸素之迹著於終始性存重愼不雜交遊唯與尙書盧義僖姨弟涇州刺史盧道裕雅相親昵及疾篤顧勑二子曰死生大分含氣所同世有厚葬吾平生不取籧篨裸身又非吾意氣絕之後斂以時服吾生年契闊前後三娶合葬之事抑又非古且汝二母先在舊塋墳地久固已有定別唯汝次

母墓在外耳可遷入兆域依班而定行於吾墓之後如此足矣不須祔合當順
吾心勿令吾有遺恨永熙二年春卒于洛陽孝義里舍時年六十三贈儀同三
司定州刺史謚曰文靜二子收祚收字伯起小字佛助年十五頗已屬文及隨
父赴邊值四方多難好習騎射欲以武藝自達滎陽鄭伯調之曰魏郎弄戟多
少收慚遂折節讀書夏月坐板牀隨樹陰諷誦積年牀板爲之銳減而精力不
輟以文華顯初以父功除太學博士及尒朱榮於河陰濫害朝士收亦在圍中
以日晏獲免吏部尚書李神儁重收才學奏授司徒記室參軍永安三年除北
主客郎中前廢帝立妙簡近侍詔試收爲封禪書收下筆便就不立草藁文將
千言所改無幾時黃門郎賈思同侍立深奇之帝曰雖七步之才無以過此遷
散騎侍郎尋勑典起居注幷修國史俄兼中書侍郎年二十六出帝初又詔收
攝本職文誥塡積事咸稱旨黃門郎崔㥄從齊獻武王入朝熏灼於世收初不
詣門㥄爲帝登祚赦云朕託體孝文收嗤其率直正員郎李愼以告之㥄深忿
忌時前廢帝殂令收爲詔㥄乃宣言收普泰世出入幃幄一日造詔優爲詞旨

然則義旗之士盡爲逆人又收父老合解官歸侍南臺將加彈劾賴尙書辛雄
爲言於中尉綦儁乃解收有賤生弟仲同先未齒錄因此怖懼上籍遣還鄉扶
侍出帝嘗大發士卒狩於嵩少之南旬有六日時旣寒苦朝野嗟怨帝與從官
皆胡服而騎宮人及諸妃主雜其閒奇伎異飾多非禮度收欲言則畏懼欲默
不能已乃上南狩賦以諷焉年二十七雖富言淫麗而終歸雅正帝手詔報焉
甚見褒美鄭伯謂曰卿不遇老夫猶應逐兔初齊獻武王固讓天柱大將軍帝
勑收爲詔令遂所請欲加相國問收相國品秩收以實對帝遂止收旣未測主
相之意以前事不安求解詔許焉久之除帝兄子廣平王贊開府從事中郎收
不敢辭乃爲庭竹賦以致己意尋兼中書舍人與濟陰溫子昇河閒邢子才齊
譽世號三才時出帝猜忌獻武內有閒隙收遂以疾固辭而免其舅崔孝芬怪
而問之收曰懼有晉陽之甲尋而獻武南上帝西入關收兼通直散騎常侍副
王昕聘蕭衍昕風流文辯收辭藻富逸衍及其羣臣咸加敬異先是南北初和
李諧盧元明首通使命二人才器並爲隣國所重至此衍稱曰盧李命世王魏

中興未知後來復何如耳文襄啓收兼散騎常侍修國史武定二年除正常侍
領兼中書侍郎仍修史帝宴百寮問何故名人日皆莫能知收對曰晉議郎董
勛答問稱俗云正月一日爲鷄二日爲狗三日爲豬四日爲羊五日爲牛六日
爲馬七日爲人時邢邵亦在側甚恧焉自南北和好書下紙每云想彼境內寧
靜此率土安和蕭衍後使其書乃去彼字自稱猶著此欲示無外之意收定報
書云想境內清晏今萬國安和南人復書依以爲體後獻武入朝靜帝授相國
固讓令收爲啓啓成呈上文襄時侍側獻武指收曰此人當復爲崔光四年獻
武於西門豹祠宴集謂司馬子如曰魏收爲史官書吾善惡聞北伐時諸貴常
餉史官飲食司馬僕射頗曾餉不因共大笑仍謂收曰卿勿見元康等在吾目
下趨走謂吾以爲勤勞我後世身名在卿手勿謂我不知尋加兼著作郎靜帝
曾季秋大射普令賦詩收詩末云尺書徵建鄴折簡召長安文襄壯之顧謂人
曰在朝今有魏收便是國之光采雅俗文墨通達縱橫我亦使子才子昇時有
所作至於詞氣並不及之吾或意有所懷忘而不語語而不盡意有未及及收

呈草皆以周悉此亦難有又勑兼主客郎接蕭衍使謝珽徐陵侯景旣陷臺城衍鄱陽王範時爲合州刺史文襄勑收以書喻之範得書乃率部伍西上闕州刺史崔聖念入據其城文襄謂收曰今定一州卿有其力猶恨尺書徵建鄴未效耳文襄崩文宣如晉陽令與黃門郎崔季舒高德正吏部郎中尉瑾於北第參掌機密轉祕書監兼著作郎又除定州大中正時齊將受禪楊愔奏收置之別館令撰禪代詔册諸文遣徐之才守門不聽出天保元年除中書令仍兼著作郎封富平縣子二年授詔撰魏史除魏尹故優以祿力專在史閣不知郡事初帝令羣臣各言志收曰臣願得直筆東觀早出魏書故帝使收專其任又詔平原王高隆之總監之隆之署名而已帝勑收曰好直筆我終不作魏太武誅史官始魏初鄧淵撰代記十餘卷其後崔浩典史游雅高允程駿李彪崔光李琰之世修其業浩爲編年體彪始分作紀表志傳書猶未出世宗時命邢巒追撰高祖起居注書至太和十四年又命崔鴻王遵業補續焉下訖肅宗事甚委悉濟陰王暉業撰辨宗室錄三十卷收於是與通直常侍房延祐司空司馬辛

元植國子博士刁柔裴昂之尚書郎高孝幹專總斟酌以成魏書辨定名稱隨條甄舉又搜採亡遺綴續後事備一代史籍表而上聞勒成一代大典凡十二紀九十二列傳合一百一十卷五年三月奏上之秋除梁州刺史收以志未成奏請終業許之十一月復奏十志天象四卷地形三卷律曆二卷禮樂四卷食貨一卷刑罰一卷靈徵二卷官氏二卷釋老一卷凡二十卷續於紀傳合一百三十卷分為十二帙其史三十五例二十五序九十四論前後二表一啓焉

魏書卷一百四

魏書卷一百四考證

自序專總斟酌○專監本誤傳今改從北史

魏書卷一百四考證

珍傚朱版柕

魏書卷一百五之一

齊　魏收　撰

志第一

天象一之一

夫在天成象，聖人是觀，日月五星，象之著者，變常舛度，徵咎隨焉。然則明晦暈蝕，疾餘犯守，飛流欻起，彗孛不恆，或皇靈降臨，示譴以戒下，或王化有虧，感達於天路。易稱天垂象，見吉凶，觀乎天文以察時變。書曰曆象日月星辰，敬授民時。是故有國有家者之所祗畏也。百王興廢之驗，萬國禍福之來，兆勤雖微，罔不必至，著於前載，不可得而備舉也。班史以日暈五星之屬列天文志，薄蝕彗孛之比入五行說，七曜一也，而分為二志，故陸機云學者所疑也。今以在天諸異咸入天象，其應徵符合，隨而條載，無所顯驗則闕之云。

太祖天興五年八月，天鳴。

六年九月，天鳴。

皇始二年十月壬辰日暈有佩璚占曰兵起天興元年九月烏丸張超收合亡命聚黨三千餘家據勃海之南皮自號征東大將軍烏丸王鈔掠諸郡詔將軍庾岳討之

天興三年六月庚辰朔日有蝕之占曰外國侵土地分五年五月姚興遣其弟義陽公平率衆四萬來侵平陽乾壁爲平所陷

六年四月癸巳朔日有蝕之占曰兵稍出十月太祖詔將軍伊謂率騎二萬北襲高車大破之

天賜五年七月戊戌朔日有蝕之占曰后死六年七月夫人劉氏薨後諡爲宣穆皇后

太宗神瑞二年八月庚辰晦日有蝕之

世祖始光四年六月癸卯朔日有蝕之占曰諸佐非其人神䴥元年二月司空奚斤監軍侍御史安頡討赫連昌擒之於安定其餘衆立昌弟定爲主走還平涼斤追之爲定所擒將軍丘堆棄甲與守將高涼王禮東走蒲坂世祖怒斬堆

神䴥元年十一月乙未朔日有蝕之
太延元年正月己未朔日有蝕之
四年十一月丁卯朔日有蝕之
太平真君元年四月戊午朔日有蝕之
三年八月甲戌晦日有蝕之
六年六月戊子朔日有蝕之占曰有九族夷滅七年正月戊辰世祖車駕次東
雍州庚午圍薛永宗營壘永宗出戰大敗六軍乘之永宗衆潰斬永宗男女無
少長皆赴汾水而死
七年六月癸未朔日有蝕之占曰不臣欲殺八年三月河西王沮渠牧犍謀反
伏誅
十年夏四月丙申朔日有蝕之
六月庚寅朔日有蝕之占曰將相誅十一年六月己亥誅司徒崔浩
十一年十二月辛未日南北有珥

高宗興安元年十一月己卯日出赤如血
二年三月日暈
興光元年七月丙申朔日有蝕之
和平元年九月庚申朔日有蝕之
三年二月壬子朔日有蝕之占曰有白衣之會六年五月癸卯高宗崩
顯祖皇興元年十月己卯朔日有蝕之
二年四月丙子朔日有蝕之占曰將誅四年十月誅濟南王慕容白曜
十月癸酉朔日有蝕之占曰尊后有憂三年夫人李氏薨後謚思皇后
三年十月丁酉朔日有蝕之
高祖延興元年十二月癸卯日有蝕之占曰有兵二年正月乙卯統萬鎮胡民相率北叛遣寧南將軍交阯公韓拔等滅之
三年十二月癸卯朔日有蝕之
四年正月癸酉朔日有蝕之占曰有崩主天下改服有大臣死五年十二月己

丑征北大將軍城陽王壽薨六年六月辛未顯祖崩
七月丙寅日有背珥
五年正月丁酉白虹貫日直珥一
承明元年三月辛卯日暈五重有二珥
太和元年冬十月辛亥朔日有蝕之
二年正月辛亥日暈東西有珥
二月乙酉晦日有蝕之占曰有欲反者近三月遠三年四年正月癸卯洮陽羌叛枹罕鎮將討平之
九月乙巳朔日有蝕之占曰東邦發兵四年十月丁未蘭陵民桓富殺其縣令與昌慮桓和北連太山羣盜張和顏等聚黨保五固推司馬朗之爲主詔淮陽王尉元等討之
三年春正月癸丑日暈東西有珥有佩戟一重北有偃戟四重後有白氣貫日珥狀如車輪京師不見雍州以聞

三月癸卯朔日有蝕之占曰大臣誅四月雍州刺史宜都王目辰有罪賜死
四年正月辛酉日東西有珥北有佩日暈貫兩珥
五年正月庚辰日暈東西有珥南北並白氣長一丈廣二尺許北有連環暈又
貫珥內復有直氣長三丈許內黃中青外白暈乍成散乃滅
七月庚申朔日有蝕之
七年十二月乙巳朔日有蝕之
八年正月戊寅有白氣貫日占曰近臣亂十年三月丁亥中散梁衆保等謀反
伏誅
十一年十一月丁亥日失色
十二年三月戊戌白虹貫日
十三年二月乙亥朔日十五分蝕八占曰有白衣之會十一月己未安豐王猛
薨
十四年二月己巳朔未時雲氣斑駮日十五分蝕一占曰有白衣之會九月癸

丑文明太皇太后馮氏崩
十五年正月癸亥晦日有蝕之占曰王者將兵天下擾動十七年六月丙戌高
祖南伐
十七年六月庚辰朔日有蝕之
十八年五月甲戌朔日有蝕之
二十年九月庚寅晦日有蝕之
二十三年六月己卯日中有黑氣占曰內有逆謀八月癸亥南徐州刺史沈陵
南叛
十二月甲申日中有黑氣大如桃
世宗景明元年正月辛丑朔日有蝕之
七月己亥朔日有蝕之
二年四月癸酉日自午及未再暈內黃外白
七月癸巳朔日有蝕之

八月戊辰日赤無光中有黑子一
三年正月乙巳日中有黑氣如鵝子申酉復見又有二黑氣横貫日
二月辛卯日中有黑氣大如鵝子
七月丁巳朔日有蝕之
正始元年十二月丙戌黑氣貫日
壬子日有冠珥內黃外青占曰天下喜三年正月丁卯皇子生大赦天下
三年二月甲辰日左右有珥內赤外黃
辛亥日暈外白內黃
十月乙巳日赤無光
十二月乙卯日暈內黃外青東西有珥北有背巳時白虹貫日
永平元年三月己酉日南北有珥外青內黃暈不匝西北有直氣長尺餘北有
白虹貫日
八月壬子朔日有蝕之

二年八月丙午朔日有蝕之
丁卯旦日旁有黑氣形如月從東南來衝日如此者一辰乃滅
三年二月甲子日中有黑氣二
十二月乙未日交暈中赤外黃東西有珥南北白暈貫日皆匝
四年十一月癸卯日中有黑氣二大如桃占曰天子崩延昌四年正月丁巳世宗昇遐
十二月壬戌朔日有蝕之在牛四度占曰其國叛兵發延昌二年正月庚辰蕭衍郁洲民徐玄明等斬送衍鎮北將軍青冀二州刺史張稷首以州內附
延昌元年二月甲戌至于辛巳日初出及將沒赤白無光明
五月己未晦日十五分蝕九占曰大旱民流千里二年春京師民飢死者數萬口
二年閏月辛亥日中有黑氣占曰內有逆謀三年十一月丁巳幽州沙門劉僧紹聚衆反自號淨居國明法王州郡捕斬之

五月甲寅朔日有蝕之京師不見恆州以聞
三年三月庚申日交暈其色內赤黃外青白南北有佩可長二丈許內赤黃外
青白西有白暈貫日又日東有一抱長二丈許內赤黃外青
肅宗熙平元年三月戊辰朔日有蝕之
丁丑日出無光至于酉時占曰兵起神龜元年正月秦州羌反二月己酉東益
州氐反七月河州民却鐵怱聚衆反自稱水池王
四月甲辰卯時日暈帀西有一背內赤外黃南北有珥內赤外黃漸滅
十二月己酉日暈北有一抱內赤外白兩傍有珥北有白虹貫日
神龜元年三月丁丑白虹貫日占曰天下有來臣之衆不三年十一月乙酉蠕
蠕莫緣梁賀侯豆率男女七百口來降
二年正月辛巳朔日有蝕之
正光元年正月乙亥朔日有蝕之占曰有大臣亡七月丙子殺太傅領太尉清
河王懌

二年五月丁酉日有蝕之夏州以聞
三年正月甲寅日交暈內赤外青有白虹貫暈外有直氣長二丈許內赤外青
五月壬辰朔日有蝕之占曰秦邦不臣五年六月秦州城人莫折大提據城反
自稱秦王
十月己巳太史奏自八月已來黃埃掩日日出三丈色赤如赭無光曜
十一月己丑朔日有蝕之占曰有小兵在西北四年二月己卯蠕蠕主阿那瓌
率衆犯塞
四年十一月癸未朔日有蝕之
五年閏月乙酉日暈內赤外青南有珥上有一抱兩背內赤外青
三月丁卯日暈三重外青內赤占曰有謀其主孝昌元年正月庚申徐州刺史
元法僧據城反自稱宋王
十二月丙申日暈南北有珥上有兩抱一背
孝昌元年十二月丙戌白虹刺日不過虹中有一背占曰有臣背其主一曰有

反城二年九月己卯東豫州刺史元慶和據城南叛
三年十一月戊寅辰時日暈東面不合其色內赤外黃東西有珥內赤外黃西
北去暈一尺餘有一背長二丈餘廣三尺許內赤外黃
莊帝永安二年三月甲戌未時日暈三重內黃赤外青白暈東西兩處不合其
狀如抱
五月辛酉日暈東西兩處不合
辛未申時日南有珥去一尺餘有一背長三丈許廣五尺餘內赤外青
七月丙寅直東去日三尺許有一背長二丈餘內赤外青半食頃從北頭漸滅
至半須臾還如初見內赤外青其色分炳
十月己酉朔日從地下蝕出十五分蝕七虧從西南角起占曰西夷欲殺後有
大兵必西行三年四月丁卯雍州刺史尒朱天光討擒万俟醜奴蕭寶夤於安
定送京師斬之
三年五月戊戌辰時日暈帀內赤外白暈內有兩珥西有白虹貫日東北有一

背內赤外青南有一背內赤外青東有一抱內青外赤京師不見青州表聞

六月辛丑日暈白虹貫日

前廢帝普泰元年三月丁亥日月並赤赭色天地溷濁

六月己亥朔日蝕從西南角起雲陰不見定相二州表聞占曰主弱小人持政

時尒朱世隆兄弟專擅威福

後廢帝中興二年二月辛丑辰時日暈東西不合其色內赤外青南北有珥西

北去暈一尺餘有一背長二丈許可廣三尺內赤外青

十一月日暈再重上有背長三丈餘內青外赤

出帝太昌元年五月日暈再重上有兩背一尺許

癸丑午時日南有珥去日一尺餘有一背長三丈許廣五尺內赤外青

十月辛酉朔日從地下蝕出虧從西南角起占曰有兵大行永熙二年正月甲

午齊獻武王自晉陽出討尒朱兆丁酉大破之於赤洪嶺兆遁走自殺

永熙二年四月己未朔日有蝕之在丙虧從正南起占曰君陰謀三年五月辛

卯出帝爲斛斯椿等諸佞鬭構猜於齊獻武王託討蕭衍盛暑徵發河南諸州
之兵天下恠惡之語在斛斯椿傳
三年四月癸丑日有蝕之占曰有亂殺天子者七月丁未出帝爲斛斯椿等迫
脅遂出於長安
孝靜元象元年春正月辛丑朔日有蝕之占曰大臣死八月辛卯司徒公高敖
曹戰歿於河陰
六月己丑日暈一重有兩珥上有背長二丈餘
十一月己巳辰時日暈南面不合東西有珥背有白虹至珥不徹
二年二月己丑巳時日暈帀白虹貫日不徹
興和二年閏月丁丑朔日有蝕之占曰有小兵七月癸巳元寶炬廣豫二州行
臺趙繼宗南青州刺史崔康寇陽翟鎮將擊走之
武定三年冬十一月壬申日暈兩重東南角不合西南東北有珥西北有兩重
背東北西北有白氣幷有兩珥中間有一白氣東西橫至珥

十二月乙酉竟天微有白雲日暈東南角不合西南東北有珥西北有一背去日一尺

五年正月己亥朔日有蝕之從西南角起占曰不有崩喪必有臣亡天下改服

丙午齊獻武王薨

二月辛丑日暈帀西北交暈貫日并有一珥一抱

六年七月庚寅朔日有蝕之虧從西北角起

魏書卷一百五之一

魏書卷一百五之一考證

天象志敘萬國禍福之來○來監本誤未今改正

兆勤雖微○勤係勦字之訛

世祖始光四年諸佐非其人○佐南監本作侯

莊帝永安二年外青白○白監本誤日今改正

魏書卷一百五之一考證

珍做朱版印

齊　魏收　撰

志第二

天象一之二

太祖皇始二年六月庚戌月掩太白在端門外占曰國受兵九月慕容賀驎率三萬餘人出寇新市十月太祖破之於義臺塢斬首九千餘級

天興元年十一月丁丑月犯東上相

二年五月辛酉月掩東上相

八月壬辰月犯牽牛占曰國有憂三年二月丁亥皇子聰薨

三年三月乙丑月犯鎮星在牽牛

七月己未月犯鎮星在牽牛

辛酉月犯哭星

四年三月甲子月生齒占曰有賊臣五年十一月秀容胡帥前平原太守劉曜

聚衆爲盜遣騎誅之
七月丁卯月犯天關
十月甲子月犯東次相
五年四月辛丑月掩辰星在東井
五月丙申月犯太微
七月己亥月犯歲星在左角
十月戊申月暈左角時帝討姚興與弟平於乾壁克之太史令晁崇奏角蟲將死
上慮牛疫乃命諸軍併重焚車丙戌車駕北引牛大疫死者十八九官車所馭
巨犗數百同日斃於路側首尾相屬麋鹿亦多死
乙卯月犯太微占曰貴人憂六年七月鎮西大將軍司隸校尉毗陵王順有罪
以王還第
十二月庚申月與太白同入羽林
六年正月月掩氐西南星

六月甲辰月掩北斗魁第四星
十月乙巳月犯軒轅第四星
十一月辛巳月犯熒惑
天賜元年二月甲辰月掩歲星在角占曰天下兵起三年四月蠕蠕寇邊夜召兵將旦賊走乃罷
四月甲午月掩軒轅第四星占曰女主惡之六年七月夫人劉氏薨後謚宣穆皇后
五月壬申月掩斗魁第二星
二年三月壬辰月掩左執法
丁酉月掩心前星
四月己卯月犯鎮星在東壁占曰貴人死四年五月常山王遵有罪賜死
七月己未月掩鎮星
八月丁巳月犯斗第一星占曰大臣憂三年七月太尉穆崇薨

十月丁巳月掩鎮星在營室
三年二月己丑月犯心後星
四月癸丑月犯太微西上將
己未月犯房南第二星占曰將相有憂四年五月誅定陵公和跋
五月癸未月犯左角占曰左將軍死六年三月左將軍曲陽侯元素延死
十二月丙午月掩太白在危
四年二月庚申月掩心後星
五年五月丁未月掩斗第二星占曰大人憂六年十月戊辰太祖崩
太宗永興元年二月甲子月犯昴占曰胡不安天子破匈奴二年五月太宗討
蠕蠕社崙社崙遁走
九月壬寅月犯昴
閏月丁酉月犯昴
二年三月丁卯月掩房南第二星又掩斗第五星

五月甲子月掩斗第五星
己亥月掩昴
六月己丑月犯房南第二星
七月乙亥月犯輿鬼
八月甲申月犯心前星
三年六月庚子月犯歲星在畢占曰有邊兵五年四月上黨民勞聽士臻羣聚
爲盜殺太守令長相率外奔
八月乙未月犯歲星在參
四年春正月壬戌月行畢蝕歲星
癸亥月掩房北第二星
閏月庚申月行昴犯熒惑
七月月蝕熒惑
八月戊申月犯泣星

十月辛亥月掩天關占曰有兵五年六月蔓澤民劉逸自號征東將軍三巴王
署置官屬攻逼建與郡元城侯元屈等討平之
五年三月戊辰月行參犯太白
四月癸卯月暈翼軫角
七月庚午月掩鉤鈐占曰喉舌臣憂五年三月散騎常侍王洛兒卒
八月庚申月犯太白占曰憂兵神瑞元年二月赫連屈丐入寇河東殺掠吏民
三城護軍張昌等要擊走之
九月己丑月犯左角占曰天下有兵神瑞元年十二月蠕蠕犯塞
十月乙巳月犯畢占曰貴人有死者泰常元年三月長樂王處文薨
十一月丙戌月蝕房第一星
十二月甲辰三暈東井
神瑞元年正月丁卯月犯畢占曰貴人有死者泰常元年四月庚申河間王修
薨

二月戊申月蝕房第一星
三月壬申月蝕左角
五月壬寅月犯牽牛南星
六月丙申月掩氐
七月庚辰月犯天關
八月丁酉月蝕牽牛中大星
己酉月犯西咸占曰有陰謀神瑞二年三月河西饑胡屯聚上黨推白亞栗斯
爲盟主號大單于稱建平元年四月詔將軍公孫表等五將討之
二年三月丁巳月入畢占曰天下兵起泰常元年三月常山民霍季自言名載
圖讖持一黑石以爲天賜玉印誑惑聚黨入山爲盜州郡捕斬之
四月己卯月犯畢陽星
七月辛丑月犯畢占曰貴人有死者泰常元年十二月南陽王良薨
八月壬子月犯氐

十月甲子月暈畢
十一月月暈軒轅
戊午月犯畢陽星
泰常元年五月甲申月犯歲星在角
六月己巳月犯畢占曰貴人死二年十月豫章王嬰薨
七月月犯牛
十月丙戌月入畢占曰有邊兵二年二月司馬德宗譙王司馬文思自江東遣使詣闕上書請軍討劉裕太宗詔司徒長孫嵩率諸將邀擊之
二年五月丙子月犯軒轅
八月己酉月犯牽牛占曰其地有憂三年司馬德宗死
丁卯月犯太微
十一月癸未月犯東井南轅西頭第一星占曰諸侯貴人死一曰有水三年八月鴈門河內大雨水復其租稅五年三月南陽王意文薨

二年正月戊申月犯輿鬼積尸己酉月犯軒轅爟星占曰女主有憂五年六月
丁卯貴嬪杜氏薨後謚密皇后
四月壬申月犯鎮星在張
五月癸亥月犯太白於東井
七月丁巳月犯東井
九月丙寅月犯熒惑在張翼
十一月庚申月犯太白在斗
十二月庚辰月犯熒惑於太微
四年正月丙午月犯太微
三月壬寅月犯太微
五月丙申月犯太微占曰人君憂八年十一月太宗崩
十二月丁巳月犯太白入羽林
五年十一月辛亥月蝕熒惑在亢占曰韓鄭地大敗八年九月劉義符潁川太

守李元德竊入許昌太宗詔交阯侯周幾擊之元德遁走
六年二月己亥月蝕南斗杓星
五月丙辰月暈在角亢
七年正月丁卯月犯南斗占曰大臣憂三月河南王曜薨
三月壬戌月犯南斗
五月丙午月犯軒轅
六月辛巳月犯房占曰將相有憂八年六月己亥太尉宜都公穆觀薨
世祖始光元年正月壬午月犯心中央大星
二年三月丙子月犯熒惑在虛
十二月丁酉月犯軒轅
神䴥三年夏四月壬戌月犯軒轅
六月月犯歲星
四年十月丙辰月掩天關占曰有兵延和元年七月世祖討馮文通於和龍

十二月月犯房鉤鈐
延和元年三月月犯軒轅
四月月犯左角占曰天下有兵二年二月征西將軍金崖與安定鎮將延普及
涇州刺史狄子玉爲權舉兵攻普不克退保胡空谷驅掠平民據險自固世祖
詔平西將軍安定鎮將陸俟討獲之
五月月犯軒轅掩南斗第六星
七月丙午月蝕左角
三年二月庚午月犯畢口而出月暈昴五車及參占曰貴人死五月甲子陰平
王求薨
閏月己丑月入東井犯太白占曰憂兵七月辛巳世祖行幸隰城命諸軍討山
胡白龍于西河克之
太延元年五月壬子月犯右執法占曰執法有憂十月尙書左僕射安原謀反
伏誅

十月丙午月犯右執法
二年正月庚午月犯熒惑占曰貴人死三年正月癸未征東大將軍中山王纂
薨
二月月犯太微東藩第一星
三月癸亥月犯太微右執法又犯上相占曰將相有免者真君二年三月庚戌
新興王俊略陽王羯兒有罪並黜爲公
三年正月月犯東井占曰將相死戊子太尉北平王長孫嵩薨乙巳鎮南大將
軍丹陽王叔孫建薨
九月丙申月暈太微
十一月戊戌月掩太白
四年四月己卯月犯氐
十一月丁未月犯東井占曰將軍死真君二年九月戊戌撫軍大將軍永昌王
健薨

五年六月甲午朔月見西方
七月月掩鎮星
真君元年十二月月犯太微
二年六月壬子朔月見西方
三年三月癸未月犯太白占曰憂兵四年正月征西將軍皮豹子等大破劉義
隆將於樂鄉擒其將王奐之王長卿等
五年五月甲辰月犯心後星
六年四月月犯心占曰有亡國是月征西大將軍高涼王那討吐谷渾慕利延
於陰平軍到曼頭城慕利延驅其部落西渡流沙那急追之故西秦王慕璝世
子被囊逆軍距戰那擊破之慕利延遂西入于闐
七年八月癸卯月犯熒惑又犯軒轅
十一月月犯軒轅
八年正月庚午月犯心大星

九年正月月犯歲星
十一年正月甲子月入羽林
正平元年正月月入羽林
高宗太安四年正月己未月入太微犯西蕃
三月月犯五諸侯
六月癸酉朔月生西方
八月月入南斗
九月月犯軒轅
十二月月犯氐
五年正月月掩軒轅又掩氐東南星
六月月犯心前星
十二月月犯左執法占曰大臣有憂和平二年四月侍中征東大將軍河東王
閭毗薨

和平元年正月丁未月入南斗
三月月掩軒轅占曰女主惡之四月保皇太后常氏崩
六月戊子月犯心前星
十一月壬辰月犯右執法
二年正月月犯心後星
九月月犯心大星
三年三月壬寅月犯心後星
八月月犯哭星
四年四月月掩軒轅御女星
五年二月甲申月入南斗魁中犯第三星
三月庚子月入輿鬼積尸
六年七月月犯心前星
九月月犯軒轅右角

顯祖天安元年六月甲辰月犯東井
十月癸巳月掩東井
皇興元年正月丙辰月犯東井北轅東頭第三星
八月辛酉月蝕東井南轅第二星占曰有將死三年正月司空平昌公和其奴薨
十月癸巳月在參蝕
二年四月丙辰月犯牽牛中星
三年十二月乙酉月犯氐
五年七月辛巳月犯東井
高祖延興元年十月庚子月入畢口占曰有赦二年正月乙卯曲赦京師及河西南至秦涇西至枹罕北至涼州及諸鎮
二年正月壬戌月犯畢占曰天子用法九月辛巳統萬鎮將河間王閭虎皮坐貪殘賜死

閏月丙子月犯東井占曰有水是年以州鎮十一水旱免民田租開倉賑恤
庚子月犯東井北轅
三年八月己未月犯太微占曰將相有免者期不出三年承明元年二月司空
東郡王陸定國坐事免官爵
十二月戊午月蝕在七星京師不見統萬鎮以聞
四年正月己卯月犯畢占曰貴人死五年十二月城陽王長壽薨
二月癸丑月犯軒轅
甲寅月犯歲星占曰饑太和元年正月雲中饑詔開倉賑恤
九月乙卯月犯右執法占曰大臣有憂承明元年六月大司馬大將軍安成王
萬安國坐矯詔殺部長奚買奴於苑中賜死
五年三月甲戌月掩鎮星
八月乙亥月掩畢占曰有邊兵太和元年正月秦州略陽民王元壽聚衆五千
餘家自號爲衝天王二月詔秦益二州刺史武都公尉洛侯討破元壽獲其妻

子送京師
十一月癸卯月入軒轅中蝕第三星
承明元年四月甲戌月蝕尾
太和元年二月壬戌月在井暈參南北河五車二星三柱熒惑
三月甲午月犯太微
戊辰月蝕尾下入濁氣不見
五月丁亥月犯軒轅大星
丙午月入太微
八月庚申月入南斗犯第三星
戊寅月入太微犯屏南星
十月乙丑月蝕昴京師不見雍州以聞占曰貴臣誅是月誅徐州刺史李訢
十二月癸卯月犯南斗
二年六月庚辰月犯太微東蕃南頭第一星京師不見定州以聞

甲申月犯房又犯太微
八月壬午月入南斗占曰大臣誅十二月誅南郡王李惠
九月庚申陰雲開合月在昴蝕
十月戊戌月入南斗口中占曰大臣誅三年四月雍州刺史宜都王目辰有罪
賜死
十一月甲子月犯鎮星
十二月戊戌月入南斗口中
三年正月壬子月暈觜參兩肩五車五星畢東井占曰有赦十月大赦天下
十月庚寅月犯心
三月庚戌月入南斗口中占曰大臣誅九月定州刺史安樂王長樂有罪徵詣
京師賜死
乙卯月入南斗口中
七月癸未月犯心

十月月犯心
十二月丙戌月犯太微左執法占曰大臣有憂四年正月襄城王韓顏有罪削
爵徙邊
四年正月丁未月在畢暈參兩肩五車東井丁巳月犯心占曰人伐其主五年
二月沙門法秀謀反伏誅
閏月犯心
二月己卯月犯軒轅北第二星
辛巳月犯太微左執法占曰大臣有憂閏月頓丘王李鍾葵有罪賜死
壬午月蝕
乙酉月掩熒惑
五年二月癸卯月犯太微西蕃南頭第一星
二月甲辰月在翼暈東南不帀須臾西北有偏白暈侵五車二星東井北河北
河輿鬼柳北斗紫微宮攝提翼星

戊戌月犯心京師不見濟州以聞
七月戊寅月犯昴占曰有白衣之會六年正月任城王雲薨
六年正月癸亥月在畢暈參兩肩五車三星胃昴畢京師不見營州以聞
己巳月在張犯軒轅大星
辛未月蝕
五月戊申月入南斗口中
戊寅月犯昴
七月丁卯月蝕
十一月辛亥朔月寅見東方京師不見平州以聞
七年五月辛卯月犯南斗
八年正月辛巳月在畢暈東井歲星觜參兩肩五車
三月己丑月犯心
四月丁亥月蝕斗

癸亥月犯昴相州以聞占曰有白衣之會十一年五月南平王渾薨

五月丁亥月在斗蝕盡占曰饑十二月詔以州鎮十五水旱民飢遣使者循行

問所疾苦開倉賑恤

九年正月丁丑月在參暈觜參兩肩東井北河五車三星占曰水是年冀定數

州水民有賣男女者

戊申月犯東井占曰貴人死一曰有水十月侍中司徒魏郡王陳建薨是年京

師及州鎮十二水旱傷稼

四月丁未月犯心

十一月戊寅月蝕

十年十一月辛亥月犯房

十一年正月丙午月犯房鉤鈐

二月癸亥月犯東井

三月丙申月三暈太微

庚子月蝕氐占曰糴貴是年年穀不登聽民出關就食開倉賑恤
六月乙丑月犯斗
丙寅月犯建星
七月丁未月入東井
八月己巳月蝕胃占曰有兵是月蠕蠕犯塞遣平原王陸叡討之
九月戊戌陰雲離合月在胃蝕
十一月乙巳月入氐
十二月戊午月及熒惑合於東壁
甲子月入東井犯天關
十二年正月戊戌月犯左角
二月壬戌月暈太微
丁卯月犯氐
四月癸丑月犯東井占曰將死九月司徒淮南王佗薨

壬戌月犯氐與歲星同在氐
癸亥月犯房
六月丁巳月入氐犯歲星
七月乙酉月犯房
庚寅月犯牽牛
庚子月犯畢
九月月蝕盡
十一月己未月犯東井
丙寅月犯左角占曰天下有兵十二年正月蕭賾遣衆寇邊淮陽太守王僧儁擊走之
十二月甲申月犯畢
乙未月犯氐
丙申月犯房

十三年正月甲寅月入東井
壬戌月掩牽牛
二月己丑月在角十五分蝕七
三月庚申月犯歲星
四月丙戌月犯房
六月乙酉月掩牽牛
乙未月犯畢占曰貴人死十二月司空河東王苟頹薨
七月丁未月入氐
戊申月犯楗閉
八月丙戌天有微雲月在未蝕占曰有兵十四年四月地豆于頻犯塞詔征西
大將軍陽平王頤擊走之
九月丁巳月掩畢
庚申月入東井

十月己卯月掩熒惑又掩畢
丁酉月犯犍閉
十二月壬午月入東井
十四年二月甲戌月犯畢
六月甲戌月犯亢
八月乙亥月犯牽牛
辛卯月犯軒轅占曰女主當之九月文明皇太后馮氏崩
十月壬午月入東井
戊子月犯太微
十一月戊戌月犯鎮星
乙卯月犯太微右執法
十二月庚辰月犯軒轅
癸未月掩太微左執法

十五年正月己酉月在張蝕
三月丙申月掩畢占曰有邊兵十六年八月詔陽平王頤右僕射陸叡督十二
將七萬騎北討蠕蠕
四月庚午月犯軒轅
癸酉月犯太微東蕃上將占曰貴人憂六月濟陰王鬱以貪殘賜死
癸未月犯歲星
五月庚子月掩太微左執法占曰大臣憂十七年二月南平王霄薨
丁未月掩建星
七月乙未月犯太微東蕃
辛丑月掩建星
癸卯月犯牽牛
九月乙丑月犯牽牛占曰大臣有憂十七年蕭賾死大臣疑當作吳越
癸未月入太微犯右執法占曰大臣憂十七年八月三老山陽郡開國公尉元

薨
十月甲午月犯鎮星
戊申月犯軒轅
十一月乙巳月犯畢
辛未月入東井
十二月辛卯月蝕盡
十六年二月甲辰月入氐
三月己卯月入羽林
四月壬辰月入太微
丙午月入羽林
五月壬子月掩南斗第六星
甲戌月入羽林
六月戊子月犯熒惑占曰貴人死十九年五月廣川王諧薨

己丑月入太微
丁酉月掩建星
丁未月入畢占曰有邊兵十九年正月平南將軍王肅頻破蕭鸞軍於義陽降者萬餘
七月甲戌月入畢
丁丑月犯軒轅
八月壬辰月犯建星
壬寅月犯畢
甲辰月入東井
戊申月犯軒轅占曰女主當之二十年十月廢皇后馮氏
辛亥月入太微犯右執法
九月癸亥月掩鎮星
十月辛卯月入羽林

癸亥月入東井
十一月甲子月犯畢
壬申月入太微
丁丑月入氐
十二月丁酉月在柳蝕占曰國有大事兵起十七年八月己丑車駕發京師南
伐步騎三十餘萬
十七年正月己丑月犯軒轅
壬申月犯氐
三月甲午月入太微
壬寅月掩南斗第六星
四月癸丑月入太微占曰大臣死十九年二月辛酉司徒馮誕薨
壬寅月入羽林
五月甲子月犯南斗第六星

乙丑月掩建星
六月甲午月在女蝕占曰旱二十年以南北州郡旱遣侍臣循察開倉賑恤
七月壬子月入太微占曰有反臣二十年二月恆州刺史穆泰謀反伏誅多所連及
丙辰月入氐
癸未月犯南斗第六星
庚申月犯建星
八月庚寅月犯哭星
辛卯月入羽林
丁酉月入畢占曰兵起十九年二月車駕南伐鍾離
辛丑月犯輿鬼
乙巳月入太微犯屏星
十月壬午月犯建星

甲午月入東井
十一月壬子月犯哭星
辛酉月犯東井前星
丁卯月入太微占曰大臣死有反臣二十七年四月大將軍宋王劉昶薨廣州
刺史薛法護南叛
壬申月入氐
十二月辛巳月入羽林
乙未月入太微
己亥月入氐
十八年二月甲午月入氐
四月庚申月在斗蝕
六月丁卯月入東井
十九年三月己卯月犯軒轅占曰女主當之二十一年十月追廢貞皇后林氏

爲庶人
二十年七月辛巳月掩鎮星
十月丙午月在畢蝕
二十一年三月丁酉月犯屛星
四月庚午月掩房星
六月丁卯月掩斗魁
十二月乙亥月掩心
二十二年正月丙申月掩軒轅占曰女主當之二十三年詔賜皇后馮氏死
二月乙丑月與歲星熒惑合於右掖門內
丁丑月在角蝕占曰天子憂二十三年四月高祖崩
七月乙酉月掩心
九月庚申月蝕昴
二十三年二月壬戌月在軫蝕

六月癸未月掩房南頭第二星
甲申月掩箕北頭第一星
八月月在壁蝕子巳上
十一月癸丑月在畢暈昴觜參五車
十二月己卯月掩昴
辛巳月掩五車
世宗景明元年正月丙辰月在翼蝕十五分蝕三
十二月癸未月暈太微既而有白氣長一匹廣二尺許南至七星俄而月復暈
北斗大角
丁亥月暈角亢房
二年正月甲辰月暈井觜參兩肩昴五車占曰貴人死大赦二月甲戌大赦天
下五月壬子廣陵王羽薨
二月丙子月掩軒轅大星占曰女主憂正始四年十月皇后于氏崩

癸未月掩房南頭第二星丙戌月入南斗距星南三尺占曰吳越有憂十二月
蕭寶卷直後張齊玉殺寶卷
五月丙午月掩心第三星
戊申月掩斗魁第三星
七月辛亥月暈婁內青外黃轢昴畢天船大陵卷舌奎婁
三年正月甲寅月入斗去魁第二星四寸許占曰吳越有憂四月蕭衍又廢其
主寶融
四月癸酉月乘房南頭第二星
己亥月暈在角亢氐房心
六月戊戌月掩南斗第二星
八月壬寅月暈外青內黃轢昴畢婁胃五車占曰貴人死乙卯三老元丕薨
己酉月犯軒轅
十一月己巳月蝕井盡

十一月壬辰月掩昴占曰有白衣之會正始二年四月城陽王巒薨
乙未月暈參井鎮星占曰兵起四年氐反行梁州事楊椿左將軍羊社大破之
丙申月掩鎮星又暈
四年正月庚申月暈胃昴參五車
二月辛亥月掩太白
三月辛酉月暈軒轅太微西垣帝座
四月丙申月掩心大星
五月丁卯月在斗從地下蝕出十五分蝕十二占曰饑正始四年八月敦煌民
飢開倉賑恤
六月癸卯月犯昴占曰有白衣之會永平元年三月皇子昌薨
丁未月掩太白
七月戊午月犯房大星
壬申月犯昴畢觜參東井五車五星占曰旱有大赦正始元年正月丙寅大赦

改年六月詔以旱徹樂減膳
十二月丁亥月暈昴畢婁胃
己未月暈太微帝座軒轅
庚子月暈房心亢氐占曰有軍大戰正始元年荆州刺史楊大眼大破羣蠻樊
秀安等
正始元年正月乙卯月暈胃昴畢五車二星
丁巳月暈婁胃昴畢
戊戌月暈五車三星東井南河北河輿鬼鎮星
二月甲申月暈昴畢參左肩五車
二年九月癸未月在昴十五分蝕十占曰饑四年九月司州民飢開倉賑恤
十一月丙子月暈東西兩珥內赤外青東有白虹長二丈許西有白虹長一匹
北有虹長一丈餘外赤內青黃虹北有背外赤內青黃
三年正月辛巳月暈太微帝坐軒轅左角貫疑星

三月庚辰月在氐蝕盡
十月甲寅月犯太白
永平元年五月丁未月犯畢占曰貴人有死者九月殺太師彭城王勰
六月己巳月掩畢
十一月癸酉月犯左執法占曰大臣有憂四年三月壬戌廣陽王嘉薨
二年正月甲午月在翼十五分蝕十二
十一月丙戌月掩畢大星
三年正月戊子月在張蝕
閏月乙酉月在危蝕
十一月壬寅月犯太白
十二月壬午月在張蝕
四年四月癸酉月暈太微軒轅占曰小赦延昌二年八月諸犯罪者恕死從流
已下減降

辛卯月犯太白於胃
八月癸丑月掩輿鬼
丁巳月入太微占曰大臣死延昌元年三月己未尚書左僕射安樂王詮薨
辛酉月犯太白
十月壬午月失行黃道北犯軒轅大星
甲申月入太微
十一月乙巳月犯畢占曰爲邊兵十一月戊申詔李崇奚康生治兵壽春以討
朐山之寇
延昌元年二月庚午月暈東井輿鬼軒轅大星
三月辛丑月在翼暈須臾之閒再成再散
壬寅月犯太微
乙巳月暈角亢房心鎭歲
九月丁卯月及熒惑俱在七星

十月癸酉月暈東井五車畢參占曰大旱一曰爲水二年四月庚子出絹十五
萬疋賑恤河南飢民五月壽春水
十二月戊戌月犯熒惑於太微占曰君死不出三年四年正月世宗崩
二年正月庚子月暈暈東有連環轢亢房鎮織女天棓紫宮北斗
二月己巳月暈熒惑軒轅太微帝座占曰旱六月乙酉青州民飢詔開倉賑恤
四月丙申月掩鎮星
己亥月在箕從地下蝕出還生三分漸漸而滿占曰饑三年四月青州民飢開
倉賑恤
六月乙巳月犯畢左股占曰爲邊兵二年六月南荊州刺史柏叔與破蕭衍軍
於九江
七月戊午月掩鎮星
十月丙申月在參蝕盡占曰軍起三年十一月詔司徒高肇爲大將軍率步騎
十五萬伐蜀

三年二月乙酉月暈畢昴太白東井五車

四月癸巳月在尾從地下蝕出十五分蝕十四占曰旱饑熙平元年四月瀛州民飢開倉賑恤

九月丁卯月犯太微屏星

十月壬寅月犯房第二星

十二月丙午月掩熒惑

四年五月庚戌月犯太微占曰貴人憂九月安定王燮薨

九月乙丑月犯太微

十月癸巳月入太微占曰大臣死熙平二年二月太保領司徒廣平王懷薨

閏月戊午月犯軒轅占曰女主憂之神龜元年九月皇太后高尾崩于瑤光寺

肅宗熙平元年八月己酉月在奎十五分蝕八占曰有兵神龜元年三月南秦州氐反遣龍驤將軍崔襲持節喻之

十二月戊戌月犯歲星

甲辰月暈東井觜參五車占曰大旱一曰水二年十月庚寅幽冀滄瀛四州大
饑開倉賑恤
二年二月丁未月在軫蝕
四月癸卯月犯房
八月癸卯月在婁蝕盡
九月癸酉月犯畢占曰貴人有死者神龜元年四月丁酉司徒胡國珍薨
十月癸卯月暈昴畢觜參五車四星
甲辰月暈畢右股觜參五車三星東井占曰天下饑大赦神龜元年正月幽州
大饑死者甚衆開倉賑恤又大赦天下
十一月戊戌月暈觜參東井
壬子月犯心小星
神龜二年二月丙辰月在參暈井觜參右肩歲星五車四星占曰有相死十二
月司徒尚書令任城王澄薨

八月辛未月犯軒轅
十二月庚申月在柳十五分蝕十
正光元年正月戊子月犯軒轅大星占曰女主有憂七月丙子元乂幽靈太后於北宮
十二月甲寅月蝕占曰兵外起二年正月南秦州氐反二月詔光祿大夫邴虬討之
二年五月丁未月蝕占曰旱饑三年六月帝以炎旱減膳撤懸
七月乙卯月在昴北三寸
九月庚戌月暈胃昴畢五車二星
辛亥月暈昴畢觜參兩肩五車五星占曰有赦三年十一月丙午大赦天下
十月辛卯月掩心大星
十一月己酉月在井蝕
乙卯月犯昴

三年正月甲寅月掩心距星
二月丁卯月掩太白京師不見涼州以聞
甲戌月在張暈軒轅太微右執法歲星
四月丁丑月掩心距星
九月丙午月在畢暈昴畢觜參兩肩五車四星
四年正月戊戌月在井暈東井南河轢觜參右肩一星五車一星
七月乙巳月在胃暈婁胃昴畢觜占曰貴人死四年十一月丁酉太保崔光薨
八月乙亥月在畢掩熒惑
五年二月庚寅月在參暈畢觜參兩肩東井熒惑五車一星占曰兵起六月秦州城人莫折大提據城反自稱秦王詔雍州刺史元志討之
閏月壬辰月在張暈軒轅太微西蕃占曰天子發軍自衞孝昌二年正月己丑詔內外戒嚴將親出討
癸巳月在翼暈太微張翼占曰士卒多逃走一曰士卒大聚十月營州城人劉

安定就德與反執刺史李仲遵其部下王惡兒斬安定以降德與東走自號燕王

八月丙申月在昴暈胃昴五車二星畢觜參一肩

十二月癸未月在婁暈奎婁胃昴

孝昌元年九月丁巳月蝕

十月丙戌月在畢暈昴畢觜兩肩五車二星

二年八月甲申月在胃掩鎮星

閏月癸酉月掩鎮星

三年正月戊辰月犯鎮星於婁相去七寸許光芒相及占曰國破期不出三年

一曰天下有大喪武泰元年二月癸丑肅宗崩四月庚子尒朱榮害靈太后及幼王又害王公已下

癸酉月在井暈觜參兩肩南北河五車兩星占曰有赦七月己丑大赦天下

武泰元年三月庚申月掩畢大星

庚午月在軫暈太微角
莊帝建義元年七月丙子月在畢掩大星
永安元年十一月丙寅月在畢大星東北五寸許光芒相掩
十二月辛卯月在婁暈奎歲星胃昴
癸巳月掩畢大星
二年三月乙卯月入畢口占曰大兵起壬戌詔大將軍上黨王天穆與齊獻武
王討邢杲
四月己丑月在翼入太微在屏星西南相去一尺五寸須臾下沒
辛卯月在軫暈太微軫角
乙丑月在危
八月乙丑月在畢左股第二星北相去二寸許光芒相掩須臾入畢占曰兵起
三年正月辛丑東徐州城民呂文欣等反殺刺史行臺樊子鵠討之
十月辛亥月在畢暈畢昴鎮星觜參井五車四星占曰兵起大赦三年三月万

侯醜奴遣其大行臺尉遲菩薩寇岐州大都督賀拔岳可朱渾道元大破之四
月大赦天下
甲子月在參蝕
十二月丙辰月掩畢右股大星
乙丑月熒惑同在軫
丁巳月在畢暈昴畢及鎮星觜參伐五車四星占曰大赦三年九月大赦天下
癸亥月在翼暈軒轅翼太微占曰有赦三年十月戊申皇子生大赦天下
乙丑月在軫掩熒惑
三年正月己丑月入太微襲熒惑
辛卯月行太微中暈太微熒惑
壬辰月在軫掩熒惑
四月戊午月暈太微
五月甲申望前月蝕於午洪範傳曰天子微弱大法失中不能立功成事則月

蝕望前時尒朱榮等擅朝也
六月乙巳月在畢大星北三寸許光芒相掩
八月庚申月入畢口犯左股大星
辛丑月入軒轅后星北夫人南直東過太白犯次妃占曰人君死又爲兵起十
二月尒朱兆入洛執帝殺皇子亂兵汙辱後宮殺司徒公臨淮王彧
九月庚寅月在參暈昴觜參井歲鎮二星五車三星
十月辛亥月暈東壁
十一月辛丑月在太白北中不容指
前廢帝普泰元年正月己丑月在角暈軫角亢亦連環暈接北斗柄三星大角
織女
五月甲申月蝕盡
己未月犯畢右股第一星相去三寸許光芒相及又入畢口
十月癸丑月暈昴觜參東井五車三星占曰有赦是月齊獻武王推立後廢帝

大赦天下
後廢帝中興元年十一月甲申月暈
二年四月戊寅月在箕蝕
出帝太昌元年六月癸未月戴珥
九月甲寅月入太微犯屏星
十月丙子月在參蝕
永熙二年十一月乙丑月在畢暈昴觜參兩肩五車五星
三年三月戊戌月在亢蝕
八月庚午月在畢暈昴畢觜參五車四星占曰大赦是月戊辰大赦天下
孝靜天平元年十二月庚申月在畢暈昴畢觜參兩肩五車五星
閏月庚子月掩心中央星
三年三月月暈北斗第二星占曰糴貴兵聚是月齊獻武王討山胡劉蠡升斬
之三年幷肆汾建諸州霜儉

壬申月在婁太白在月南一寸許至明漸漸相離
八月己卯月在心去心中央大星西廂七寸許
十一月戊辰月在心掩前小星
三年春正月丁卯月掩軒轅大星
二月丁亥月蝕
八月癸未月蝕
十月丁丑月在熒惑北相去五寸許
四年二月壬申月掩五車東南星
庚辰月連環暈北斗
八月癸未月掩五車東南星
元象元年三月丁卯月掩軒轅大星
六月癸卯月蝕
十月己亥陰雲班駮月在昴暈胃昴畢占曰大赦興和元年五月大赦天下

丁未月在翼暈太微軒轅左角軫二星
十一月庚午月在井暈五車一星及東井南北河占曰有赦與和元年十一月
大赦改年
興和元年八月辛丑月在畢暈畢觜參兩肩五車
九月丁巳月在斗犯魁第二星相去三寸許光芒相及丁卯月掩昴
十二月甲午月蝕
二年八月己酉月犯心中央大星
三年春正月辛巳月在畢暈東井參兩肩畢西轢昴五車五星占曰大赦武定
元年正月大赦改元
四月壬辰月蝕
八月丁巳月在胃暈畢歲星昴婁胃五車一星須臾暈缺復成
四年十一月壬午月在七星暈熒惑軒轅太微帝座
十二月壬寅月在昴暈昴畢五車兩星占曰有赦武定二年三月齊獻武王歷

冀定二州因入朝以今春亢旱請蠲懸租賑窮乏死罪已下一皆原宥
武定元年三月丙午月蝕
四年正月己未月蝕軫
十月癸巳月入畢中
九月癸亥月在翼暈軒轅太微帝座熒惑占曰兵起是月北徐州山賊鄭土定
自號郎中偷陷州城儀同斛律平討平之
五年正月乙巳月犯畢大星昴東井觜參五車二星占曰大赦五月丁酉朔大
赦天下
庚辰月在張暈軒轅大星太微天庭
七年九月戊午月在斗掩歲星占曰吳越有憂是歲侯景破建業吳人餓死及
流亡者不可勝數
十一月丁卯月蝕

魏書卷一百五之二考證

太宗泰興五年三暈東井〇三南監本作月　臣人龍按本卷第十七頁有云三月丙申月三暈太微此當是三字上脫去月字

世祖延和元年及涇州刺史狄子玉爲權〇本書世祖紀征西將軍金崖與安定鎮將延普及涇州刺史狄子玉爭權搆隙此爲字乃爭字之訛也

高祖太和四年　闕犯心〇所闕之字南監本作戊午月當亦誤也係何月戊午耶或此犯心二字重出

高祖太和五年北河北河〇兩北河字其一必南河之訛也或重出

世宗景明三年左將軍羊社〇本書世宗紀景明四年梁州氐楊會反詔行梁州事楊椿左將軍羊祉討之此社字乃祉字之訛也

魏書卷一百五之二考證

魏書卷一百五之三

齊　魏收　撰

志第三

天象一之三

太祖皇始元年夏六月有星彗于髦頭彗所以去穢布新也皇天以黜無道建有德故或凴之以昌或繇之以亡自五胡蹂躪生人力正諸夏百有餘年莫能建經始之謀而底定其命是秋太祖啓冀方之地寔始芟夷滌除之有德教之音人倫之象焉終以錫類長代修復中朝之舊物故將建元立號而天街彗之蓋其祥也先是有大黃星出於昴畢之分五十餘日慕容氏太史丞王先曰當有真人起於燕代之閒大兵鏘鏘其鋒不可當冬十一月黃星又見天下莫敵是歲六月木犯哭星木人君也君有哭泣之事是月太后賀氏崩至秋晉帝殂二年六月庚戌月掩金于端門之外戰祥也變及南宮是謂朝廷有兵時燕王慕容寶已走和龍秋九月其弟賀麟復糾合三萬衆寇新市上自擊之大敗燕

師于義臺悉定河北而晉桓玄等連衡內侮其朝廷日夕戒嚴是歲正月火犯哭星占有死喪哭泣事秋八月又守井鉞占曰大臣誅十月襄城王題薨明年正月右軍將軍尹國於冀州謀反被誅

天與元年八月戊辰木晝見胃胃趙代墟也闕天之事歲爲有國之君晝見者並明而干陽也天象若曰且有負海君實能自濟其德而行帝王事是月始正封畿定權量肆禮樂頒官秩十二月羣臣上尊號正元日遂禋上帝于南郊由是魏爲北帝而晉氏爲南帝

元年十月至二年五月月再掩東蕃上相相所以蕃輔王室而定君臣位天象若曰今下凌上替而莫之或振將焉用之哉且曰中坐成刑貴人奪勢是歲桓玄專殺殷仲堪等制上流之衆晉室由是遂卑是歲五月辰星犯軒轅大星占曰女主當之三年三月至七月月再犯鎮星于牽牛又犯哭星爲兵喪女憂或曰月爲彊大之臣鎮所以正綱紀也是爲彊臣有干犯者在吳越既而晉太后李氏殂桓玄擅命江南仍有艱故云

三年三月有星孛于奎歷閣道至紫微西蕃入北斗魁犯太陽守循下台轥南宮履帝坐遂由端門以出奎是封豨剝氣所由生也又殷徐州之次桓玄國焉

劉裕與焉天象若曰君德之不建人之無援且有權其列蕃盜其名器之守而荐食之者矣又將由其天步席其帝庭而出號施令焉至四年二月甲寅有大流星衆多西行歷牛虛危絕漢津貫太微紫微虛危主靜人牽牛主農政皆貧海之陽國也天象若曰黎元喪其所食失其所係命卒至流亡矣上不能恤又將播遷以從之其後晉人有孫恩之難而桓玄踵之三吳連兵荐饑西奔死亡者萬計竟篡晉主而流之尋陽既又劫之以奔江陵是歲三月甲子月生齒占曰有賊臣七月丁卯月犯天關關所以制畿封國也月犯之是爲兵起于郊甸十月甲子月又犯東蕃上相占同二年既而桓玄戡金陵殺司馬元顯太傅道子是歲秀容胡師亦聚衆反伏誅

五年四月辛丑月掩辰星在東井月爲陰國之兵辰象戰鬬占曰所直野軍大起戰不勝亡地家臣死冬十月帝伐秦師于蒙坑大敗之遂舉乾壁關中大震其上將姚平赴水死是月戊申月暈左角太史令晁崇奏角蟲將死上慮牛疫乃命諸將併重焚車丙戌車駕北引牛大疫死者十有八九官車所御巨犗數百同日斃於路側首尾相屬麋鹿亦多死者

五年三月戊子太白犯五諸侯晝見經天九月己未又犯進賢太白爲彊侯之

誡犯五諸侯所以與霸形也是時桓玄擅征伐之柄專殺諸侯以弱其本朝卒以干君之明而代奪之故皇天著誡焉若曰夫進賢與功大司馬之官守也而今自殘之君於何有焉是冬十月客星白若粉絮出自南宮之西十二月入太微亂氣所由也以距乏之氣而乘粹陽之天庭適足以驅除焉爾明年竟篡晉室得諸侯而不終是歲五月丙申月犯太微十月乙卯又如之月者太陰臣象太微正陽之庭不當橫行其中是謂朝庭間隙彊臣不制亦桓玄之誡也又占曰貴人有坐之者明年七月鎮西大將軍毘陵王順以罪還第亦是也

五年七月己亥月犯歲星在鶉火鳥帑南國之墟也至天賜元年二月甲辰又掩之在角角爲外朝而歲星君也天象若曰有彊大之臣干君之庭以挾其主而播遷于外是歲桓玄之師敗績于劉裕玄劫晉帝以奔江陵至五月玄死桓氏之黨復攻江陵陷之凡再劫天子云先是六年六月甲辰月掩斗魁第四星至天賜元年五月壬申又掩斗魁第三星二年八月丁巳又犯斗第一星斗爲吳分大人憂將相戮宮中有自賊者及桓玄伏誅貴臣多戮死者江南兵革十餘歲乃定故讁見于斗

天賜二年四月己卯月犯鎮星在東壁七月己未又如之十月丁巳又掩之在室夫室星所以造宮廟而鎮司空也占曰土功之事與明年六月發八部人自

五百里內繕修都城魏於是始有邑居之制度或曰北宮後庭人主所以庇衛其身也鎭主后妃之位存亡之基而是時堅冰之漸著矣故犯又掩再三焉占曰臣賊君邦大喪是歲三月丁酉月犯心前星三年二月月犯心後星四年二月又如之心主嫡庶之禮占曰亂臣犯主儲君失位庶子惡之先是天興六年冬十月至元年四月月再掩軒轅占曰有亂易政后妃執其咎三年五月壬寅熒惑犯氐氐宿宮也天戒若曰是時蠱惑人主而興內亂之萌矣亦自我天視而修省焉及六年七月宣穆后以彊死太子微行人間既而有清河萬人之難二年八月火犯斗丁亥又犯建斗爲大人之事建爲經綸之始此天所以建創業君時劉裕且傾晉祚而清河之釁方作矣帝猶不悟至是歲九月火犯哭星其象若曰將以內亂至于哭泣之事焉由是言之皇天所以訓劫殺之主熟矣而罕能敦復以自悟悲夫

二年八月甲子熒惑犯少微庚寅犯右執法癸未犯左執法十一月丙戌太白掩鉤鈐皆南邦之謫也火象方伯金爲彊侯少微以官賢材而輔南宮之化執法者威令所由行也天象若曰夫祿去公室所由來漸矣始則奮其賢材以爲其本朝終以干其鈐鍵而席其威令焉至三年十二月丙午月掩太白于危危

齊分也占曰其國以戰亡丁未金火皆入羽林四年正月太白晝見奎是謂或稱王師而干君明者占曰天下兵起魯邦受之二月癸亥金火土水聚于奎婁徐魯之分也四神聚謀所以革衰替之政定霸王之命五月己丑金晝見于參天意若曰是將自植攻伐以震其主而代奪之云爾八月辛丑熒惑犯執法九月遂犯進賢與桓氏同占是時南燕慕容氏兼有齊魯之墟不務修德而驟侵晉淮泗六年四月劉裕以晉師伐之大敗燕師于臨朐進克廣固執慕容超以歸戮諸建康於是專其兵威荐食藩輔篡奪之形由此而著云二年三月月掩左執法三年四月又犯西蕃上將己未犯房次相六月火犯房次將三年七月太尉穆崇薨四年誅定陵公和跋殺司空庾岳又四年六月火犯水左翼八月金掩火犯左執法占曰大兵在楚執法當之至五年火犯天江占曰水賊作亂六月金犯上將又犯左執法其後盧循作亂於上流晉將何無忌戰死左僕射孟昶仰藥卒劉裕自伐齊奔命僅乃克之

六年六月金火再入太微犯帝座蓬孛客星及他不可勝紀太史上言且有骨肉之禍更政立君語在帝紀冬十月太祖崩夫前事之感大郎後事之災深故帝之季年妖怪特甚是歲二月至九月月三犯昴昴爲白衣會宮車晏駕之徵也十二月辛丑金犯木於奎占曰其君有兵死者既而慕

容超戮于晉是歲四月火犯水于東井其冬赫連氏攻安定秦主興自將救之自是侵伐不息或曰水火之合內亂之形也時朱提王悅謀反賜死

太宗永興二年五月己亥月掩昴昴爲髦頭之兵虜君憂之是月蠕蠕社崙圍長孫嵩于牛川上自將擊之社崘遁走道死六月甲午太白晝見占曰爲不臣七月月犯鬼占曰亂臣在內明年五月昌黎王慕容伯兒謀反誅之是歲三月至秋八月月三掩南斗第五星斗吳分也且曰彊大之臣有干天祿者大人憂之是月乙未太白犯少微晝見九月甲寅進犯左執法占曰且有杖其覇刑以戮社稷之衞而專威令者徵在南朔先是三月丁卯月掩房次將六月己丑又如之八月甲申犯心前星占曰服軛者當之君失馭徵在豫州時劉裕謀弱晉室四年九月專殺僕射謝混因襲荆州刺史劉毅于江陵夷之明年三月又誅晉豫州刺史諸葛長人其君託食而已是歲八月壬子太白犯軒轅大星占曰有亂易政女君憂三年十一月丙午金犯哭星午秦地四年八月戊申月犯哭星申晉地是月晉后王氏死其後姚主薨三年六月庚子月犯歲星在畢八月乙未又犯之在參四年正月又蝕在畢直徵垣之陽參在山河之右歲星所以阜農事安萬人也占曰月仍犯之邊萌阻兵而荐饑是歲六月癸巳金木合于東井七月甲申金犯土于井占曰其國內

兵有白衣之會十一月土犯井十二月癸卯土犯鉞土主疆理之政存亡之機也是爲土地分裂有戮死之君徵在秦邦至五年二月丙午火土皆犯井占曰國有兵喪之禍主出走是月壬辰歲塡熒惑太白聚于井將以建霸國之命也其地君子憂小人流又自三年四月至五年三月熒惑三干鬼主命者將天而國徙焉是時雍州假王霸之號者六國而赫連氏據朔方之地尤爲彊暴荐食關中秦人奔命者殆路間歲姚興薨而難作于內明年劉裕以晉師伐之秦師連戰敗績執姚泓以歸戕諸建康既而遺守內攜長安淪覆焉或曰自上黨並河山之北皆鬼星參畢之郊也五年四月上黨羣盜外叛六月濩澤人劉逸自稱三巴王七月河西胡胡曹龍入蒲子號大單于十月將軍劉潔魏勤擊吐京叛胡失利勤力戰死潔爲所虜明年赫連屈子寇蒲子三城諸將擊走之其餘災波及晉魏仍其兵革之禍二年九月土犯畢爲疆場之兵三年七月木犯土于參占曰戰敗亡地國君死四年十月月掩天關其災同上參外主巴蜀其後晉師伐蜀戮其主譙縱先是四年閏月月犯熒惑在昴七月又蝕之五年將軍奚斤討越勤大破之明年禿髮氏降于西秦其君傳檀戮死

神瑞元年二月塡入東井犯天尊旱祥也天象若曰土失其性水源將壅焉施于天尊所以福矜寡之萌也先是去年九月至于五月歲再犯軒轅大星八月庚寅至二年三月塡再犯鬼積尸歲星主農事軒轅主雪霜風雨之神反覆由之所以告黃祇也土爰稼穡鬼爲物之精氣是謂稼穡潛耗人將以饉而死焉一曰大旱是後京師比歲霜旱五穀不登詔人就食山東以粟帛賑乏語在崔浩傳先是月犯歲于畢占曰饑在晉代亦其徵又鬼主秦旱在秦邦至二年太史奏熒惑在匏瓜中一夜忽亡失之後出東井語在崔浩傳既而關中大旱昆明枯涸是歲四月癸丑流星晝見中天西行占曰營頭所首野有覆軍流血西行讁在秦邦而魏人覰之亦王師之戒也天若戒魏師曰是擁衆而西固欲干君之明而代奪之爾姑息人以觀變無庸禦焉先是五年三月月犯太白于參八月庚申又犯之參魏分野占曰彊侯作難國戰不勝九月己丑月犯左角是歲三月壬申又蝕之是謂以剛晉之兵合戰而偏將戮徵在兗州二年四月太白入畢月犯畢而再入之占曰大戰不勝邊將憂魏邦受之六月己巳有星孛于昴南天象若曰且有驅除之雄勿用距之于朔方矣明年七月劉裕以舟師

泝河九月裕陷我滑臺兗州刺史尉建以畏懦斬時崔浩欲勿戰上難違衆議詔司徒嵩率師逆之及晉人戰于畔城魏師敗績語在崔浩傳裕既定關中遽歸受禪既而赫連氏并之遂竊尊號云自元年正月至泰常元年十月月三犯畢再入之再犯畢陽星占曰邊兵起貴人有死者元年十二月蠕蠕犯塞上自將大破之二年上黨胡反詔五將討平之泰常元年長樂河間南陽王皆薨二年豫章王又薨常山翟季聚衆反伏誅

二年四月辛巳有星孛于天市五月甲申彗星出天市掃帝座在房心北市所以建國均人心宋分也國且殊號人將更主其革而爲宋乎先是往歲七月月犯鉤鈐十一月月食房上相至元年二月又如之天象若曰尚尸鈐鍵之位君憑而尊之者又將及矣是歲八月金木合于翼占曰且有內兵楚邦受之至泰常二年正月晉荊州刺史司馬休之雍州刺史魯宗之爲劉裕所襲皆出奔走是歲十月鎮星守太微七十餘日占曰易代立王其三年三月癸丑太白犯五諸侯如桓氏之占七月有流星孛于少微以入太微自劉氏之霸三變少微以加南宮矣始以方伯專之中則霸形干之又今孛政除之馴而三積堅冰至焉是月辰星見東方在翼甚明大翼楚邦也是爲冢臣干明賊人其昌先是五年十一月壬

子辰星出而明盛非常至泰常二年十二月庚戌辰星過時而見光色明盛是爲彊臣有不還令者至是又如之亦三至焉或曰辰星以負北海亦魏將大與之兆九月長彗星孛于北斗轢紫微辛酉入南宮凡八十餘日十二月彗星出自天津入太微逕北斗干紫宮犯天棓八十餘日及天漢乃滅語在崔浩傳是歲晉安帝殂後年而宋篡之夫晉室雖微泰始之遺俗也蓋皇天有以原始篤終以哀王道之淪喪故猶著二微之戒焉神瑞二年四月木入南宮加右執法五月火又如之八月金入自掖門掩左執法泰常元年六月又由掖門大太微五月火犯執法是冬土守天尊而月掩之三年八月土又入太微犯執法因留二百餘日九月金又犯右執法十月火犯上將因留左掖門內二十日乃逆行四年三月出西蕃又還入之繞填星成句已四月丙午行端門出皆晉氏之譎也自晉滅之後太微有變多應魏國也

泰常三年十月辛巳有大流星出昴歷天津乃分爲三須臾有聲占曰車騎滿野非喪即會明年四月帝有事于東廟蕃服之君以其職來祭者蓋數百國也是歲正月己酉月犯軒轅四月壬申又犯填星在張四年五月辰星又犯軒轅占曰國有喪女君受之明年五月貴人姚氏薨是爲昭哀皇后六月貴嬪杜氏薨是爲密后先是二年九月火犯軒轅三年八月金又犯之占同也

四年自正月至秋七月月行四犯太微天象若曰太微粹陽之天庭月者臣也

今橫行轞之不已甚乎先是元年五月月犯歲星在角是歲七月月又犯歲星明年宋始建國後年而晉主殂裕鴆之也昔桓氏之難月再干歲星再劫其主至是亦再犯之而再勦其君極其幽逼之患而濟以簒殺之禍斯謂之甚矣先是三年九月月犯火于鶉尾十二月又犯火于太微是歲五月月犯太白在井十月又犯之在斗且再犯井星皆有兵水大喪諸侯有死者七月鴈門河內大水五年三月南陽王意文死十一月西涼李歆爲沮渠所滅晉君亦殂秦吳亡之應

五年十一月乙卯熒惑犯塡星在角角外朝也土爲紀綱火主內亂會于天門王綱將紊焉占曰有死君逐主后妃憂之十二月月蝕熒惑在亢亢內庭也占曰君蘉而亂作于內貴臣以兵死是月客星見于翼翼楚邦也占曰國更服邊有急將軍或謀反者六年二月月食南斗杓星十月乙酉金土鬭于亢占曰內兵且喪更立王公又兗州陳鄭之墟也有攻城野戰之象焉至十年正月犯南斗三月壬戌又犯之斗爲人君受命又吳分是歲五月宋武殂秋九月魏師侵宋北鄙十一月攻滑臺克之明年拔虎牢陷金墉屠許昌遂啓河南之地八年宋太后蕭氏死既大臣專權遷殺其主卒皆伏誅自五年八月至七年十二月熒惑一守軒轅再犯進賢再

犯房星一犯軒轅及房皆女君大臣之戒是時陽平河南王太尉穆觀相次薨而宋氏廷臣乘釁以侮其主竟以誅死云或曰火犯土亢爲饑疾時官軍陷武牢會軍大疫死者十二三是冬詔稟飢人

六年六月壬午有大流星出紫宮占曰上且行幸若有大君之使明年駕幸橋山祠黃帝東過幽州命使者觀省風俗十月上南征八年春步自鄴宮遂絕靈昌至東郡觀兵成皋反自河內登太行山幸高都飲至晉陽焉

七年二月辛巳有星孛于虛危向河津占曰玄枵所以飾喪紀也宗廟並起司人疑更謀有易政之象十一月甲寅彗星出室掃北斗及于闕門占曰內宮幾室主命將易塞垣有土功之事其地又齊衞也八年正月彗星出奎南長三丈東南掃河奎爲荐食之兵徐方之地占曰西北之兵伐之君絕嗣天下饑七年十二月帝命壽光侯叔孫建徇定齊地八年春築長城距五原二千餘里置守卒以備蠕蠕冬十月大饑十一月己巳上崩于西宮明年宋廢其主由是南邦日蹙齊衞之地盡爲兵衝及世祖即政遂荒淮沂以負東海云八年二月丙寅火守斗亦南邦之謫也十一月彗星孛于土司空司空主疆理邦域且曰有土功哭泣事後年赫連屈孑薨太武征之取新秦之地由是征伐四克提封萬里云

世祖始光元年正月壬午月犯心大星心爲宋分中星者君也月爲大臣主刑事是歲五月宋權臣徐羨之謝晦傳亮放殺其主而立其弟宜都王是爲宋文帝至十月火犯心天戒若曰是復作亂以干其君矣十月壬寅大流星出天將軍西南行殷殷有聲占曰有禁暴之兵上將督戰以所首名之三年正月歲星食月在張張南國之分歲之於月少君之象今反食之且誅彊大之臣是月羨之等戮死謝晦與江陵之甲以伐其君宋將檀道濟帥師禦之晦又奔潰伏誅或曰是歲上伐赫連氏入其郛夏都直代西南亦奔星應也

二年五月太白晝見經天占曰時謂亂紀革人更王六月己丑火入羽林守六十餘日占曰禁兵大起且有反臣之戒

三年十月有流星出西南而東北行光明燭地有聲如雷鳥獸盡駭占曰所發之野有破國還君西南直夏而首于代都焉著而有聲慼怒也

四年五月辛酉金水合于西方占曰兵起大戰先是三年正月宋人有謝氏之難王卒盡出冬十一月上伐赫連昌入其郛徙萬餘家以歸是歲復攻之六月

大敗昌于城下昌奔上邽遂拔統萬盡收夏器用虜其母弟妻子由是威加四
隣北夷讋焉
神䴥元年五月癸未太白犯天街占曰六夷髦頭滅二年五月太白晝見占曰
大兵且興彊國有弱者是月上北征蠕蠕大破之虜獲以鉅萬計遂降高車以
實漠南闢地數千里云
三年六月火犯井鬼入軒轅占曰秦憂兵亂有死君又旱饑之應丙子有大流
星出危南入羽林占曰兵起負海國與王師合戰是歲自三月至十月太白再
犯歲星月又犯之占曰有國之君或罹兵刑之難者且歲鍾十二月丙戌流星
首如甕長二十餘丈大如數十斛船色正赤光燭人面自天船及河抵奎大星
及于壁占曰天船以濟兵車奎爲徐方東壁衞也是爲宋師之祥昭威者事大
也是歲六月宋將到彥之等侵魏自南鄗清水入河泝流而西列屯二千餘里
九月帝用崔浩策行幸統萬遂擊赫連定於平涼十二月克之悉定三秦地明
年大師涉河攻滑臺屠之宋人宵遁是時赫連定轉攻西秦戮其君乞伏慕末

吐谷渾慕容璝又襲擊定虜之以彊死者再君焉是歲二月定州大饉詔開倉賑乏或曰奎星羽獵理兵象也流星抵之而著大是爲大人之事冬十月上大閱于漢南甲騎五十萬旌旗二千餘里又明威之徵四年金火入東井火又犯天戶明年五月又犯鬼占曰秦有兵喪而至秦夏出夷威沮渠蒙遜又死氐主楊難當陷宋之漢中地云

四年三月有大流星東南行光燭地長六七丈食頃乃滅後有聲占曰大兵從之是時諸將方逐宋師至歷城不及有聲駿犇之象也四月辛未太白晝見于胃胃爲趙分五月太白犯天關十月丙辰又掩之天關外主勃碣山河之險窮焉占曰兵革起九月丙寅有流星大如斗赤色發太微至北斗而滅太微禮樂之庭且有昭德之舉而述宣王命是以帝車受之是月壬申有詔徵范陽盧玄等三十六人郡國察秀孝數百人且命以禮宣喻申其出處之節明年六月上伐北燕舉燕十餘郡進圍和龍徙豪傑三萬餘家以歸四年八月金入太微亦君自將兵象明年正月庚午火入鬼占曰秦有死君四月己丑太白晝見爲不臣其後秦王赫連昌叛走伏誅之應也

延和元年七月有大流星出參左肩東北入河乃滅參主兵政晉魏墟也河山

所首推之大兵將發于魏以加燕國八月癸未太白犯心前星乙酉又犯心明堂占曰有亡國近期二年十二月有流星大如甕尾長二十餘丈奔君之象比歲連兵東討至太延二年三月燕後主馮文通去國奔高麗元年四月犯左角五月月掩斗七月月食左角皆占曰兵大起其後征西將軍金崖安定鎮將延普涇州刺史狄子玉爭權崖及子玉舉兵攻普不克據胡空谷反平西將軍陸俟討獲之三年三月丙辰金晝見在參魏邦戒也閏月戊寅金犯五諸侯占曰四滑起官兵起亂疑己丑月入井犯太白占曰兵起合戰秦邦受之七月上幸隰城詔諸軍討山胡白龍入西河九月克之伏誅者數千人而宋大將軍彭城王義康方擅威福後竟幽廢是歲二月庚午月犯畢口而出因暈昴及五車占曰貴人死五月甲子陰平王求薨

太延元年五月月犯右執法九月火犯太微上將又犯左執法十月丙午月犯右執法二年二月月犯東蕃上相三月月及太白俱犯右執法及上相三年八月火犯左執法及上將五年二月木逆行犯執法皆大臣譴也元年十月左僕射安原謀反誅三年正月征東大將軍中山王纂太尉北平王長孫嵩鎮南大將軍丹陽王叔孫建皆薨其後宋大將軍義康坐徙豫章誅其黨與僕射殷景

仁亦尋卒焉元年五月彗出軒轅二年正月月犯火月后妃也三年七月木犯軒轅至五年七月月掩填星並女主譴也真君元年太后竇氏殂宋氏皇后亦終或曰彗出軒轅女主有爲寇者其後沮渠氏失國竇公主潛啓魏師

二年五月壬申有星孛于房占曰名山崩有亡國八月丁亥木入鬼守積尸十一月辛亥又犯鬼鬼秦分天戒若曰涼君淫奢無度財力窮矣將喪國身爲戮焉二年正月四年十一月月皆犯井亦爲秦有兵刑

三年正月壬午有星晡前晝見東北在井左右色黃大如橘魏師之應也黃星出于燕墟而慕容氏滅今復見東井涼室亡乎四年四月己酉華山崩華山西鎮也天又若曰星孛于房既有徵矣鎮傾而國從之先是元年十二月金犯羽林二年十二月至四年十一月火再入之五年五月太白晝見胃昴入羽林遂犯畢畢又邊兵也六月上自將西征秋八月進圍姑臧九月丙戌沮渠牧犍帥文武將吏五千餘人面縛來降明年悉定涼地或曰星孛于房爲大臣之事又饉祥也火入鬼犯軒轅又稼穡不成自元年已來將相薨尤衆至真君元年州鎮十五盡饑

四年十月壬戌大流星出文昌入紫宮聲如雷天象若曰將相或以全師禦衛

帝宮者其事密近有震驚之象焉明年六月帝西征詔大將軍黎敬等帥衆二萬屯漠南以備暴寇九月蠕蠕乘虛犯塞遂至七介山京師大駭司空長孫道生等并力拒之虜乃退走是月壬午有大流星出紫微入貫索長六丈餘占曰有大君之命貫索賤人牢也明年帝命侍臣行郡國觀風俗問其所疾苦云

真君二年七月壬寅填星犯鉞鎮者國家所安危而爲之綱紀者也其嬰鈇鉞之戮而君及焉自元年十一月至此月歲星三犯房上相歲星爲人君今反覆由之循省鉤鈐之備也天若戒輔臣曰涼邦卒滅敵國殫矣而猶挾震主之威負百勝之計盍思盈亢之戒乎是時司徒崔浩方持國鈞且有寵於上明年安西李順備五刑之誅而由浩鍛成之後八年竟族滅無後夫天哀賢良而示以明訓夙矣罕能省躬以先覺豈不悲哉浩誅之明年卒有景穆之禍後年而亂作

三年三月癸未月犯太白占曰大兵起合戰九月乙丑有星孛于天牢入文昌五車經昴畢之閒至天苑百餘日與宿俱入西方天象若曰且有王者之兵彗

除髦頭之域矣賁臣預有戮焉明年正月征西將軍皮豹子大敗宋師于樂鄉九月上北伐樂平王丕統十五將爲左軍中山王辰統十五將爲右軍上自將中軍蠕蠕可汗不敢戰亡追至頞根河虜二萬餘騎而還中山王辰等八將軍坐後期皆斬或曰彗由昴畢貴人多死十一月太保盧魯元薨五年二月樂平王丕薨六年二月太白熒惑歲星聚于東井占曰三星合是爲驚立絕行其國內外有兵與喪改立王公九月盧水胡蓋吳據杏城反僭署百官諸虜皆響從關內大震十一月將軍叔孫拔敗吳師于渭北至七年正月太白犯熒惑占曰兵起有大戰時上討吳黨於河東屠之遂幸長安三月吳軍敗績于杏城棄馬遁去復收合餘燼八月乃夷之五年五月月犯心六年四月又如之占曰兵犯宋邦是月太白入軒轅占曰有反臣是冬宋太子詹事范曄謀反誅詔高涼王那徇淮泗徙其人河北焉

九年正月火水皆入羽林占曰禁兵大起四月太白晝見經天十年五月彗星出于昴北此天所以滌除天街而禍髦頭之國也時閼歲討蠕蠕是秋九月上復自將征之所捕虜凡百餘萬矣是歲七月太白犯哭星占曰天子有哭泣事明年春皇子真薨

十年十月辛巳彗星見于太微占曰兵喪並興國亂易政臣賊主至十一年正月甲子太白晝見經天四月又如之占曰中歲而再干明兵事尤大且革人更王之應也是歲十月甲辰熒惑入太微十二月辛未又犯之癸卯又如之占曰臣將戮主君將惡之仍犯事荐也先是八年正月庚午月犯心大星九年正月犯歲星是歲九月太白又犯歲星至正平元年五月彗星見卷舌入太微卷舌讒言之戒六月辛酉彗星進逼帝座七月乙酉犯上相拂屏出端門滅于翼軫辛酉直陰國疑翼軫爲楚邦于屏者蕭牆之亂也天象若曰夫膚受之譖實爲亂階卒至芟夷主相而專其大號雖南國之君由遷及焉先是去年十月上南征絕河十二月六師涉淮登瓜步山觀兵騎士六十萬列屯三千餘里宋人兇懼饋百牢焉是年正月盡舉淮南地俘之以歸所夷滅甚衆六月帝納宗愛之言皇太子以彊死明年二月愛殺帝于永安宮左僕射蘭延等以建議不同見殺愛立吳王余爲主尋又賊之荐災之驗也閼歲宋太子劭坐蠱事泄亦殺其君而僭立劭弟武陵王駿以上流之師討平之滅於翼軫之徵也先是七年八月月犯熒惑

八月至十一月又犯軒轅是歲正月太白經天九月火犯太微十月宗愛等伏誅高宗踐阼至十一月錄尚書元壽尚書令長孫渴侯以爭權賜死太尉黎司徒弼又忤旨左遷孛于屏相之應又明年五月太后崩

高宗興安二年二月有星孛于西方占曰凡孛者非常惡氣所生也內不有大亂外且有大兵至興光元年二月有流星大如月西行占曰奔星所墜其野有兵光威者事大先是京兆王杜元寶建康王崇濟南王麗濮陽王閭文若永昌王仁相次謀反伏誅是歲宋南郡王義宣及魯爽臧質以荊豫之師構逆大將王玄謨等西討盡夷之或曰彗加太微翼軫之餘禍也春秋星之大變或災連三國之君其流炎之所及二十餘年而後弭至是彗干天庭二太子首亂三君爲戮侯王辜死者幾數十人由此言之皇天疾威之誡不可不惕也

太安元年六月辛酉有星起河鼓東流有尾跡光明燭地河鼓爲履險之兵負海之象也昭威爲人君之事星之所往君且從之閱二歲帝幸遼西登碣石以臨滄海復所過郡國一年又尾迹之徵是歲五月火入斗斗主形命之養其後三吳荐饑仍歲疾疫

二年夏四月熒惑犯太白占曰是謂相鑠不可舉事用兵成師以出而禍其雄

之象也明年宋將殷孝祖侵魏南鄙詔征南將軍皮豹子擊之宋軍大敗或曰金火合主喪事明年十月金又犯哭星十二月征東將軍中山王託眞薨

三年十一月熒惑犯房鉤鈐星是謂彊臣不御王者憂之至四年正月月入太微犯西蕃三月又犯五諸侯占曰諸侯大臣有謀反伏誅者是月太白犯房月入南斗皆宋分占曰國有變臣爲亂十一月長星出於奎色白蛇行有尾跡既滅變爲白雲奎爲徐方又魯分也占曰下有流血積骨明年宋兗州刺史竟陵王誕據廣陵作亂宋主親戎自夏涉秋無日不戰及城陷悉屠之

四年八月熒惑守畢直徼垣之南占曰歲饉至五年二月又入東井占曰旱兵饑疫大臣當之六月太白犯鉞占曰兵起更正朔是歲二月司空伊馛薨十二月六鎮雲中高平雍秦饑旱明年改年爲和平至六月諸將討吐谷渾什寅遂絕河窮躡之會軍大疫乃還是歲三月流星數萬西行占曰小流星百數四面行者庶人遷之象既而吐谷渾舉國西遁大軍又隨躡之

四年九月月犯軒轅十二月犯氐至五年正月月掩軒轅又掩氐東南星皆后

妃之府也和平元年正月丁未歲犯鬼鬼爲死喪歲星人君也是爲君有喪事
三月月掩軒轅四月戊戌皇太后崩於壽安宮宋志云人間宣言人主帷箔不修故讁見軒轅又五年十一月月犯左執法明年十一月又犯之占曰大臣有憂和平二年征東將軍河東王閭毗薨十月廣平王洛侯薨
和平元年十月有長星出於天倉長丈餘饉祥也二年三月熒惑入鬼是謂稼
穡不成且曰萬人相食其後定相阻饑宥其田租時三吳亦仍歲凶旱死者十
二三先是元年四月太白犯東井井鬼皆秦分雍州有兵亂自元年六月月犯
心大星三犯前後于房心宋分時宋君虐其諸弟後宮多喪子女繼天哭泣之
聲相再是歲詔諸將討雍州叛氐大破之宋雍州刺史海陵王休茂亦稱兵作
亂閱歲而宋主殂嗣子淫昏政刑紊焉先是元年十月太白入氐占曰兵起後宮有白衣會三年五月歲星犯上將占曰上將憂之三年八月月犯哭星皆宋祥也是歲樂良王萬壽及征東大將軍常山王素並薨
二年三月辛巳有長星出天津色赤長匹餘滅而復出大小百數天津帝之都
船所以渡神通四方光大且衆爲人君之事天象若曰是將有千乘萬騎之舉
而絕逾大川矣是月發卒五千餘通河西獵道後年八月帝校獵于河西宋主

亦大閱舟師巡狩江右云

二年九月太白犯南斗斗吳分占曰君死更政大臣有誅者十一月太白犯填填女君也且曰有內兵白衣會至三年九月火犯積尸占曰貴人憂之斧鉞用十月太白犯歲星歲爲人君而以兵喪干之且有死君篡殺之禍是月熒惑守軒轅占曰女主憂之宮中兵亂十一月歲入氐氐爲正寢歲爲有國之君占曰諸侯王有來入宮者五年二月月入南斗魁中犯第四星占曰大人憂太子傷宮中有自賊者又大赦既而宋孝武及宋后相繼崩殂少主荐誅輔臣釁連戚屬羣下相與殺之而立宋明帝江南大饑且仍有肆眚之令焉先是三年六月太白犯東井七月火入井四年五月金火皆犯上相五年六月火又入井占曰大臣憂斧鉞用六年七月月犯心前星是月宋殺少主其後有乙渾之難

五年七月丁未歲星守心心爲明堂歲爲諸侯爲長子入而守之立君之象占曰凡五星守心皆爲宮中亂賊羣下有謀立天子者七月己酉有流星長丈餘入紫微經北辰第三星而滅占曰有大喪九月丁酉火入軒轅十一月長星出織女色正白彗之象也女主專制將由此始是以天視由之長星彗之著易政

之漸焉冬熒惑入太微犯上將十二月遂守之占曰公侯謀上且有斬臣六年正月乙未有流星長丈餘自五車抵紫宮西蕃乃滅天象若曰羣臣或修霸刑而干蕃輔之任矣且占曰政亂有奇令四月太白犯五諸侯占曰有專殺諸侯者五月癸卯上崩于太華殿車騎大將軍乙渾矯詔殺尚書楊寶年等于禁中戊申又害司徒平原王陸麗明年皇太后定策誅之太后臨朝自馮氏始也或曰心爲宋分是歲六月歲星晝見于南斗斗爲天祿吳分也天象若曰或以諸侯干君而代奪之是冬宋明帝以皇弟踐阼孝武諸子舉兵攻之四方響應尋皆伏誅有太白之刑與歲星之祐焉是歲三月有流星西行不可勝數至明乃止至六月己卯又有流星多西南行星衆而小庶人象也星之所首人將從之及宋討孝武諸子大兵首自尋陽進平[闕二字]其後張永之師敗績于呂梁魏師盡舉淮右俘其人又西南行之效也

顯祖天安元年正月戊子太白犯歲星歲農事也肅殺干之是爲稼穡不登六月熒惑犯鬼占曰旱饑疾疫金革用八月丁亥太白犯房占曰霜雨失節馬牛多死九月甲寅熒惑犯上將太白犯南斗第二星占曰貴人將相有誅者十一月己酉太白又犯歲星或曰歲爲諸侯太白主兵刑之政再干之事洊也是歲

九月州鎮十一旱饑十月宋氏六王皆戮死明年宋師敗于呂梁江南阻饑牛且大疫其後東平王道符擅殺副將及雍州刺史據長安反詔司空和其奴討滅之九月詔賜六鎮孤貧布帛宋主以後宮服御賜征北將士後歲夏旱河決州鎮二十七皆饑尋又天下大疫元年六月太白犯左執法十月火又犯之占曰大臣有憂覇者之刑用是歲六月月犯井十月又掩之皇興元年正月月犯井北轅第二星八月又蝕之占曰貴人當之有將死水旱祥也道符作亂之明年司空和其奴太宰李峻皆薨

皇興元年四月太白犯歲星占曰有攻城略地之事六月壬寅太白犯鬼秦分也二年正月太白犯熒惑占曰大兵起是時鎮南大將軍尉元征南大將軍慕容白曜略定淮泗明年徐州羣盜作亂元又討平之後歲正月上黨王觀西征吐谷渾又大破之

二年九月癸卯火犯太微上將占曰上將誅先是元年六月熒惑犯氐是歲十一月太白又犯之是爲內宮有憂逼之象占曰天子失其宮四年十月誅濟南王慕容白曜明年上迫於太后傳位太子是爲孝文帝宋志以爲先是比年月頻犯左角占曰天子惡之及上遜位而宋明帝亦殂

高祖延興元年十月庚子月入畢口畢魏分占曰小人罔上大人易位國有拘主反臣十二月辛卯火犯鉤鈐鉤鈐以統天駟火爲內亂天象若曰人君失馭或以亂政乘之矣乙巳鎮星犯井天井者天下之平也而女君以干之是爲后竊刑柄占曰天下無主大人憂之有過賞之事焉二年正月月犯畢丙子月犯東井庚子又如之占曰天下有變令貴人多死者

三年八月月犯太微又羣陰不制之象也是時馮太后宣淫于朝昵近小人而附益之所費以鉅萬億計天子徒尸位而已二年九月河間王閭虎皮以貪殘賜死其後司空東平郡王陸麗坐事廢爲兵既而宮車晏駕或曰月入畢口爲赦令二年正月曲赦京師及秦梁諸鎮星及月犯井皆爲水災且旱祥也是歲九月州鎮十一水旱詔免其田租開倉賑乏

四年九月己卯月犯畢七月丙申太白犯歲星在角丁卯太白又入氐太白有母后之幾主兵喪之政以干君於外朝而及其宿宮是將有劫殺之虞矣二月癸丑月犯軒轅甲寅又犯歲星月爲彊大之臣爲主女之象始由后妃之府而干少陽之君示人主以戒敬之備也五年三月甲戌月掩塡星天象若曰是又

僻行不制而棄其紀綱矣且占曰貴人彊死天下亂三月癸未金火皆入羽林占曰臣欲賊主諸侯之兵盡發八月乙亥月掩畢十一月月入軒轅食第二星至承明元年四月月食尾五月己亥金火皆入軒轅庚子相逼同光皆后妃之謫也天若言曰母后之釁幾貫盈矣人君忘祖考之業慕匹夫之孝其如宗祀何是時獻文不悟至六月暴崩實有酖毒之禍焉由是言之皇天有以覩履霜之萌而爲之成象久矣其後文明皇太后崩孝文皇帝方修諒陰之儀篤孺子之慕竟未能述宣春秋之義而懲供人之黨是以胡氏循之卒傾魏室豈不哀哉或曰太白犯歲於天門以臣伐君之象金火同光又兵亂之徵時宋主昏狂公侯近戚冤死相繼既而桂陽建平王並稱兵內侮矣及宮闕僅乃戡之尋爲左右楊玉夫等所殺或曰月犯歲鎮金火入軒轅皆饑祥也月掩畢主邊兵四年州鎮十三饑又比歲蝗旱太和元年雲中又饑開倉賑之先是四年四月丙午有大星西流殷殷有聲十一月辛未又如之是歲五月宋桂陽王反于江州間歲沈攸之反于江陵皆爲大兵西伐時以江南內攜又詔五將伐蜀

太和元年五月庚子太白犯熒惑在張南國之次也占曰其國兵喪並興有軍

大戰人主死壬申水土合于翼皆入太微主令不行之象也占曰女主持政大夫執綱國且內亂羣臣相殺九月丁亥太白晝見經天光色尤盛更姓之祥也二年九月火犯鬼占曰主以淫泆失政相死之三年三月月犯心心爲天王又宋分三月塡星逆行入太微留左掖門內占曰土守南宮必有破國易代逆行者事逆也自元年三月至二年六月月行五犯太微與劉氏簒晉同占又自元年八月至三年五月月行六犯南斗入魁中斗爲大人壽命且吳分是時馮太后專政而宋將蕭道成亦擅威福之權方圖劉氏宋司徒袁粲起兵石頭沈攸之起兵江陵將誅之不剋皆爲所殺三年四月竟簒其君而自立是爲齊帝是年五月又害宋君于丹陽宮又元年十月月犯昴爲刑獄事二年六月月犯房占曰貴人有誅者或曰月犯斗亦大臣之謫也其後李惠伏誅宜都長樂王並賜死又元年二月壬戌月在井暈參畢兩河五車占曰大赦至八月大赦天下三年正月壬子又暈觜參昴畢五車東井至十月大赦天下

三年自五月至十二月月三入斗魁中四年五月庚戌七月己巳又如之六年二月又犯斗魁第二星占曰其國大人憂不出三年七月丁未十月丙申月再

犯心大星自四年正月至六年二月又五干之斗爲爵祿之柄心爲布政之宮月行干而輶之亦以荐矣其占曰月犯心亂臣在側有亡君之戒人主以善事除殃是時馮太后將危少主者數矣帝春秋方富而承事孝敬動無違禮故竟得无咎至六年三月而齊主殂焉或曰月犯斗其國兵憂心又豫州也時比歲連兵南討五年二月大破齊師于淮陽又擊齊下蔡軍大敗之先是三年八月金犯軒轅四年二月又犯軒轅第二星六年正月又犯軒轅大星八月又犯軒轅左角左角后宗也是時太后淫亂而幽后之姪娣又將薄德天若言曰是無周南之風不足訓也故月太白驟干之

三年九月庚子太白犯左執法十一月丙戌月犯之四年二年辛巳月又犯之九月壬戌太白又犯之五年二月癸卯月犯太微西蕃上將至六年十月乙酉熒惑又犯之夫南宮執法所以糾淫忒成肅雍而上將朝廷之輔也天象若曰王化將弛淫風幾興固不足以令天下矣而廷臣莫之糾弼安用之文明太后雖獨厚幸臣而公卿坐受榮賜者費亦巨億蓋近乎素餐焉其三年九月安樂王長樂下獄死隴西王源賀薨四年正月廣川王略薨襄城王韓頹徙邊七月

頓丘王李鍾葵賜死其後任城王雲中山王叡又薨比年死黜相繼蓋天譴存焉[四年春月又掩火亦大臣死黜之祥也又比年月再犯昴亦爲獄事與白衣之會也]

五年九月辛巳塡犯辰星干軫占曰爲饑爲內亂且有壅川溢水之變是歲京師大霖雨州鎮十二饑至六年七月丙申又大流星起東壁光明燭地尾長二丈餘東壁土功之政也是月發卒五萬通靈丘道十月己酉有流星入翼尾長五丈餘七星中州之羽儀翼南國也天象若曰將擇文明之士使于楚邦焉明年員外散騎常侍李彪使齊始通二國之好焉[四年正月丁未月在畢暈參井五車赦祥也四月幸廷尉獄錄囚徒明年二月大赦是月月在翼有偏日暈倢五車東井軒轅北河鬼至北斗紫垣攝提六年正月癸亥月在畢暈參兩肩五車胃昴畢至甲戌天下大赦江南嗣君卽位亦大赦改元]

七年六月庚午辰時東北有流星一大如太白北流破爲三段十月己亥星隕如虹是時太后專朝且多外嬖雖天子由倚附之故有干明之譴焉破而爲三席勢者衆也昔春秋星隕如雨而羣陰起霸其後漢成帝時旰日晦冥衆星行隕燿燿如雨而王氏之禍萌至是天妖復見又與元后同符矣

十年八月辰時有星落如流火三道戊寅又有流星出日西南一丈所西北流
大如太白至午西破爲二段尾長五尺復分爲二入雲閒仍見者事荐也後代
其踵而行之以至於分崩離析乎先是七年十月有客星大如斗在參東似孛
占曰大臣有執主之命者且歲旱糴貴十年九月熒惑犯歲星歲主農事火星
以亂氣干之五稼旱傷之象也占曰元陽以饉人不安自八年至十一年黎人
阻饑且仍歲災旱八年正月辛巳月在畢暈井歲星觜參五車占曰有赦糴貴其年六月大赦冬州鎮十五水旱人飢九年正月月在參暈觜參兩肩五車爲大赦爲水戊申月犯井爲水祥也是歲冀定數州大水人有鬻男女者京師及州鎮十三水旱傷稼明年大赦
十一年三月丁亥火土合于南斗塡爲履霜之漸斗爲經始之謀而天視由之
所以爲大人之戒也占曰其國內亂不可舉事用兵是時齊主持諸侯王酷甚
雖酒食之饋猶裁之有司故天若言曰非所以保根固本以貽長代之謀也內
亂由是興焉五月丁酉太白經天晝見庚子遂犯畢畢又邊兵也是時蠕蠕寇
邊明年齊將陳達伐我南鄙陷灃陽閒歲而齊君子子響爲有司所御遂憤怒
而反伏誅及齊王殂而西昌侯簒之高武子孫所在棊布皆拱手就戮亦齊君

自爲之焉十一年六月乙丑月犯斗丙寅遂犯建星亦圖始之謀也十二年七月月犯牛十三年六月又掩之明年八月又犯之牛主吳分占曰國有憂大將戮亦江南兵鐘之徵也

七月癸丑太白犯軒轅大星八月甲寅又犯之皆女君之謫也天象若曰軒轅以母萬物由后妃之母兆人也是固多穢復將安用之其物類之感又稼穡之不滋候也是歲年穀不登聽人出關就食明年州鎮十五皆大饑詔開倉賑乏閒歲太后崩是歲月三入井金又犯之占曰陰陽不和不爲水患且大旱其後連年亢陽而吳中比歲霖雨傷稼也

十二年三月甲申歲星逆行入氐甲申皆齊分也占曰諸侯王而升爲天子者逆行者其事逆也先是去年十月歲辰太白合于氐是謂驚立絶行改立王公是歲四月月犯氐與歲同舍六月丁巳月又入氐犯歲星月爲彊大之臣歲爲少君也與歲同心內宮而干犯之彊宗擅命逼奪其君之象也再干之其事荐至

十三年三月庚申月犯歲十五年六月又犯之歲星不在宿宮是爲彊侯之譴江南太子賢王相次薨歿既而齊武帝殂太孫幼沖西昌輔政竟殺二君而篡

之月再犯于氐及逆行之效也或曰月犯木饑祥也時比歲稼穡不登又十二年正月戊戌月犯左角十一月丙寅又如之七月金又犯左角角爲外朝且兵政也占曰不出三年天下有兵主子死大君惡之至十四年有子響誅閒歲而齊室亂

十二年四月癸丑月火金會于井辛酉金犯火甲戌火水又俱入井皆兩暘失節萬物不成候也且曰王業將易諸侯貴人多死是歲月行四入氐十月辰星入之閏月丁丑火犯氐乙卯又入之占曰大旱歲荒人且相食國易政君失宮遠期五年氐又女君之府也是歲兩雍及豫州旱饑明年州鎮十五大饉至十四年太后崩時江南北連歲災兩至十七年有劫殺之禍誅死相踵焉是歲月三犯房十三年四月又犯之七月至十月再犯鍵閉占曰有亂臣不出三年伐其主自十二年六月至十四年八月再犯牛又再掩之凡六犯牛且掩之牛爲吳越饉祥也畢魏分且曰貴人多死免者十二年九月司徒淮南王佗薨十三年光州人王泰反章武汝陰南安三王皆坐贓廢安豐王猛司空荀頹並薨十四年地豆干及庫莫奚頻犯塞京兆王廢爲庶人

魏書卷一百五之三

魏書卷一百五之三考證

志第三○魏收書天象志第一卷載天及日變第二卷載月變第三第四卷應

載星變今此二卷天日月星變編年總繫魏及南朝禍咎蓋魏收志第三第

四卷亡後人取他人所撰志補足之魏澹書世已無本据目錄作西魏帝紀

而元善見司馬昌明劉裕蕭道成皆入列傳此志主東魏而晉宋齊梁君皆

稱帝號亦非魏澹書明矣唐書經籍志有張太素魏書一百卷故世人疑此

二卷爲太素書志崇文總目有張太素魏書天文志二卷今亦亡矣唯昭文

館有史館舊本魏書志第三卷前題朝議郎行著作郎修國史張太素撰太

素唐人故諱世民等字

太宗神瑞四年月犯歲星在角○月字下北監本脫犯字今從南監本增入

世祖始光元年大流星出天將軍○天當作大

世祖神䴥三年又明盛之徵○注秦有兵喪而至秦夏出夷威此十一字不可

讀疑有脫訛

世祖真君三年追至頻根河〇頻根河本書蠕蠕傳作頞根河

高祖太和十年占曰元陽以饉人不安〇元應作亢

魏書卷一百五之三考證

魏書卷一百五之四

齊　魏　收　撰

志第四

天象一之四

太和十二年十一月戊午太白犯歲又犯火喪疾之祥占曰國無兵憂則君有白衣之會景寅火又犯木占曰內無亂政則主有喪戚之故十二月壬寅太白犯填占曰金爲喪祥后妃受之十三年二月熒惑犯填占曰火主凶亂女君應之皆文明太后之謫也先是十一年六月甲子歲星晝見十二月甲戌又晝見是歲六月又如之歲而麗于大明少君象也是時孝文有仁聖之表而太后分權以干冒之及帝春秋方壯始將經緯禮俗財成國風故比年女君之謫屢見而歲星彌盛至于不可掩奪矣且占曰木晝見主有白衣之會是歲九月丙午有大流星自五車北入紫宮抵天極有聲如雷占曰天下大凶國有喪宮且空夫五車君之車府也天象若曰是將以喪事有千乘萬騎而舉者大有聲其事

昭盛至十四年三月填星守哭泣占曰將以女君有哭泣之事四月丙申火犯鬼喪祥也六月有大流星從紫宮出西行天象又曰人主將以喪事而出其宮八月月太白皆犯軒轅九月癸丑而太皇太后崩帝哭三日不絕聲勺飲不入口者七日納菅屨徒行至陵其反亦如之哀毀骨立杖而後起雖殊俗之萌嬌然知感焉自九月至于歲終凡四謁陵又荐出紫宮之驗也（十四年十一月月犯填星十二月月犯軒轅十五年十月月犯填又犯軒轅八月又犯之九月月掩填星十七年正月月又犯軒轅皆女君之象也是時林貴人以故事薨及馮貴人爲后而其姊譖之至二十年竟坐廢黜以憂死幽后繼立又以淫亂不終）

十三年十二月戊戌填星辰星合于須女女齊吳分占曰是爲雍沮主令不行且有陰親者至十四年三月庚申歲星守牛占曰其君不愛親戚貴人多喪又饉祥也是歲太白三犯熒惑十月太白入氐十一月有大流星從南行入氐甲申齊邦之物也金火相鑠爲兵喪爲大人之讁天象若曰宿宮有兵喪之故感大者循而殘之處其寢廟之中矣至十五年三月壬子歲犯填在虛三月癸巳木火土三星合宿于虛甲午火土相犯虛齊也占曰其國亂專政內外兵喪故

立侯王九月乙丑太白犯斗第四星戊子有大流星起少微入南宮至帝坐主有威大之臣乘賢以侮其君者且占曰大人易政至十七年正月戊辰金木合于危危亦齊也是爲人君且懼兵喪之變四月戊子太白犯五諸侯占曰有擅刑以殘賊諸侯者至七月齊武帝殂西昌侯以從子干政竟殺二君而自立是爲齊明帝於是高武諸子王侯數十人相次誅夷殆無遺育矣雖繼體相循實有準命之禍故天譴仍見云自十五年至十七年月行七犯建星建星爲忠臣之輔經代之謀又吳之分也十五年再犯牽牛十六年至十七年又四犯南斗是謂臣干天祿且曰大人多死者又十五年七月金入太微十七年火入太微宮反臣之戒是歲月行四入太微十七年六入太微比歲凡十干之而齊君夷其宗室亦積忍酷甚也

十五年四月癸亥熒惑入羽林十六年二月壬子太白入羽林占曰天下兵起三月己卯四月丙午五月甲戌十月辛卯月行皆入羽林十七年四月壬寅八月辛卯十二月辛巳又如之先是陽平王頤統十二將軍騎士七萬北討蠕蠕是歲八月上勒兵三十餘萬自將擊齊由是比歲皆有事于南方十五年三月月掩畢十一月月又犯之十六年五月及七月月再入畢八月十一月又再犯之十七年八月又入畢畢爲邊兵占曰貴人多死十五年六月濟陰王鬱賜死十七年南平王

霄三老尉元皆死十八年安定王休死十九年司徒馮誕太師馮熙廣川王諧皆死

十七年二月庚戌火土合于室室星先王所以制宮廟也熒惑天視填爲司空聚而謀之其相宅之兆也且緯曰人君不失善政則火土相扶卜洛之業庶幾興矣是歲九月上罷擊齊始大議遷都冬十月詔司空穆亮將作董邇繕洛陽宮室明年而徙都之於是更服色殊徽號文物大備得南宮之應焉（凡五星分野熒惑統朱鳥之宿而填以軒鼓寓之皆周鶉火之分室又并州之分是爲步自并州而經始洛邑之祥也）

十七年二月丁丑太白犯井辛丑又犯鬼五月戊午晝見九月又如之是謂兵祥雍州也是月火木合于婁婁爲徐州占曰其地有亂萬人不安八月辛巳熒惑入井占曰兵革起明年二月詔征南將軍薛真度督四將出襄陽大將軍劉昶出義陽徐州刺史元衍出鍾離平南將軍劉藻出南鄭皆兩雍徐方之分後年正月平南王肅大敗齊師于義陽降者萬餘己亥上絕淮登八公山並淮而東及鍾離乃還（至十九年六月庚申金木合于井七月火犯井三十一年十一月大敗齊師于沔北明年春復大破之下二十餘城於是悉定沔漢諸郡時江南僞立雍州於襄陽以總牧西土遺黎故與東井同候）

十八年四月甲寅熒惑入軒轅后妃之戒也是時左昭儀得幸方譖訴馮后上蠱而惑之故天若言曰夫膚受之黴不可不察亦自我天視而降鑒焉至十九年三月月犯軒轅二十年七月辛巳又掩塡星是月馮后竟廢尋以憂死而立左昭儀是爲幽后明年追廢林貞后爲庶人二十二年正月月又掩軒轅十一月又彗星起軒轅歷鬼南及天漢天又若曰是固多穢德宜其彗除矣行歷鬼又殭死之徵明年幽后賜死也十九年六月壬寅熒惑出于端門占曰邦有大獄君子惡之又更紀立王之戒也明年皇太子恂坐不軌黜爲庶人至二十一年十月壬午熒惑歲星合于端門之內歲爲人君火主死喪之禮而陳于門庭大喪之象也二十二年二月乙丑木火合于掖門內是夕月行逮之三月丙午木火俱出掖門外再合一相犯月行逮之后妃預有咎焉明年四月宮車晏駕夫太微禮樂之庭也時帝方修禮儀正喪服以經人倫之化竟未就而崩少君嗣立其事復寢縉紳先生咸哀慟焉故天視奉而修之是以徘徊南宮蓋皇天有以著愼終歸厚之情或曰合于天庭南方有反臣之戒是時齊明帝殂比及

三年而亂兵四交宮掖既而蕭衍甚之竟覆齊室云二十二年十一月有流星照地至天津而滅占曰將有樓船之攻人君以大衆行二十二年而上南伐是歲之正月有流星大如三斗瓶起貫索東北流光燭地經天棓乃滅有聲如雷天棓天子先驅也占曰國中貴人有死者且大赦至三月上南征不豫詔武衞元嵩諧洛陽賜皇后死

世宗景明元年四月壬辰有大流星起軒轅左角東南流色黃赤破爲三段狀如連珠相隨至翼左角后宗也占曰流星起軒轅女主後宮多讒死者翼爲天庭之羽儀王室之蕃衞彭城國焉又占曰流星于翼貴人有憂繫是時彭城王忠賢且以懿親輔政借使世宗諒陰恭己而修成王之業則高祖之道庶幾與焉而阿倚母族納高肇之譖明年彭城王竟廢後數年高氏又鴆于后而以貴嬪代之由是小人道長讒亂之風作矣夫天之風戒肇于履端之始而沒身不悟以傷魏道豈不哀哉或曰軒轅主后土之養氣而庇祐下人也故左角謂之少人焉天象若曰人將喪其所以致養幾至流亡離析矣是歲北鎮及十七州大饉人多就食云是歲十二月癸未月暈太微既而有白氣長一丈許南抵七星俄而月復暈北斗大角爲君以兵自衞又赦祥也且爲立君之戒時蕭衍立少主於江陵改元大赦尋伐金陵以長圍逼之又二年正月月暈井參觜昴五車占曰貴人死大赦是歲廣陵王羽薨二月至秋再大赦

二年正月己未金火俱在奎光芒相掩爲兵喪爲逆謀大人憂之野有破軍殺將奎徐方也三月丁巳有流星起五諸侯入五車至天潢散絶爲三光明燭地五車所以輔衰替之君也流星自五諸侯干之諸侯且霸而修兵車之會分而爲二距乏(疑)之君幾將並立焉(魏收以爲流星出五車諸侯有反者至五月咸陽王禧謀反賜死)戊午填星在井犯鉞相去二寸占曰人君有戮死者時蕭衍起兵襄陽將討東昏之亂是月推南康王寶融爲帝踐阼于江陵於是齊有二君矣至八月戊午金火又合于翼楚分也十一月甲寅金水俱出西方占曰東方國大敗時蕭衍已舉夏口平尋陽遂沿流而東東主之師連戰敗績於是長圍守之十二月齊將張稷斬東昏以降又戮主之徵至三年正月火犯房北星光芒相接癸巳填星逆行守井北轅西星皆大臣賊主更政立君之戒也三月金水合於須女女齊分金水合爲兵誅二月丁酉有流星起東井流入紫宮至北極而滅東井雍州之分衍憑之以興且西君之分使星由之以抵辰極是爲禪受之命且爲大喪是月齊諸侯相次伏誅既而西君錫命衍受禪于建康是爲梁武帝戊辰而少主殂(自二年至

三年月六掩犯斗魁七月火犯斗皆吳分也時江南北歲大饑又連兵北鄙負敗相迹又二年七月月暈婁內青外黃轢昴畢天船大陵卷舌奎船爲徐魯又赦祥也且曰多死喪三月青齊徐兗餓死萬餘人七月大赦三年八月月暈外青內黃轢昴畢婁胃五車占曰貴人多死十二月月犯昴環月太傅平陽王丕薨後年正月大赦

三年八月丙戌有大流星起天中北流大如二斗器占曰有天子之使出自中京以臨北方至四年九月壬戌有大流星起五車東北流占曰有兵將首于東北是歲二月辛亥三月丁未月再掩太白皆大戰之象也庚辰揚州諸將大破梁師于陰陵十一月左僕射源懷以便宜安撫北邊明年二月又大破梁師于邵陵九月蠕蠕犯邊復詔源懷擊之是歲七月月暈昴畢觜參井五車占曰旱大赦又再暈軒轅太微明年正月月暈五車東井兩河鬼塡星是月大赦改元六月以亢陽詔撤樂減膳

正始元年正月戊辰流星如斗起相星入紫宮抵北極而滅夫紫宮后妃之內政而由輔相干之其道悖矣且占曰其象著大有非常之變至二年六月癸丑有流星如五斗器起織女抵室而滅占曰王后憂之有女子白衣之會往反營室釁歸後庭焉三年正月己亥有大流星起天市垣西貫紫蕃入北極市垣之

西又公卿外朝之理也占曰以臣犯主天下大凶明年高肇欲其家擅寵乃鴆殺于后及皇子昌而立高嬪爲后先是景明四年七月太白犯軒轅大星至二年六月木犯昴占曰人君有白衣之會同上

三年六月丙辰太白晝見占曰陰國之兵彊八月梁師寇邊攻陷城邑秋九月安東將軍邢巒大破之宿豫斬將三十餘人捕虜數萬十月甲寅月犯太白又大戰之象明年中山王英敗績于淮南士卒死者十八九又元年正月月暈胃昴畢五車戊午又暈五車東井兩河鬼塡星二月甲申又暈昴畢觜參三年正月月暈太微軒轅皆爲兵赦是月皇子生大赦天下

四年七月己卯有星孛于東北占曰是謂天讒大臣貴人有戮死者凡孛出東方必以晨乘日而見亂氣蔽君明之象也昔魯哀公十三年十一月有星孛于東方明年春秋之事終是謂諸夏微弱蠻夷遞霸田氏專齊三族擅晉卒以干其君明而代奪之陵夷遂爲戰國天下橫流矣今孛星又見與春秋之象同天戒若曰是居太陽之側而干其明者固多穢德可彗除矣而君不悟衰替之萌將緜此始乎是歲高肇鴆后及皇子明年又譖殺諸王天下寃之肇故東夷之俘而驟更先帝之法累構不測之禍于明孰甚焉魏氏之悖亂自此始也

永平元年三月戊申熒惑在東壁月行抵之相距七寸光芒相及室壁四輔君之內宮人主所以庇衞其身也天象若曰且有重大之臣屏藩王室者將以讒賊之亂死於內宮又曰諸侯相謀五月癸未填星逆行太微在左執法西是爲后黨持政大夫執綱而逆行侮法以啓蕭牆之內是月月犯畢六月又掩之占曰貴人有死者庚辰太白歲星合于柳柳爲周分且占曰有內兵以賊諸侯八月京兆王愉出爲冀州刺史恐不見容遂舉兵反以誅尙書令高肇爲名與安樂王詮相攻于定州九月太師彭城王勰于禁中愉亦死之或曰柳豫州分所合之野謀兵有戰野拔邑事至十一月丙子流星起羽林南大如椀色赤有黑雲東南引如一匹布橫北轢星占曰禁兵起所首召之是歲豫州人白早生殺刺史司馬悅以城降梁遣尙書邢巒擊之十二月巒拔懸瓠斬早生

二年三月丁未有流星徑數寸起自天紀孛于市垣光芒燭地有尾跡長丈餘凝著天天象若曰政失其紀而亂加乎人浸以萌矣是將以地震爲徵地震者下土不安之應也是月火入鬼距積尸五寸積尸人之精爽而炎氣加之疫祥也四月乙丑金入鬼去積尸一寸又以兵氣干之彊死之祥也踰逼者事甚鬼

主驕亢之戒故金火犇災其人以警而懼之五月太白犯歲光芒相觸占曰兵大亂歲饑不出三年七月庚辰有流星起騰蛇入紫宮抵北極而滅天戒若曰彼光後王道者（疑）以馭陰陽之變矣將有水旱之沴地震之祥而後災加皇極焉明年夏四月平陽郡大疫死者幾三千人平陽鬼星之分也秋州郡二十大水冀定旱饑四年朐山之役喪師殆盡其後繁畤桑乾靈丘秀容鴈門地震陷裂山崩泉涌殺八千餘人延昌三年詔曰比歲山鳴地震于今不已朕甚懼焉至正月宮車晏駕（七年十一月丙戌月掩畢火星至三年八月火犯積尸占曰貴人死又饑疫祥也比年水旱災疫是月中山王略薨明年春司徒廣陽王嘉薨）

二年九月甲申歲星入太微距右執法五寸光明相及十二月乙酉逆行入太微掩左執法三年閏月壬申又順行犯之相去一寸保乾圖曰臣擅命歲星犯執法是時高肇方爲尚書令故歲星反復由之所以示人主也天若言曰政刑之命亂矣彼居重華之位者盍將反復而觀省焉今雖厚而席之適所以爲禍資耳且占曰中坐成刑遠期五年間五歲而肇誅（四年四月庚午熒惑犯軒轅大星至五月入太微距右執

法三寸光芒相接熒惑天視也始由軒轅而省執法之位其象若曰是居后黨而擅南宮之命君其降黜焉其應與歲星同也

四年正月戊戌有流星起張西南行殷殷有聲入參而滅張河南之分參爲兵事占曰流星自東方來至代而止有來兵大敗吾軍有聲者怒也先是去年十一月月犯太白是歲又犯之在胃八月辛酉又犯之胃爲徐方大戰之象也十月戊寅有大流星孛于羽林南流色赤珠落下入濁氣孛然而流王師潰亂之兆先是梁朐山鎮殺其將來降詔徐州刺史盧昶援之十二月昶軍大敗於淮南淪覆十有餘萬是歲七月乙巳有流星起北斗魁前西北流入紫宮至北極而滅占曰不出期年兵起且亡君戒是歲有朐山之役間歲而帝崩

四年十二月己巳歲星犯房上相相距一寸光芒相及至延昌元年三月丙申歲星在鉤餘東五寸距鍵閉三寸丙午又掩房上相天象若曰夫鈐鍵之繫君上所宜獨操非驂服所當共也先是高肇爲尙書令而歲星三省執法是歲至升爲司徒猶怏怏不悅而歲星又再循之所以示人主審矣閱二歲而上崩肇亦誅滅或曰木與房合主喪水又元年二月月暈井鬼軒轅十月又暈井五車參畢皆水旱饑赦之祥自元年二月不雨至六月雨大水二年四月庚

子出絹十五萬匹賑河南飢人是夏州郡十二大水八月減天下殊死

二年四月庚午熒惑犯軒轅大星十月壬申月失行犯軒轅大星至延昌元年三月塡星在氐守之九十餘日占曰有德令拜太子女主不居宮至十月立皇太子賜爲父後者爵旌孝友之家至二年三月乙丑塡星守房占曰女主有黜者以地震爲徵地震者陰盈而失其性也四月丙申月掩塡星七月戊午又如之是爲后妃有相遷奪者且曰女主死之時比歲地震至三年八月太白又犯軒轅十二月月掩熒惑皆小君之譴也時高后席寵凶悍雖人主猶畏之莫敢動搖故世宗胤嗣幾絕明年上崩后廢爲尼降居瑤光寺尋爲胡氏所害以厭天變也

延昌元年八月己未有流星起五車西南流入畢畢邊兵也占曰有兵車之事以所直名之至二年十一月戊午又有流星起五車西南流殷殷有聲憑怒者事盛也十二月己卯有流星西南流分而爲二又偏師之象也至三年六月辛巳太白晝見占曰西兵大起有王者之喪十一月大將軍高肇伐蜀益州刺史

傳暨眼出北巴平南羊社出涪安西谿康生出綿竹撫軍甄琛出劍閣會帝崩旋師先是元年三月己酉木土相犯占曰人君有失地者將死之又曰先作事者敗兵起必受其殃三年九月太白掩右執法是爲大將軍有權刑辟者先是二年二月梁郁洲人徐玄明斬大將張稷來降及肇出征還亦就戮

元年二月乙未有流星起太陽守歷北斗入紫宮抵北極至華蓋而滅太陽守所以弼承帝車大臣之象今使星由之以語天極之位臣執國命將由此始乎且占曰天下大凶主室其空先是去年八月至十月月再入太微是歲三月又如之十二月甲戌月犯火于太微占曰君死不出三年貴人奪權失勢二年三月辛酉熒惑又犯太微占曰天下不安有立君之戒九月丁卯入太微犯屏星明年正月而世宗崩於是王室遂卑政在公輔三年二月月暈畢昴五車太白東井占主赦是月太白失行在天關北占有關梁之兵道不通明年正月肅宗立大赦天下二月梁將任大洪帥衆寇關城

四年五月庚戌九月乙丑十月癸巳月皆犯太微中歲而驟干之彊臣不御執法多門之象也閏月戊午月犯軒轅又女主之謫十一月庚寅木火會于室相距一尺至甲午火徙居東北亦相距一尺室爲後宮火與木合曰內亂環而營

之或淫事干逼諸侯之象占曰姦臣謀大將戮若有夷族之害以赦令除之先是三年九月太白犯執法是歲八月領軍于忠擅戮僕射郭祚九月太后臨朝淫放日甚至逼幸清河王懌其後羽林千餘人焚征西將軍張彝宅辜死者百數朝廷不能討於是大赦原羽林亦營室之故也魏收以爲月犯太微大臣有死者其後安定王燮月犯軒轅女主憂之其後皇太后高尼崩于瑤光寺營室又主土功也胡太后害高氏以厭天變乃以后禮葬之

四年十月太白犯南斗斗爲吳分占曰大兵起先是三年四月有流星起天津東南流轢虛危天津主水事且曰有大衆之行其後梁造浮山堰以害淮泗諸將攻之是歲閏月有大犇星起七星南流色正赤光明燭地尾長丈餘歷南河至東井七星河南之分也流星出之有兵起施及東井將以水禍終之又占曰所與城等疑　是時鎮南崔亮攻梁師于硤石明年二月鎮東蕭寶夤大破梁淮北軍九月淮堰決梁人十餘萬口皆漂入海

肅宗熙平元年三月丙子太白犯歲星十二月甲辰月犯歲星是謂彊盛之陰而陵少陽之君歲又諸侯也天象若曰始由內亂干之終以威刑及之是歲正

月熒惑犯房四月庚子又逆行犯之癸卯月又犯房占曰天下有喪諸侯起霸將相戮十一月大流星起織女東南流長且三丈光明照地占曰王后憂之有女子白衣之會間歲高太后殂司徒國珍薨中宮再有喪事其後僕射于忠司徒任城王澄薨既而太后幽逼清河中山王戮死或曰月太白犯歲星饉祥也火犯房陳兵滿野有饑國且大赦又元年十二月月暈井觜參五車占曰水旱有赦至二年正月大赦十月幽冀滄瀛大饑是月月再暈畢參五車占曰饑赦明年幽州大饑死者數千人自正月不雨至六月是歲四夷反叛兵大出又赦改元

二年六月癸丑有大流星出河鼓東南流至牛十一月流星起河鼓色黃赤西南流長且三丈有光照地至神龜元年四月壬子有流星起河鼓西北流至北斗散滅河鼓鼓旗之應也故流星出之兵出入之兵入昔宋泰始初大流星出自河鼓西南行竟夜有小星百數從之既而諸侯同時作亂至是三出河鼓秦州屬國羌及南秦東益氏皆反七月河州人却鐵忽與羣盜又起自稱水池王詔行臺源子恭及諸將四出征之朝廷多事故天應屢見云

神龜二年四月甲戌大流星起天市垣西東南流爍尾光明燭地天象若曰將

作大衆而從后妃之事矣以所首名之是歲九月太后幸嵩高或曰市垣所以均國風尾幽州也明年詔尚書長孫稚撫巡北蕃觀省風俗二月丙辰月在參暈井觜參歲星五車占曰有死相且赦明年諸王多伏辜又大赦

二年八月己亥太白犯軒轅是月月又犯之至正光元年正月月又犯軒轅大星四月庚戌金火合于井相去一尺占曰王業易君失政大臣首亂將相戮死以用師大敗五月丙午太白犯月相距三寸占曰將相相攻秦國有戰七月太白犯角角天門也是爲兵及朝廷占曰有謀不成破軍斬將是月侍中元义矯詔幽太后于北宮殺太傅清河王懌八月中山王熙起兵誅元义不克遇害明春衞將軍奚康生謀討义于禁中事泄又死是冬諸將伐氐官軍敗績

正光元年九月辛巳有彗星光燭如火出于東方陰動爭明之異也感精符曰天下以兵相威以勢相乘至威疑亂起布衣從衡禍未庸息帝宮其空昔正始中天讒孛于東北是歲而攝提復周故天象若曰夫讒之亂萌有自來矣彗除之象今則著矣戰國之禍將由此作乎間三年而北鎮肇亂關中迹之自是姦

雄鼎沸覆軍相踵其災之所及且二十餘年而猶未弭焉梁志曰九月乙亥有星晨見東方光如火占曰國皇見有內難急兵明年義州反乙亥去辛巳凡六日而北方覿之其氣蓋同矣始于其明以妖南國既又彗而布之以除魏邦

二年四月甲辰火土相犯於危十一月辛亥金土又相犯于危危存亡之機太白司兵熒惑司亂而玄枵司人土下之所係命也三精游聚羣臣叶謀以濟屯復之運焉占曰天下方亂甲兵大起王后專制有虛國徙王至四年四月己未火土又相犯于室是謂後宮內亂且占曰欲殺主天子不以壽終或曰魏氏軒轅之裔塡星之物也赤靈爲母白靈爲子經綸建國之命所以傳撥亂之君也其受之者將在幷州與有齊之國乎其後太后淫昏天下大壞上春秋方壯誅諸佞臣由是鄭儼等竦懼遂說太后鴆帝既而尒朱氏與于幷州終啓齊室之運卜洛之業遂丘墟矣二年十月月掩心大星至三年正月月掩心距星四月丁丑又如之占曰亂臣在側闕四字五年間三歲而肅宗崩

三年七月庚申有大流星如五斗器起王良東北流長一丈許王良主車騎且曰有軍涉河昭彧者事大是日月在昴北三寸十一月乙卯又如之是謂兵加

匈奴且胡王之譎也先是蠕蠕阿那瓌失國詔北鎮師納之是歲八月蠕蠕後
主來奔懷朔鎮閱歲阿那瓌背約犯塞詔尚書令李崇率騎十萬討之出塞三
千餘里不及而還三年九月庚戌月暈胃昴畢五車辛亥又暈之占曰闕二字有赦至三年九月月在畢暈昴畢觜參五車是歲夏大旱十二月大赦
三年二月丁卯月掩太白京師不見涼州以聞占曰天下大兵起涼州獨見災
在秦也三月癸卯有大流星起西北角流入紫宮破爲三段光明照地角星主
外朝兵政流星由之將大出師之象若曰將以兵革之故王室分崩入抵紫宮
天下大凶有虛國之象四月癸酉有大奔星歷紫微入北斗東北首光明燭地
殷然如雷威怒之象也皆以所直名之至四年八月乙亥月在畢掩熒惑又邊
城兵亂之戒也十月乙卯太白入斗口距第四星三寸光芒相掩占曰大兵起
將戮辱又吳分也五年正月沃野鎮人破落汗拔陵反臨淮王彧征之敗績于
五原六月莫折大提反於秦雍州刺史元志討之又大敗於隴東明年南方諸
將頻破梁師至八月杜落周起上谷其後鮮于修禮反定州王師比歲北征冀

方大震既而葛榮承之竟陷河北五年二月月在參暈觜參五車東井熒惑八月又暈之閏月月在張翼再暈軒轅太微占曰兵起士卒多逋走一曰士卒大聚又皆赦祥也是時徵調驟起兵相蹈籍又有詔內外戒嚴將親征自二月至六月再大赦天下十月月在畢暈昴畢觜參後年春又大赦

先是二年九月歲星犯左執法至三年正月癸丑又逆行犯之相去四寸光芒相及五月丙辰歲星又掩左執法是時宦者劉騰與元乂叶謀遂總百揆之任故歲星反復由之與高肇同占至四年二月騰死乂由是失援其年十一月庚戌歲星犯房上相相距二寸光芒相掩五年四月己丑歲星又逆行犯之明年皇太后反政乂遂廢黜昔高肇爲尚書令而歲星三省之及升于上相歲星亦再循之至是三犯執法而騰死再干上相而乂敗曠官之譴異代同符矣

孝昌元年五月太白犯軒轅八月在張角盛大占曰有暴酷之兵張河南也十二月火入鬼又犯之占曰大賊在大人之側后以淫泆失政又秦分也二年正月癸卯金木相犯於牛十一月戊申又相犯于女歲所以建國均人女爲蠶妾牛爲農夫天象若曰是將罹以寇戎而喪其耕織之務矣且曰有亂兵大戰而

波及齊吳是歲八月甲申月在胃掩鎮星閏月癸酉又掩之三年正月戊辰又
掩之是爲女君有權兵刑之禍者洊干之事甚而衆也又占曰天下大喪无主
貴人兵死國以滅亡又二年三月奔星大如斗出紫微東北流光照地占曰王
師大出邦去其君六月有奔星如斗起大角入紫宮而滅棟星以肆覲羣后而
數威令于四方也今大號由之以詔天極不以逆乎且有空國徙王之戒焉十
月有星入月中而滅占曰入而無光其國卒滅星反出者亡國復立是歲四月
至三年九月熒惑再犯軒轅大星武泰元年正月又逆行復犯之占曰主命將
失女君之象亂逆之災三月庚申月掩畢大星占曰邊兵起貴人多死者是時
淫風滋甚王政盡弛自大河而北極關而西覆軍屠邑不可勝計既而蕭寶夤
叛于雍州梁師驟伐淮泗連兵青土萬姓嗷嗷喪其樂生之志矣是歲二月帝
竟以暴崩四月尒朱榮以大兵濟河執太后及幼主沉諸中流害王公以下二
千遂專權晉陽以令天下焉（三年正月癸酉月在井暈觜參兩河五車七月大赦明年少主立又大赦）
莊帝永安元年七月癸亥太白犯左角相距四寸光芒相掩兵及朝廷之象占

曰大戰不勝貴人有來者其謀不成至二年閏月熒惑入鬼犯積尸占曰兵起西北有鈇鉞之誅是歲北海王顥以梁師陷考城執濟陽王暉業乘虛逐勝遂入洛陽至七月王師大敗之顥竟戮死有謀不成之驗明年尒朱天光擊反虜万俟醜奴及蕭寶夤于安定克之咸伏誅

二年十一月熒惑自鬼入太微西掖門犯上將出東掖門犯上相東行累日旬已去來復逆行而西十二月乙丑月又掩之至三年正月癸未逆行入東掖門己丑月入太微襲熒惑辛卯月行太微中又暈之三月己卯在右執法北一尺五寸留十四日至壬辰月又掩之復順行而東四月戊午月又干太微而暈己未熒惑出端門在左執法南尺餘而東自魏興以來未有循環反復若此之荐也是時孝莊將誅權臣有興復魏室之志是以誠發於中而熒惑咨謀於上焉其占曰有權臣之戮有大兵之亂貴人以彊死而天下滅亡至五月己亥太白在參晝見參爲晉陽之墟天意若曰干明之釁於是乎在矣七月甲午有彗星晨見東北方在中台東一丈長六尺色正白東北行西南指丁酉距下台上星

西北一尺而晨伏庚子夕見西北方長尺東南指漸移入氐至八月己未漸見癸亥滅占曰彗出太階有陰謀姦宄與凡天事爲之徵形以戒告人主始滁公輔之穢而彗除之權臣將滅之象再干太陽之明而後陵奪之逆亂復興之象也三月而見者變近亟也究于內宮者反仇其上也近期在衝遠期一年先是二月壬申有大流星相隨西北尾迹不絕以千計西北直晉陽之墟而徵星庶人所以載皇極也人徙而君從之是月戊戌有大奔星自極東貫紫宮而出影迹隨之還君之應至九月上誅太原王榮上黨王天穆于明光殿是夕尒朱氏黨攻西陽門不克退屯河陰十二月洛陽失守帝崩于晉陽自是南宮板蕩劫殺之禍相踵先是永安元年七月丙子十一月丙寅十二月癸巳月皆掩畢大星至二年三月乙卯月入畢口八月乙丑又距畢左股二寸光芒相掩須臾入畢口十二月丙辰掩畢右股大星三年六月乙巳又犯畢大星八月庚申入畢口犯左股大星是月辛丑太白犯軒轅明年五月月又犯畢右股遂入之畢星所以建魏國之命也占曰天下有變其君大憂邊兵起上將戮月浡干之事甚

而衆及尒朱兆作亂奉長廣王爲主號年建明明年二月又廢之而立節閔六月高歡又推安定王爲帝於信都復黜之後更立武帝於是三少王相次崩殂又洛陽再陷六宮汙辱有兵及軒轅之效焉永安二年十月辛亥十二月丁巳月皆在畢暈昴畢填星觜參五車普泰元年正月己丑月在角暈軫角五車亢連環暈北斗大角織女十月又暈昴畢觜參井五車是時肆赦之令歲月相踵節閔普泰元年五月辛未太白出西方與月並閒容一指戰祥也先是去年十一月辛丑月在太白北不容一指占曰有破軍殺將主人不勝既而尒朱氏南侵王師敗績至是又與月合幾將復之乎十月甲寅金火歲土聚于觜參甚明大晉魏之墟也且曰兵喪並起霸君興焉是時渤海王歡起兵信都改元中興至十一月己卯奔星如斗起太微東北流光明燭地有聲如雷占曰大臣有外事以所首事命之或曰中國失君有立王遷主著而有聲者威怒也是時尒朱氏成師北伐明年三月癸巳火逆行犯氐占曰天子失其宮閏月庚申歲星入鬼犯天尸占曰有戮死之君既而尒朱兆等大敗于韓陵覆師十餘萬四月武帝即位比及歲終凡殺三廢帝

孝武永熙元年九月太白經天十一月辛丑有大流星出昴北東南流轢畢貫參光明照地有聲如雷天象若曰將有髦頭之兵憑陵塞垣與大司馬合戰明年正月丁酉渤海王歡追擊兆等于赤洪嶺大破之尒朱氏殲焉

二年四月太白晝見九月丁酉火木合于翼相去一寸光芒相掩占曰是謂內亂姦臣謀人主憂甲寅金火合于軫相去七寸光芒相及占曰是謂相鑠不可舉事用兵翼軫南宮之蕃又荆州也至三年三月癸巳有奔星如三斛甕起匏瓜西流入市垣有光燭地迸流如珠尾跡數丈廣且三尺凝著天狀如蒼白雲須臾屈曲蛇行匏瓜爲陰謀星大如甕爲發謀舉事光盛且大人貴而衆也以所首名之且爲天飾王者更均封疆是時斛斯椿等方說上伐高歡荆州刺史賀拔岳預謀焉高歡知之亦以晉陽之甲來赴七月上自將十餘萬次河橋望歡軍憚之不敢戰遂西幸長安至十月渤海王更奉孝靜爲主改元天平由是分爲二國更均封疆之應也是月歡命侯景攻荆州拔之勝南奔是年三月庚子木逆行在左執法北一寸光芒相掩五月甲申又在執法西半寸乍見乍不見占曰强臣擅命改政更元十二月上崩由是高歡宇文泰擅權兩國又二年十一月乙丑

三年八月庚午十二月庚申月皆在畢暈畢昴參五車自三年二月至明年正月東西魏凡四大赦

三年五月己亥熒惑逆行掩南斗魁第二星遂入斗口先是元年十一月熒惑入斗十餘日出而逆行復入之六十日乃去斗大人之事也占曰中國大亂道路不通天下皆更元易政吳越之君絕嗣是歲東西帝割據山河遂爲戰國比十月至正月梁魏三帝皆大赦改元或曰斗爲壽命之養而火以亂氣干之耄荒之戒也是時梁武帝年已七十矣怠於聽政專以講學爲業故皇天殷勤著戒又若言曰經遠之謀替矣將以逆亂終之而勦其天祿焉夫天懸而示之且猶不悟其後攝提復周卒有侯景之亂云三年十二月梁人立元慶和爲魏王屯平瀨明年正月東南行臺元晏大破之六月豫州刺史堯雄又大破梁師於南頓十月梁攻單父徐州刺史任祥又大破之斬虜萬餘級十一月柳仲禮寇荊州諸將又大敗之時梁軍政益弛故累有負敗之應

東魏孝靜天平二年有星孛于太微歷下台及室壁而滅南宮成周之墟孝文之餘烈也孛星由之易政徙王之戒天象若曰王城爲墟夏聲幾變而台階持政有代奪之漸乎且抵于營室更都之象也是後兩霸專權皆以北俗從事河

南新邑遂爲戰爭之郊閒三歲至興和元年九月發司州卒十萬營鄴都十月新宮成天平元年閏月月掩心大星二年八月又犯之相去七寸十一月又掩心小星相臣逼主之象且占曰人臣伐主應以善事除殃時兩雄王業已定特以人臣取容而已至興和二年八月月又犯心大星後數年而禪代

元象二年七月壬戌金土合于七星癸亥遂犯七星七星河南之分金而犯土將有封畿之戰且占曰其分亡地先是去年十二月癸丑太白食月是歲三月壬申太白又與月合相距一寸大戰之祥也月象彊大之國而金合之秦師將勝焉十二月有流星從天市垣西流長且一丈有尾迹三年正月渤海王歡攻夏州克之十月丁丑月犯火占曰大將有鬬死者十二月大都督竇泰入潼關明年宇文泰距擊斬之十月遂及渤海王歡戰于沙苑歡軍敗績捕虜萬餘是月獨孤信拔洛陽

三年十一月熒惑犯歲星占曰有內亂臣謀王至四年正月客星出于紫宮占曰國有大變二月壬申八月癸未月再掩五車東南星占曰兵起道不通十一月太白晝見占曰軍與爲不臣五年二月庚戌三月甲子塡星逆順行再犯上

相上相司徒也六月太白入東井占曰秦有兵大臣當之至元象元年七月太白在柳晝見柳河南也八月辛卯有大流星出房心北東南行長且三尺尾迹分爲三段軍破爲三之象也先是行臺侯景司徒高昂圍金墉西帝及宇文泰自將救之是月陳于河陰泰以中軍合戰大克司徒高昂死之既而左右軍不利西師由是敗績斬將二十餘人降卒六萬是月西帝太傅梁景叡據長安反關中大震尋皆伏誅天平三年正月元象元年三月月再掩軒轅大星是年西帝廢皇后乙氏立蠕蠕女爲后明年五月火犯軒轅大星既而乙氏遇害其後蠕蠕后又死而乙氏爲祟焉元象元年十月月犯昴暈畢胃丁未在翼暈大星軒轅左角十一月在井暈五車兩年東西主凡三大赦

興和元年二月壬子火犯井占曰秦有兵亂貴人當之四月又入鬼亦兵喪之祥也又土地之分也至二年十一月甲戌太白在氐與塡星相犯氐鄭地也至四年七月壬午火木合于井相去一尺占同天平明年北豫州刺史高仲密據武牢西叛宇文泰帥衆援之戊申及渤海王戰于邙山西軍大敗虜王侯將校四百餘人獲六萬餘級元年八月月在畢暈昴畢觜五車二年正月大赦三年正月至八月又再暈之歲星在焉四年十一月月暈軒轅太微壬申又暈胃昴畢五車皆兵饑赦祥也明年東西王皆大赦後年三月高歡入朝以春冬亢旱請賑窮乏死罪已下皆宥之先是元年十

月辛丑有彗星出于南斗長丈餘至十一月丙戌距太白三尺長丈餘東南指二月乙卯至婁始滅占曰彗出南斗之土皆誅其上疑又吳分始自微末終成著大而與兵星合焉天戒若曰夫劫殺之萌其事由來漸矣而人君辨之不早終以兵亂橫流不可撲滅焉婁又徐方之次亂之所自招也至二年四月己丑金木相犯于奎丙午火木又相犯于奎奎爲徐方所以虞蹶防之寇也歲主建國之令而省人君之差敗火主亂金主兵三精洊而聚謀所以哀矜下土而示驅除之戒也是時梁主衰老太子賢明而不能授之以政焉由是領軍朱异等浸侵明福之權至武定五年侯景竊河南六州而叛又與連衡而附益之是歲十二月梁師敗績于彭城捕虜五萬餘級江淮之間始蕭然愁歎矣明年師大敗陷溺以十萬數景遂舉而濟江三吳大荒道殣流離者大半淮表二十六州咸內屬焉昔三精聚謀於危九年而高氏霸至是聚謀於奎而蕭氏亡亦天之大數云爾

武定二年四月丁巳熒惑犯南宮上將戊寅又犯右執法占曰中坐成刑金火聚

尤甚四年四月庚午金晝見六月癸巳月入畢九月壬寅太白在左執法東南三寸許是爲執法事五年正月月犯畢大星貴人之謫也先是九月大丞相歡圍玉壁不克是月歡薨于晉陽辛亥侯景反僕射慕容紹宗擊之八月淮南王謀反誅明年紹宗攻王思政于穎川竟溺四年九月月在翼暈軒轅太微帝坐五年二月暈昴畢參井五車五月在張又暈軒轅太微時兵革屢動東西帝皆比歲大赦

七年九月戊午月掩歲星在斗斗爲天廟帝王壽命之期月由之以干歲星是爲大人有篡殺死亡之禍是歲梁武帝以憂逼殂明年而齊帝後年西主文帝及梁簡文又終天下皆有大故而江表尤甚八年三月甲午歲鎮太白在虛虛齊分是爲驚立絕行改立王公熒惑又從而入之四星聚焉五月丙寅帝禪位于齊是歲西主大統十六年也是時兩主立而東帝得全魏之墟爲天官爲正昔宋武北伐西星聚奎及西伐秦四星聚井四星聚參而渤海始霸四星聚危而文宣受終由是言之帝王之業其有徵矣其後六年西帝禪于周室天文史失其傳也

魏書卷一百五之四

魏書卷一百五之四考證

志第四○此卷亦闕後人所補

高祖太和十二年景寅○唐人諱丙故南北史俱作景此亦作景者志爲唐人所著故也若卷內或有仍作丙者則又後人間有改易耳

高祖太和十五年注十五年三月月掩畢○三月下北監本脫月字今從南監本增入

又注司徒馮誕○馮監本誤作馬今改正

肅宗正光二年注間三歲○三監本訛作五今以上文推之則以三爲是

魏書卷一百五之四考證

魏書卷一百六上

齊　魏收　撰

志第五

地形二上

夏書禹貢周氏職方中畫九州外薄四海析其物土制其疆域此蓋王者之規摹也戰國分并秦呑海內割裂都邑混一華夷漢興即其郡縣因而增廣班固考地理馬彪志郡國魏世三分晉又一統地道所載又其次也自劉淵石勒傾覆神州僭逆相仍五方淆亂隨所跨擅闕　長更相侵食彼此不恆犬牙未足論繡錯莫能比魏定燕趙遂荒九服夷翦逋僞一國一家遺之度外吳蜀而已正光已前時惟全盛戶口之數比夫晉之太康倍而已矣孝昌之際亂離尤甚恆代而北盡爲丘墟崤潼已西煙火斷絕齊方全趙死於亂麻於是生民耗減且將大半永安末年胡賊入洛官司文簿散棄者多往時編戶全無追訪今錄武定之世以爲志焉州郡剏改隨而注之不知則闕內史及相仍代相沿魏自明

莊寇難紛糾攻伐既廣啓土逾衆王公錫社一地累封不可備舉故總以爲郡其淪陷諸州戶據永熙綰籍無者不錄焉

司州治鄴城魏武帝國於此太祖天興四年置相州天平元年遷都改

領郡十二　縣六十五

戶三十七萬一千六百七十五

口一百四十五萬九千八百三十五

魏尹故魏郡漢高祖置二漢屬冀州晉屬司州天興中屬相州天平初改爲尹

領縣十三

戶一十二萬二千六百一十三

口四十三萬八千二百四十四

鄴二漢晉屬天平初併蕩陰安陽屬之蕩陰太和中置關今罷有西門豹祠武城孏里城蕩城石竇堰有南部右部西部天平中決漳水爲萬金渠今世號天平渠　臨漳天平初分鄴併內黃斥丘肥鄉置有鼓山肥鄉城邯鄲城斥丘城列人城鸕鷀陂林臺澤有左部東部北部尉　繁陽二漢屬晉屬頓丘真君六年併頓丘太和十九年復天平二年屬治繁陽城　列人前漢屬廣平後漢屬晉屬廣平天平初屬　昌樂太和二十一年分魏置永安元

年置郡天平中罷郡復有昌城　武安二漢屬晉屬廣平天平初屬　臨水晉屬廣平真君六年併鄴太和二十一年復屬　魏二漢晉屬　平邑天平二年分元城置　易陽二漢屬趙國晉屬廣平天平初屬有易陽城　元城二漢屬晉屬陽平天平初屬有沙鹿山　斥章前漢屬廣平後漢屬鉅鹿晉屬廣平真君三年併列人太和二十年復天平初屬　貴鄉天平二年分館陶置治趙城有東中郎將治有空陵城關城

陽平郡魏文帝黃初二年分魏置治館陶城

領縣八

戶四萬七千四百四十四

口十六萬二千七十五

館陶二漢屬魏郡晉屬有館陶城　清淵二漢屬郡晉屬有清淵城　樂平二漢屬東郡晉屬前漢清縣後漢章帝更名治樂平城　發干二漢屬東郡晉屬有發干城　臨清太和二十一年置　武城永安中置天平元年罷二年復有武城　武陽二漢晉屬東郡曰東武陽後改屬　陽平二漢屬東郡晉屬永嘉後併樂平太和二十一年復屬有陽平城崗城趙簡子陵武溝水白馬淵

廣平郡漢武帝為平干國宣帝改為廣平國後漢建武中省屬鉅鹿魏文帝黃初二年復改治曲梁城

領縣六

戶二萬三千七百五十

口十萬三千四百三

平恩二漢屬魏郡晉屬治平恩城有康臺澤　曲安景明中分平恩置治曲安城　邯鄲二漢屬趙國晉屬後屬魏真君六年屬有紫山　廣平前漢屬後漢屬鉅鹿晉屬後罷太和二十年復治廣平城　曲梁前漢屬後漢屬魏晉屬　廣年前漢屬後漢屬鉅鹿晉屬永嘉後廢太和二十年復治廣年城

汲郡晉武帝置治城頭

領縣六

戶二萬九千八百八十三

口十萬二千九百九十七

北修武孝昌中分南修武置治清陽城有清陽泉馬泉丁公神育河陶河尉斗泉覆釜山五里泉七里尉馬鳴泉重泉郡戒安陽城　南修武二漢屬河內晉屬有黃家吳城宜陽城　汲二漢屬河內晉屬後罷太和十二年復治汲城有比干墓太公廟陳城興和二年恆農人率戶歸國仍置義州於城中　朝歌二漢屬河內晉屬有朝歌城崔方城大方山淇水白溝水天井溝苑城新城伏羲祠　山陽二漢晉屬河內後屬有沁陽城南北二武陽城孝景二年置郡初治共城後移治山陽城尋罷　獲嘉二漢屬河內晉屬後省太和二十三年復治新洛城有獲嘉城

廣宗郡太和十一年立尋罷孝昌中復

領縣三
戶一萬三千二百六十二
口五萬五千八百九十七
廣宗後漢屬鉅鹿晉屬安平中興中立南北廣宗尋罷後屬有廣宗城建始城建德城 武強真君三年併信都太和二十一年復有武城 經後漢晉屬安平真君二年併南宮後復屬
東郡秦置治滑臺城晉改為濮陽後復天興中置兗州太和十八年改
領縣七
戶三萬五百二十一
口十萬七千七百一十七
東燕二漢屬晉屬濮陽後屬有燕城堯祠伍子胥祠 平昌孝昌二年分白馬置治平昌城 白馬二漢屬晉屬濮陽後屬有朝瀆白馬樊城凡豪城 涼城有源城南中城西王母祠 酸棗二漢晉屬陳留後屬有酸棗城肺山白沙淵望氣臺五馬淵 長垣二漢晉屬陳留後屬真君八年併外黃景明三年復有平丘城匡城蒲城子路祠長垣城衞靈公祠龍城 長樂武泰初分涼城置有盤
北廣平郡永安中分廣平置

領縣三

戶一萬六千六百九十一

口九萬一千一百四十八

南和前漢屬廣平後漢屬鉅鹿晉屬後併任太和二十年復有左陽亭沙陵南和城一名嘉和城安豐城

任前漢屬廣平後漢屬鉅鹿晉屬有廣平鄉城宛鄉城豐城張相祠

襄國秦爲信都項羽更名二漢屬趙國晉屬後併任太和二十年復有襄國城

林慮郡永安元年置

領縣四

戶一萬三千八百二十一

口五萬二千三百七十二

林慮二漢屬河內晉屬汲郡前漢名隆慮後漢避殤帝名改焉真君六年併鄴太和二十一年復有陵陽河東流爲垣

臨淇天平初分朝歌林慮共縣置有王莽嶺源河東流爲淇有黎川祐柏嶺黎城淇城

共二漢屬河內晉屬汲天平中屬有星城凡城卓水陂柏門山桓門水南流名大清水有檜山白鹿山

魏德天平二年分朝歌置有累山冷泉

頓丘郡晉武帝置

領縣四

戶一萬七千一十二

口八萬七千六十三

頓丘太和中併汲郡餘民在畿外者景明中置有魚陽澤帝顓頊冢帝嚳冢 衞國二漢屬東郡晉屬漢曰觀後漢光武改有衞國城衞康叔冢子路冢蒯聵冢孔悝冢衞輒冢衞靈公冢武鄉城 臨黃真君三年併衞國太和十九年復有宮城黃城衞新臺昌鄉水 陰安二漢屬魏郡晉屬真君三年併衞國太和十九年復有陰安城審食其冢

濮陽郡晉置天興中屬兗州太和十一年屬齊州孝昌末又屬西兗天平初屬

領縣四

戶一萬八千六百六十四

口五萬五千五百一十二

廩丘前漢屬東郡後漢屬濟陰晉屬有羊角亭左伯桃冢管公明冢 濮陽二漢屬東郡晉屬 城陽二漢晉屬濟陰後屬有瓠子河雷澤 鄄城二漢屬濟陰晉屬

黎陽郡孝昌中分汲郡置治黎陽城

領縣三

戶一萬一千九百八十

口五萬四百五十七

黎陽二漢晉屬魏郡後罷孝昌中復屬有黎陽山　東黎永安元年分黎陽置　頓丘二漢屬東郡晉屬頓丘太和十八年屬汲後屬永安元年分入內黃天平中罷

清河郡漢高帝置

領縣四

戶二萬六千三十三

口十二萬三千六百七十

清河二漢晉屬前漢曰厝後漢安帝改爲甘陵晉改有河城　貝丘二漢晉屬　侯城太和十三年置有侯城　武城二漢晉曰東武城屬後改有武城有闕閣

定州太祖皇始二年置安州天興三年改

領郡五　縣二十四

戶一十七萬七千五百一

口八十三萬四千二百七十四

中山郡漢高帝置景帝三年改爲國後改

領縣七

戶五萬二千五百九十二

口二十五萬五千二百四十一

盧奴州郡治二漢屬世祖神䴥中置新城宮有焉鄉城樂陽城 上曲陽前漢屬常山後漢屬晉屬常山真君七年併新市景明元年復屬有闕樂城有恆山嘉山黑山堯山黃山 魏昌二漢晉屬前漢曰苦陘後漢章帝改爲漢昌魏文帝改有魏昌城安城 新市二漢晉屬有藺相如冢蕤臺城新市城 毋極二漢屬晉罷太和十二年復治毋極城有新城廉臺 安喜二漢晉屬前漢曰安險後漢章帝改有天井澤安喜城趙堯祠 唐二漢晉屬有左人城寡婦城唐水狠山祠

常山郡漢高帝置曰恆山郡文帝諱恆改爲常山後漢建武中省真定郡屬焉孝章建初中爲淮陽永元二年復

領縣七

戶五萬六千八百九十

口二十四萬八千六百二十二

九門二漢晉屬有常山城九門城有安樂壘燕趙神受陽壘明臺神 真定前漢屬真定國後漢晉屬故東垣漢高帝十一年改有趙朔祠 行唐二漢晉曰南行唐屬後改太和十四年置唐郡二十一年罷郡立熙平中移犢乾城治唐城 蒲吾二漢晉屬有嘉陽城 靈壽二漢晉屬有所山西王母祠慈水 井陘二漢晉屬有回星城 石邑前漢屬後漢罷晉復屬有石邑城

鉅鹿郡秦置後漢建武中省廣平國屬焉

領縣三

戶二萬七千一百七十二

口一十三萬二百三十九

曲陽二漢晉屬趙國曰下曲陽後改有臨平城真鄉城曲鄉城有堯祠青丘 稾城前漢屬真定後漢屬晉罷太和十二年復有肥壘 鄡二漢晉屬有鄡城安定城有西門趙君神有青丘牛丘黃丘馳丘靈丘

博陵郡漢桓帝立

領縣四

戶二萬七千八百一十二

口一十三萬五千七

饒陽前漢屬涿後漢屬安平晉屬有魯口城博陵城三戻神饒陽城　安平前漢屬涿後漢屬安平晉屬治安平城有樓女貴人神　深澤前漢屬涿後漢屬安平晉屬二漢晉曰南深澤後改有女媧神祠　安國二漢屬中山晉屬真君七年併深澤景明二年復有鹽石淵安國城

北平郡孝昌中分中山置治北平城

領縣三

戶一萬三千三十四

口六萬五千一百二

蒲陰二漢晉屬中山前漢曰曲逆章帝改名有蒲陰城安國城安陽赤泉神　北平二漢晉屬中山有北平城木門城　望都二漢晉屬中山有高昌城朝陽城伊祁山有堯神孫山

冀州後漢治高邑袁紹曹操爲冀州治鄴魏晉治信都晉世邵續治厭次慕容垂治信都皇始二年平信都仍置

領郡四　縣二十一

戶一十二萬五千六百四十六

口四十六萬六千六百一

長樂郡漢高帝置為信都郡景帝二年為廣川國明帝更名樂成安帝改曰安平晉改

領縣八

戶三萬五千六百八十三

口十四萬三千一百四十五

堂陽前漢屬鉅鹿後漢晉屬安平國後屬有荊丘　棗強前漢屬清河後漢罷晉復屬廣川神瑞二年併廣川太和二十二年後屬有賁棗城　扶柳前漢屬後漢晉屬安平國真君三年併堂陽景明元年復　索盧晉屬廣川神瑞二年併廣川太和二十二年復屬有索盧城　廣川前漢屬後漢屬清河晉屬廣川後屬　南宮前漢屬後漢晉屬安平後屬　信都二漢晉屬有武陽城安城辟陽城　下博二漢晉屬

渤海郡漢高帝置世祖初改為滄水郡太和二十一年復

領縣四

戶三萬七千九百七十二

口一十四萬四百八十二

南皮二漢晉屬有渤海城　東光二漢晉屬　修前漢晉屬號修後改有董仲舒祠　安陵晉置渤海

武邑郡晉武帝置

領縣五

戶二萬九千七百七十五

口一十四萬四千五百七十九

武邃前漢屬河間後漢晉屬安平後屬 阜城前漢屬勃海後漢屬安平晉屬勃海後屬有弓高城 灌津前漢屬信都後漢晉屬安平後屬有竇氏家 武邑前漢屬信都後漢晉屬安平後屬 武強神光二年併武邑太和十八年復有武強淵

安德郡太和中置尋併勃海中興中復

領縣四

戶二萬二千二百一十六

口六萬八千三百九十六

平原二漢晉屬真君三年併鬲太和二十一年復屬勃海後屬 安德二漢晉屬平原後屬勃海後屬 繹幕二漢晉屬清河真君三年併武城太和二十一年復後屬 鬲二漢晉屬平原後屬勃海後屬治臨齊城

幷州漢晉治晉陽晉末治臺壁後治晉陽皇始元年平仍置

領郡五 縣二十六

戶一十萬七千九百八十三

口四十八萬二千一百四十

太原郡

領縣十

戶四萬五千六

口二十萬七千五百七十八

晉陽 二漢晉屬真君九年罷榆次屬焉有介子推祠西南有懸甕山一名龍山晉水所出東入汾有晉王祠梗陽城同過水出木瓜嶺一出沾嶺一出大廉山一出原過祠下五水合道故曰同過西南入汾出帝永昌中霸朝置大丞相府武定初齊獻武王止置晉陽宮

祁 二漢晉屬有祁城祁奚墓周黨冢太谷水趙襄子城

榆次 二漢晉屬真君九年併晉陽景明元年復有鹿臺山祠長寧水西北合同過

中都 二漢晉屬有榆次城壽陽城平譚城原過祠早山

鄔 二漢晉屬後罷太和十九年復有中都有鄔城太岳山慮水入漚夷澤

平遙 二漢晉爲平陶屬後改有京陵城平遙城過山

沾 二漢屬上黨晉屬樂平真君九年罷樂平郡屬焉有夾山豫水出得車嶺西北入汾有汾陽追城

受陽 晉屬樂平真君九年罷樂平屬有大陵城文谷水

長安 泰常二年置真君中省景明初復有二陵城三角城

陽邑 二漢晉屬真君九年罷景明二年復有白壁嶺樊陽水八表山徐水

上黨郡 秦置治壺關城前漢治長子城董卓作亂治壺關城慕容儁治安民城後遷壺關城皇始元年遷治安民真君中復治壺關有白馬祠劉公祠

上黨關石井關天井關

領縣五

戶二萬五千九百三十七

口一十萬四千四百七十五

屯留二漢晉屬有屯留城鳳凰山一名天冢山大王山上有關龍逢祠有疑山邁澤黃沙嶺絳水自寄氏界來入濁漳因名交漳余五城陽水源出三槐山東流合車臺水東南入絳水

長子二漢晉屬慕容永所都有廉山濁漳出焉有長子城應城傾城幸城長灣水東流至梁川北入濁漳羊頭山下神農泉北有穀關即神農得嘉穀處有泉北流至陶鄉名陶水合羊頭山水北流入濁漳有鮑宣墓

壺關二漢晉屬後罷太和十二年復有羊腸坂靜林山雞鳴嶺一名大山有赤壤川其地寒而早霜魯般門一名天門微子城鐵鼓山五馬門令狐徵君墓五龍祠

寄氏二漢爲猗氏屬晉景明元年復改有猗氏城三想山北有水源出蒲谷東南流入給水有八禮泉上黨谷有盤秀嶺藍水出其南東流入濁漳有方山伏牛山

樂陽晉泰中分長子寄氏置有望天嶺絳水所出有堯廟

鄉郡石勒分上黨置武鄉郡後罷延和二年置

領縣四

戶一萬六千二百一十

口五萬五千九百六十一

陽城二漢晉屬上黨曰涅永安中改有涅城覆甑山涅水出焉東南合武鄉水 襄垣二漢晉屬上黨有五音山神祠襄垣城臨川城 鄉郡治晉屬上黨真君九年罷遼陽屬焉有武鄉城魏城榆社城方山上有堯廟三臺嶺上有李陽墓有古麻池即石勒與李陽所爭池 銅鞮二漢晉屬上黨有銅鞮城石第水東行入漳有為蘇城沙石堆有堯祠

樂平郡後漢獻帝置真君九年治太原孝昌二年復治沾城

領縣三

戶一萬八千二百六十七

口六萬八千一百五十九

遼陽晉屬真君九年併鄉孝昌二年復有黃澤嶺遼陽城 樂平晉屬真君九年併治孝昌二年復有象山祠沾嶺八賦嶺 石艾前漢屬太原後罷晉屬真君九年罷孝昌六年復故名上艾後改有井陘關葦澤關董卓城宏女泉及祠

襄垣郡建義元年置治襄垣城

領縣四

戶七千五百一十三

口三萬六千五百六十七

襄垣郡治建義元年分鄉郡之襄垣置有安民城襄垣城 五原建義元年分鄉郡之銅鞮置 建義建義元年分上黨之屯留置有鹿臺山及祠 刈陵二漢晉曰潞屬上黨真君十一年改後屬有伏牛山黎城三壟山積布山潞城武軍城涉城有涉水臺城

瀛州太和十一年分定州河間高陽冀州章武浮陽置治趙都軍城

領郡三

戶十萬五千五百四十九

口四十五萬一千五百四十二

高陽郡晉置高陽國後改

領縣九

戶三萬五百八十六

口十四萬一百七

高陽前漢屬涿後漢屬河間國晉復有郝神高陽城 博野有博陸城侯城武城中鄉城 蠡吾前漢屬涿後漢屬中山晉屬有清涼城顓頊城蠡吾城石羊壘 易前漢屬涿後漢晉屬河間後屬有易京 扶輿前漢屬涿後漢罷晉復屬前漢晉曰樊輿後罷太和中復改 新城二漢晉曰

北新城前漢屬中山後漢屬涿晉屬 樂鄉前漢屬信都後漢罷晉復屬有樂鄉城 永寧有班姬神石蘭神 清苑高祖太和元年分新城置

章武郡晉置章武國後改

領縣五

戶三萬八千七百五十四

口十六萬二千八百七十

成平前漢屬勃海後漢晉屬河間國後屬治京城有平城樂平城 平舒前漢屬勃海後漢屬河間國晉屬二漢晉曰東平舒有章武城平鄉城有城頭神里城神 東州前漢屬勃海後漢屬河間國晉屬有東州城 文安前漢屬勃海後漢屬河間國晉屬有文安平曲城廣陵趙君神 西章武正光中分滄州章武置有章武城

河間郡漢文帝置河間國後漢光武併信都和帝永元三年復晉仍為國後改

領縣四

戶三萬五千八百九

口十四萬八千五百六十五

武垣前漢屬涿郡後漢晉屬有武垣城小陵城 樂城二漢晉屬治河間城有高平陵二王陵 中水前漢屬涿郡後漢晉屬河間國 鄚後漢

晉屬治陵城有鄴城

殷州孝昌二年分定相二州置治廣阿

領郡三　縣十五

戶七萬七千九百四十三

口三十五萬七千一十六

趙郡秦邯鄲漢高帝爲趙國景帝又爲邯鄲後漢建武中復後改

領縣五

戶三萬一千八百九十九

口一十四萬八千三百一十四

平棘二漢屬常山晉屬有平棘城　房子二漢屬常山晉屬有房子城回車城平州城嶂洪祠　元氏二漢屬常山晉屬有元氏城大嶺山　高邑二漢屬常山前漢曰鄗後漢光武改晉屬有壇亭祠漢光武即位碑有高邑城　欒城太和十一年分平棘置治關城有欒城

鉅鹿郡永安二年分定州鉅鹿置治舊楊城

領縣四

戶一萬三千九百九十七
口五萬八千五百四十九
廮陶二漢晉屬治廮陶城有沃州城　宋子二漢屬後罷永安二年復治宋子城　西經永安二年分經縣置有邑城三女神　廮遙永安二年分廮陶置治楊城有歷城
南趙郡太和十一年為南鉅鹿屬定州十八年屬相州後改孝昌中屬
領縣六
戶三萬二千四十六
口十五萬一百一十三
平鄉晉屬後罷景明二年復治鉅鹿城有平鄉城　南欒二漢屬鉅鹿晉罷後復真君六年併柏人太和二十一年復有南欒城　鉅鹿二漢晉屬鉅鹿後屬　柏人二漢晉屬有柏人城柏鄉城　廣阿前漢屬鉅鹿後罷太和十三年復有廣阿城堯臺大陸陂銅馬祠　中丘前漢屬常山後漢晉屬趙國晉亂罷太和二十一年復有中丘城伯陽城鵲山祠
滄州熙平二年分瀛冀二州置治饒安城
領郡三　縣十二

戶七萬一千八百三

口二十五萬一千八百七十九

浮陽郡太和十一年分勃海章武置屬瀛州景明初併章武熙平二年復

領縣四

戶二萬六千八百八十

口九萬八千四百五十八

饒安二漢晉屬勃海前漢曰千童靈帝改有無棣溝西鄉茅焦冢 浮陽郡治二漢晉屬勃海西接漳水衡水入焉今謂之合口有浮水 高城二漢晉屬勃海治高城有平津鄉興和中綰流民立東西河郡隰城縣武定末罷 章武二漢屬勃海晉屬章武後屬治章武城有漢武帝臺漳水入海有沽水大家姑祠俗云海神或云麻姑神

樂陵郡晉爲國後改

領縣四

戶二萬四千九百九十八

口八萬五千二百八十四

樂陵郡治二漢屬平原後屬魏初置義興郡晉太和中罷有樂陵城東鄉城白麻泉神　陽信二漢屬渤海晉屬治陽信城有鹽山神祠　厭次二漢屬平原後漢曰富平孝明改晉屬治馬領城有蒲臺祠有富城郃續居之號郃城中有鐵柱神羊闌城　濕沃前漢屬千乘國後罷晉復屬治亂城有故闇閭延鄉城后父城

安德郡中興初分樂陵置太昌初罷天平初復治般界

領縣四

戶一萬九千九百二十五

口六萬八千一百三十七

般二漢晉屬平原後屬渤海熙平中屬樂陵復屬治般城有故般河　重合二漢晉屬渤海正平元年併安陵太和十八年復後屬渤海熙平中屬樂陵後屬治重合城有苑康冢勞敬通墓　重平前漢屬渤海後罷孝昌中復屬有歐陽歙冢　平昌二漢晉屬平原後漢晉曰西平昌後罷太和二十二年復屬渤海熙平中屬樂陵後屬治平昌城

肆州治九原天賜二年為鎮真君七年置州

領郡三　縣十一

戶四萬五百八十二

口一十八萬一千六百三十三

永安郡後漢建安中置新興郡永安中改

領縣五

戶二萬二千七百四十八

口一十萬四千一百八十五

定襄前漢屬定襄後漢屬雲中晉屬新興真君七年併雲中九原晉昌屬焉永安中屬有趙武靈王祠介君神五石神關門山聖人祠皇天神定襄城撫城　陽曲二漢晉屬太原永安中屬有羅陰城陽曲澤　平寇真君七年併三堆朔方定陽屬焉永安中屬有雞頭山神祠三會河　蒲子始光三年置真君七年併平河屬焉永安中屬有索山祠　驢夷二漢屬太原曰慮虒晉罷太和十年復改永安中屬有思陽城驢夷城倉城代王神祠

秀容郡永興二年置真君七年併肆盧敷城二郡屬焉

領縣四

戶一萬一千五百六

口四萬七千二百二十四

秀容永興二年置有秀容城原平城肆盧城石鼓山神女郎神金山神護君神風神　石城永興二年置有大頹石神　肆盧治新會城真君七年

併三會屬焉有清天神大羅山臺城大邢城數城始光初置郡真君七年改治數城有石谷山亞角神車輪泉神

鴈門郡秦置光武建武十五年罷二十七年復天與中屬司州太和十八年屬

領縣二

戶六千三百二十八

口三萬四百三十四

原平前漢屬太原後漢晉屬有陰館城樓煩城廣武城龍淵神亞澤神　廣武前漢屬太原後漢晉屬有東西二平原

幽州治薊城

領郡三　縣十八

戶三萬九千五百八十

口一十四萬五百三十六

燕郡故燕漢高帝為燕國昭帝改為廣陽郡宣帝更為國後漢光武併上谷和帝永元六年復為廣陽郡晉改為國後改

領縣五

戶五千七百四十八

口二萬二千五百五十九

薊二漢屬廣陽晉屬有燕昭王陵燕惠王陵狼山神戾陵陂　廣陽二漢屬廣陽晉屬有廣陽城　良鄉二漢屬涿晉屬范陽後屬治良鄉城有大房山神　軍都前漢屬上谷後漢屬廣陽晉屬有觀石山軍都關昌平城　安城前漢屬勃海後漢屬廣陽晉屬有安次城萇道城

范陽郡漢高帝置涿郡後漢章帝改

領縣七

戶二萬六千八百四十八

口八萬八千七百七

涿二漢屬涿晉屬有涿城當平城鑾城　固安二漢屬涿晉屬有固安城永陽城金臺三公臺易臺　范陽二漢屬涿晉屬有長安城范陽城梁門陂　萇鄉晉屬有萇鄉城　方城前漢屬廣陽後漢屬涿晉屬有臨鄉城方城韓侯城　容城前後漢屬涿晉屬後罷太和中復　遒二漢屬涿晉屬有遼城南北二遒城

漁陽郡秦始皇置真君七年併北平郡屬焉

領縣六

戶六千九百八十四

口二萬九千六百七十

雍奴二漢屬晉屬燕國後屬真君七年併泉州屬有泉州城雍奴城　潞二漢屬晉屬燕國後屬真君七年併安樂平谷屬焉有樂山神　無終二漢晉屬右北平後屬有無終城狠山　漁陽二漢屬晉罷後復有漁陽城關樂城桃芝山　土垠二漢晉屬右北平後屬有北平城　徐無二漢晉屬右北平後屬有徐無城

晉州孝昌中置唐州建義元年改治白馬城

領郡十二　縣三十一

戶二萬八千三百四十九

口一十萬三十九

平陽郡晉分河東置真君四年置東雍州太和十八年罷改置

領縣五

戶一萬五千七百三十四

口五萬八千五百七十二

禽昌二漢屬河東晉屬卽漢晉之北屈也神䴥元年世祖禽赫連昌仍置禽昌郡真君二年改七年併永安屬焉有乾城郭城　平陽二漢屬河東晉

屬州治真君六年併禽昌太和十一年復有晉永高梁城龍子城堯廟 襄陵二漢屬河東晉屬治襄陵城 臨汾二漢屬河東晉屬真君七年併泰平太和十二年復 泰平真君七年置有泰平城齊城

北絳郡孝昌三年置治絳

領縣二

戶一千七百四十

口六千二百九十二

新安二漢屬恆農晉屬河南後罷孝昌二年復後屬 北絳二漢屬河東晉屬平陽二漢晉曰絳後罷太和十二年復改屬

永安郡建義元年治永安城

領縣二

戶二千九百三十二

口一萬五百四十

永安二漢屬河東晉屬平陽前漢曰彘順帝改真君七年併禽昌正始二年復屬治仇池壁有霍山祠趙城 楊二漢屬河東晉屬平陽後罷太和二十一年復後屬治楊城有岳陽山東明神

北五城郡興和二年置

領縣三

戶二百一十二

口八百六十四

平昌興和二年置　石城興和二年置　北平昌興和二年置

定陽郡興和四年置

領縣三

戶四百九十八

口一千九百四十一

平昌興和四年置

西五城興和四年置

敷城郡天平四年置

領縣一

戶九十

口三百五十九

敷城天平四年置

河西郡天平四年置

領縣一

戶二百五十六

口一千一百四十四

夏陽天平四年置

五城郡天平中置

領縣三

戶四百一十一

口一千六百一十八

北東天平二年置　南東天平二年置　永安元象元年置

西河郡舊汾州西河民孝昌二年爲胡賊所破遂居平陽界還置郡

領縣三

戶一千七百六十一

口四千九百九十七

永安孝昌中置治白坑城 隰城孝昌中置 介休孝昌中置

冀氏郡建義元年劃平陽郡置

領縣二

戶一千三百二

口五千三百一十六

冀氏建義元年劃禽昌襄陵置有冀氏城 合陽建義元年置有合陽城

南絳郡建義初置治會交川

領縣二

戶八百三十六

口二千九百九十一

南絳太和十八年置屬正平郡建義初屬　小鄉建義元年罷有小鄉城

義寧郡建義元年置治孤遠城

領縣四

戶二千四百七十八

口八千四百六十六

團城建義元年置治陶谷川　義寧建義元年分禽昌置　安澤建義元年置　沁源建義元年置郡治

懷州天安二年置太和十八年罷天平初復

領郡二　縣八

戶二萬一千七百四十

口九萬八千三百一十五

河內郡漢高帝置

領縣四

戶九千九百五

口四萬二千六百一

野王二漢晉屬州郡治有太行山華岳神　沁水二漢晉屬治沁城有沁水濟水　河陽二漢晉屬後罷孝昌中復　軹後漢晉屬治軹城有軹關

武德郡天平初分河內置

領縣四

戶一萬一千八百三十五

口五萬五千七百一十四

平皐二漢晉屬河內有平皐陂平皐城安昌城　溫二漢晉屬河內有溫須水　懷二漢晉屬河內有長陵城懷城　州二漢晉屬河內有雍城中都城金城

建州慕容永分上黨置建興郡真君九年省和平五年復永安中罷郡置州治高都城

領郡四　縣十

戶一萬八千九百四

口七萬五千三百

高都郡永安中置

領縣二

戸六千四百九十九

口二萬七千六百三十五

高都二漢晉屬上黨後屬陽阿二漢屬上黨晉罷後復屬有武斬關

長平郡永安中置治玄氏城

領縣二

戸五千四百一十二

口二萬二千七百七十八

高平永安中置治高平城

玄氏二漢晉屬上黨郡治有羊頭山

安平郡

領縣二

戸五千六百五十八

口一萬九千五百五十七

端氏二漢屬河東晉屬平陽後屬眞君七年省太和二十年復　濩澤二漢屬河東晉屬平陽後屬

泰寧郡孝昌中置及縣

領縣四

戶一千三百三十五

口五千三百三十

東永安　西河　西濩澤　高延

汾州延和三年爲鎮太和十二年置州治蒲子城孝昌中陷移治西河

領郡四　縣十

戶六千八百二十六

口三萬一千二百一十

西河郡漢武帝置晉亂罷太和八年復治茲氏城

領縣三

戶五千三百八十八

口二萬五千三百八十八

隰城二漢晉屬太延中改爲什星軍太和八年復有虞城陽城　介休二漢屬太原晉屬晉亂罷太和八年復有木瓜山鄔城有郭林宗墓介休城太岳山祠　永安太和十七年分隰城置

吐京郡真君九年置孝昌中陷寄治西河

領縣二

戶三百八十四

口一千五百一十三

新城世祖名嶺東太和二十一年改　吐京世祖名嶺西太和二十一年改

五城郡正平二年置孝昌中陷寄治西河

領縣三

戶二百五十七

口一千一百一

五城世祖名京軍太和二十一年改有雞亭 平昌世祖名刑軍太和二十一年改有白馬谷 石城世祖爲定陽太和二十一年改

定陽郡舊屬東雍州延興四年分屬焉孝昌中陷寄治西河

領縣二

戶七百九十七

口三千二百八

定陽延興四年置 昌寧延興四年置有陰陽二城

東雍州世祖置太和中罷天平初復

領郡三 縣八

戶六千二百四十一

口三萬四百

邵郡皇興四年置邵上郡太和中併河內孝昌中改復

領縣四

戶五十二

口一百五十八

白水有馬頭山 清廉有清廉山白馬山 葨平有王屋山 西太平

高涼郡

領縣二

戶四千四百四十五

口二萬一千八百五十三

高涼太和十一年分龍門置有高涼城閭闔麗姬冢 龍門故皮氏二漢屬河東晉屬平陽真君七年改屬有臨汾城

正平郡故南太平神䴥元年改為征平太和十八年復

領縣二

戶一千七百四十四

口八千三百八十九

聞喜二漢晉屬河東後屬有周陽城 曲沃太和十一年置

安州皇興二年置治方城天平中陷元象中寄治幽州北界

領郡三　縣八

戶五千四百五

口二萬三千一百四十九

密雲郡皇始二年置治提攜城

領縣三

戶二千二百三十一

口九千一十一

密雲真君九年併方城屬焉　要陽前漢屬漁陽後漢晉罷後復屬桃花山　白檀郡治

廣陽郡延和元年置益州真君二年改為郡

領縣三

戶二千八

口八千九百一十九

廣興延和二年置真君九年併恆山屬　燕樂州郡治延和九年置真君九年併水樂　方城普泰元年置

安樂郡延和元年置交州真君二年罷州置
領縣二
戶一千一百六十六
口五千二百一十九
土垠真君九年置　安市二漢晉屬遼東真君九年併當平屬焉
義州與和二年置寄治汲郡陳城
領郡七　縣十九
戶三千四百二十八
口一萬六千七百二十四
五城郡永安中置屬司州天平中屬北豫州武定五年屬
領縣三
戶二千一百
口一萬七千六十九

隰城永安中置有鳳皇臺安郎神皇侯神 介休永安中置 五城永安中置

泰寧郡興和中置

領縣三

戶二百二十八

口一千一百二十七

泰寧興和中置 義與興和中置 郃陽興和中置

新安郡興和中置

領縣三

戶三百九十四

口一千五百九十五

西垣興和中置 新安興和中置 東垣興和中置

澠池郡興和中置

領縣三

戶一百六十六
口八百二十八
北澠池興和中置 俱利興和中置 西新安興和中置
恆農郡興和中置
領縣三
戶九十三
口五百四十三
恆農興和中置 北郟興和中置 崤興和中置
宜陽郡興和中置
領縣三
戶一百六十九
口六百八十六
宜陽興和中置 南澠池興和中置 金門興和中置

金門郡興和中置

領縣一

戸二百七十八

口一千二百一十七

北陸興和中置

南汾州

領郡九　縣十八

戸一千九百二十二

口七千六百四十八

北吐京郡

領縣四

戸八十八

口三百五十一

平昌　北平昌　石城　吐京
西五城郡
領縣三
戶二百四十七
口一千一百一十八
西五城　昌寧　平昌
南吐京郡
領縣一
戶三十二
口七十三
新城
西定陽郡
領縣一

戶四十二
口一百四十
洛陵
定陽郡
領縣一
戶五十四
口一百九十
永寧
北鄉郡
領縣二
戶二百九
口七百五十九
龍門　汾陰

五城郡
領縣二
戶二百一十四
口八百八十四
五城　平昌
中陽郡
領縣二
戶四百六十八
口一千六百三十七
洛陵　昌寧
龍門郡
領縣二
戶五百七十八

口二千四百九十六

西太平　汾陽

南營州孝昌中營州陷永熙二年置寄治英雄城

領郡五　縣十一

戶一千八百一十三

口九千三十六

昌黎郡永興中置

領縣三

戶五百九

口二千六百五十八

龍城永熙中置　廣興永熙中置　定荒興和中置

遼東郡永熙中置

領縣二

戶五百六十五
口二千六百三十四
太平永熙中置 新昌永熙中置
建德郡永熙中置
領縣二
戶一百七十八
口八百一十四
石城永熙中置 廣都興和中置
營丘郡天平四年置
領縣三
戶五百一十二
口二千七百二十七
富平天平四年置 永安元象中置 帶方元象中置

樂良郡天平四年置
領縣一
戶四十九
口二百三
永樂興和二年置
東燕州太和中分恆州東部置燕州孝昌中陷天平中領流民置寄治幽州宣都城
領郡三　縣六
戶一千七百六十六
口六千三百一十七
平昌郡孝昌中陷天平中置
領縣二
戶四百五十
口一千七百一十三

萬言天平中置 昌平天平中置有龍泉
上谷郡天平中置
領縣二
戶九百四十二
口三千九十三
平舒孝昌中陷天平中置 居庸孝昌中陷天平中置
徧城郡武定元年置
領縣二
戶三百七十四
口一千五百一十三
廣武武定元年置 沃野武定元年置
營州治和龍城太延二年爲鎮真君五年改置永安末陷天平初復
領郡六　縣十四

戶一千二十一
口四千六百六十四
昌黎郡晉分遼東置真君八年併冀陽屬焉
領縣三
戶二百一
口九百一十八
龍城真君八年併柳城昌黎棘城屬焉有堯祠榆頓城狼水　廣興真君八年併徒何永樂燕昌屬焉有雞鳴山石城大柳城　定荒正光末置
建德郡治白狼城真君八年置有鹿頭山松山
領縣三
戶二百
口七百九十三
石城前漢屬右北平後屬真君八年併遼陽路大樂屬焉有白鹿山祠　廣都真君八年併白狼建德望平屬焉有金紫城　陽武正光末置

有三合城

遼東郡秦置後罷正光中復治固都城

領縣二

戶一百三十一

口八百五十五

襄平二漢晉屬後罷正光中復有青山　新昌二漢晉屬後罷正光中復

樂良郡前漢武帝置二漢晉曰樂浪後改罷正光末復治連城

領縣二

戶二百一十九

口一千八

永洛正光末置有烏山　帶方二漢屬晉屬帶方後罷正光末復屬

冀陽郡真君八年併昌黎武定五年復

領縣二

戶八十九
口二百九十六
平剛　柳城
營丘郡（正光末置）
領縣二
戶一百八十二
口七百九十四
富平（正光末置）　永安（正光末置）
平州（晉置治肥如城）
領郡二　縣五
戶九百七十三
口三千七百四十一
遼西郡（秦置）

領縣三
戶五百三十七
口一千九百五
肥如二漢晉屬有孤竹山祠碣石武王祠令支城黃山濡河　陽樂二漢晉屬真君七年併令支令資屬焉有武歷山覆舟山林榆山太真山　海陽二漢晉屬有橫山新婦山清水
北平郡秦置
領縣二
戶四百三十
口一千八百三十六
朝鮮二漢晉屬樂浪後罷延和元年徙朝鮮民於肥如復置屬焉　新昌前漢屬涿後漢晉屬遼東後屬有盧龍山
恆州天興中置司州治代都平城太和中改孝昌中陷天平二年置寄治肆州秀容郡城
領郡八　縣十四
代郡秦置孝昌中陷天平二年置

領縣四

平城二漢晉屬鴈門後屬　太平　武周二漢屬鴈門晉罷後復屬　永固

善無郡天平二年置

領縣二

善無前漢屬鴈門後漢屬定襄後屬　沃陽

梁城郡天平二年置

領縣二

參合前漢屬代後漢晉罷後復屬　裋鴻一本作祇鴻

繁時郡天平二年置

領縣二

崞山二漢晉曰崞屬鴈門後改屬　繁時二漢晉屬鴈門後改屬

高柳郡永熙中置

領縣二

安陽二漢曰東安陽屬代郡晉屬後改屬 高柳二漢屬代郡晉罷後復屬

北靈丘郡天平二年置

領縣二

靈丘前漢屬代後漢晉罷後復屬 莎泉

內附郡天平二年置

靈丘郡天平二年置

朔州本漢五原郡延和二年置為鎮後改為懷朔孝昌中改為州後陷今寄治幷州界

領郡五　縣十三

大安郡

領縣二

狄那　捍殊

廣寧郡

領縣二

石門　中川
神武郡
領縣二
尖山　殊頹
太平郡
領縣三
太平　太清　永寧
附化郡
領縣四
附化　息澤　五原　廣收
雲州舊置朔州後陷永熙中改寄治并州界
領郡四　縣九
盛樂郡永熙中置

領縣二
歸順永興中置州郡治 還安永熙中置
雲中郡秦置
領縣二
延民永興中置 雲陽永熙中置
建安郡永熙中置
領縣二
永定永熙中置 永樂永熙中置
真興郡永熙中置
領縣三
真興永熙中置 建義永熙中置 南恩永熙中置
蔚州永安中改懷荒禦夷二鎮置寄治幷州鄔縣界
領郡三 縣七

始昌郡永安中置

領縣二

于門永安中置　蘭泉永安中置

忠義郡永安中置

領縣二

葦池永安中置　楊柳永安中置

附恩郡天平中置

領縣三

西涼天平中置　利石天平中置　化政天平中置

顯州永安中置治汾州六壁城

領郡四　縣四

定戎郡永安中置治瓜城

領縣二

零山永安中置　陽林永安中置

建平郡永安中置州治

領縣二

昇原永安中置　赤谷永安中置

眞君郡天平中置治東多城

武昌郡武定四年置治圍城

廓州武定元年置治肆州數城界郭城

領郡三

廣安郡武定元年置

永定郡武定元年置

建安郡武定元年置

武州武定元年置治鴈門川武定三年始立州城

領郡三　縣四

吐京郡武定八年置

領縣二

吐京武定三年置　新城武定三年置

齊郡武定元年置州治

領縣二

昌國武定元年置　安平武定元年置

新安郡武定元年置

西夏州寄治并州界

領郡二

太安郡

神武郡

寧州興和中置寄治汾州介休城

領郡四

武康郡武定四年置治東多城

靈武郡武定元年置

初平郡武定元年置

武定郡武定元年置

靈州太延二年置薄骨律鎮孝昌中改後陷關西天平中置寄治汾州隰城縣界郡縣闕

前自恆州已下十州永安已後禁旅所出戶口之數並不得知

魏書卷一百六上

一珍做朱版珌

魏書卷一百六上考證

魏尹鄴注有南部右部西部○臣召南按此句下當有尉字下文臨漳縣注有

左部東部北部尉卽其證也

陽平郡清淵注二漢屬郡○臣召南按郡字上當有魏字係從來刊本之脫

林慮郡林慮注有陵陽河東流爲垣○臣召南按垣應作洹後漢郡國志河內

郡林慮注徐廣曰洹水所出蘇秦合諸侯盟處是也

常山郡注孝章建初中爲淮陽永元二年復○後漢書章帝建初四年四月徙

常山王昞子側爲常山王昞傳云徙淮陽王以汝南之新安西華益淮陽國

昞自常山徙封淮陽非改常山爲淮陽蓋魏收之誤

長樂郡注晉改○晉志仍曰安平國似長樂郡名不始於晉也

武邑郡灌津○臣召南按二漢及晉志俱作觀津此志作灌不知魏時改之耶

抑後人轉寫因聲音相近而誤也

太原郡受陽○晉志作壽陽

樂平郡遼陽○晉志作轑陽

趙郡注後漢建武中復○臣召南按漢景帝三年改趙國爲邯鄲郡至五年即復爲趙國是以前志列趙國豈遲至光武復置乎

永安郡驢夷○漢前後志俱作慮虒

范陽郡注後漢章帝改○臣召南按二漢俱名涿郡晉志曰范陽郡漢置涿郡魏文更名是改稱范陽非後漢章帝也

永安郡注建義元年○年下當有置字

密雲郡密雲注桃花山○桃字上當有有字

魏書卷一百六上考證

西元二〇二〇年六月一日重製一版

魏書（附考證）冊五（北齊 魏收撰）

平裝六冊基本定價肆仟捌佰元正
（郵運匯費另加）

發行人 張敏君

發行處 中華書局

臺北市內湖區舊宗路二段一八一巷八號五樓（5FL., No. 8, Lane 181, JIOU-TZUNG Rd., Sec 2, NEI HU, TAIPEI, 11494, TAIWAN）

客服電話：886-2-8797-8396

公司傳真：886-2-8797-8909

匯款帳戶：華南商業銀行西湖分行
179100026931

印　　刷：維中科技有限公司
海瑞印刷品有限公司

No. N1047-5

國家圖書館出版品預行編目(CIP)資料

魏書 / (北齊)魏收撰. -- 重製一版. -- 臺北市 :
中華書局, 2020.06
冊 ;　公分
ISBN 978-986-5512-19-4(全套 : 平裝)

1.北朝史

623.6101　　109007186